INTELIGÊNCIA ARTIFICIAL
e o novo superciclo de inovação

Alsones Balestrin, PhD

INTELIGÊNCIA ARTIFICIAL

e o novo superciclo de inovação

Um guia para liderar estratégias que transformam negócios e a sociedade

gen | Benvirá

- O autor e a editora se empenharam para citar adequadamente e dar o devido crédito a todos os detentores de direitos autorais de qualquer material utilizado neste livro, dispondo-se a possíveis acertos posteriores caso, inadvertida e involuntariamente, a identificação de algum deles tenha sido omitida.

- Data do fechamento do livro: 17/10/2025.

- Direitos exclusivos para a língua portuguesa
Copyright © 2025 by **SRV Editora Ltda.**
Publicado pelo selo **Benvirá**
Uma editora integrante do GEN | Grupo Editorial Nacional
Travessa do Ouvidor, 11
Rio de Janeiro – RJ – 20040-040
www.grupogen.com.br

- **Atendimento ao cliente: (11) 5080-0751 | faleconosco@grupogen.com.br**

- Capa: Tiago Dela Rosa

- Imagem da capa: Adobe Stock: ©Jannik

- Diagramação: Fernanda Matajs

- **CIP – BRASIL. CATALOGAÇÃO NA PUBLICAÇÃO**
SINDICATO NACIONAL DOS EDITORES DE LIVROS, RJ

B153i

Balestrin, Alsones
Inteligência artificial e o novo superciclo de inovação : um guia para liderar estratégias que transformam negócios e a sociedade / Alsones Balestrin. – 1. ed. – Rio de Janeiro : Benvirá, 2025.
il. ; 23 cm.

Inclui bibliografia
ISBN 978-65-5810-354-7

1. Inteligência artificial. 2. Sistemas especialistas (Computação). I. Título.

CDD: 006.3
25-100761.0 CDU: 004.8

Carla Rosa Martins Gonçalves – Bibliotecária – CRB-7/4782

À Eliana, meu amor, minha esposa, minha parceira de vida.

A Miguel e Mateus, meus filhos amados, minha fonte inesgotável de inspiração. Que a curiosidade de vocês nunca se apague, e que a educação siga sendo o farol que ilumina seus caminhos e amplia seus horizontes.

Este livro é dedicado a vocês, que são a luz que guia cada passo da minha jornada.

Com toda a minha gratidão, amor e esperança.

Apresentação

Quando iniciei a jornada de pesquisa que resultou neste livro, há pouco mais de dois anos, eu não imaginava a amplitude das transformações que encontraria pela frente. Estamos vivenciando um novo superciclo de inovação tecnológica sem precedentes na história da humanidade – um momento em que a inteligência artificial (IA) não representa apenas mais uma ferramenta, mas sim uma força transformadora que redefine completamente as bases sobre as quais construímos negócios, sociedades e economias inteiras. Esse superciclo transcende as inovações incrementais do passado: ele altera fundamentalmente como criamos valor, como nos relacionamos com clientes, como organizamos o trabalho e, mais importante ainda, como tomamos decisões estratégicas que determinarão o futuro de nossas organizações.

Ao longo desse período de pesquisa, mergulhei em estudos sobre o uso da IA nos negócios e realizei investigações exaustivas para que o resultado fosse uma leitura original, densa, inspiradora e, sobretudo, relevante para quem precisa tomar decisões estratégicas diante deste novo cenário.

Importante destacar que este livro não foi escrito para técnicos que criam novos algoritmos. Foi pensado para você, para mim e para todos aqueles que ocupam posições de liderança em organizações – seja na sala do conselho, na cadeira de diretor, como executivo que precisa dar rumo estratégico a uma empresa, ou como gestor que enfrenta o desafio diário de tomar decisões complexas. É destinado àqueles que precisam ser o farol para iluminar o caminho de uma organização rumo à sua perenidade, navegando pelas águas turbulentas desse superciclo de transformação tecnológica.

Meu objetivo sempre foi dialogar com líderes, executivos e conselheiros que, assim como eu, vivenciam os desafios de compreender não apenas *como* a IA funciona, mas principalmente *quando*, *onde* e *por que* aplicá-la no contexto organizacional. Não se trata de entender os aspectos técnicos dos algoritmos, mas sim de desenvolver a capacidade estratégica de orquestrar a IA como alavanca de crescimento sustentável e vantagem competitiva duradoura.

Reuni aqui a experiência de toda a minha trajetória acadêmica, de pesquisa e de atuação como empreendedor, executivo e conselheiro. Cada capítulo reflete o compromisso de unir bases conceituais sólidas a exemplos reais e ferramentas práticas, a fim de entregar uma obra que seja, ao mesmo tempo, profunda e aplicável ao dia a dia da tomada de decisões empresariais.

Além de um mergulho conceitual no impacto da IA e de outras tecnologias disruptivas, este livro traz análises consistentes de como seis setores estratégicos para a economia e para a sociedade estão sendo transformados. Cada estudo ilustra como a IA reconfigura processos, desafia modelos de negócio e altera as dinâmicas competitivas em áreas como varejo, finanças, agronegócio, saúde, educação e gestão pública.

Para enriquecer ainda mais essa perspectiva, reuni mais de vinte entrevistas exclusivas com conselheiros e executivos que lideram projetos transformadores em IA, oferecendo um panorama privilegiado de quem vivencia, na prática, a implementação e a governança dessas inovações. Além disso, apresento sete ferramentas estratégicas que considero fundamentais para quem deseja orquestrar os esforços de IA em suas organizações.

Também apresento cinquenta agentes de IA que, ao longo dos últimos anos, têm revolucionado operações corporativas em diferentes mercados. E, por fim, exploro oito megatendências de IA que devem moldar o cenário até 2035 – tendências que servem de bússola para lideranças empenhadas em manter suas organizações atentas às oportunidades e aos riscos que se multiplicam na velocidade exponencial das transformações tecnológicas.

Que este livro seja, para você, uma fonte rica de reflexões e direcionamentos estratégicos. Espero que cada página cumpra o propósito de instigar novas ideias, alimentar discussões produtivas nos conselhos e salas de diretoria e, principalmente, inspirar atitudes práticas na construção de organizações mais preparadas para o futuro – um futuro que já começou e que desafia todos nós a aprendermos, inovarmos e liderarmos com responsabilidade e visão de longo prazo.

Muito obrigado pela confiança e boa leitura!

Alsones Balestrin, Porto Alegre, setembro de 2025.

Este livro está em constante evolução. Acompanhe as atualizações e os conteúdos complementares utilizando o QR code abaixo.

Para ter acesso ao material, cadastre-se no site da editora:
www.grupogen.com.br.
Em seguida, clique em "Ambiente de aprendizagem".
Caso haja alguma mudança no sistema ou dificuldade de acesso, entre em contato com gendigital@grupogen.com.br.

Sumário

Introdução

Da revolução da internet ao imperativo da inteligência artificial

Em uma manhã de 2001, enquanto a internet ainda dava seus primeiros passos rumo a uma transformação sem precedentes, eu chegava a um cenário que parecia ter sido retirado de um filme de ficção científica. Diante de mim, erguiam-se prédios arrojados, estruturas futuristas e uma atmosfera que remetia ao pouso de uma nave alienígena em um novo mundo. Ali se erguia o Futuroscope, um parque científico e tecnológico que abrigava o campus do Instituto de Novas Tecnologias de Informação e Comunicação da Universidade de Poitiers, na França.

Eu chegava como um jovem pesquisador, tomado por um misto de ansiedade e encantamento, para realizar o sonho do doutorado em um ambiente que respirava inovação. O Instituto, criado apenas cinco anos antes, nascera com uma missão ousada: ser um observatório europeu dedicado a compreender a revolução da internet, suas oportunidades e desafios. Naquele instante, sem ainda perceber a dimensão do que se revelava, eu estava adentrando em um epicentro de debates e pesquisas sobre a maior transformação tecnológica da nossa história.

Vinte e cinco anos se passaram, trazendo as primeiras ondas de digitalização que transformaram sociedades e economias. Agora, enfrentamos um novo ciclo de mudanças ainda mais profundas, marcado pela interação entre seres humanos e inteligências artificiais – uma fronteira que redefine não apenas a tecnologia, mas o próprio sentido de inovar.

É nesse cenário de mudanças profundas – não mais um futuro distante, mas uma realidade que bate à porta das organizações – que este livro se insere. Reunimos aqui um conjunto abrangente de conceitos e práticas que atendem às demandas de quem deseja liderar a IA em suas organizações de forma consciente e transformadora. A solidez conceitual do texto é reforçada por mais de vinte depoimentos de executivos, conselheiros e lideranças que constroem, na prática, o legado da transformação digital em suas empresas. Para isso, apresentamos sete ferramentas basilares para orquestrar a IA de forma sistêmica, estudamos em profundidade seis setores, apontamos oito megatendências para a próxima década e mapeamos mais de cinquenta agentes de IA em uso efetivo. Com esse panorama, evidenciamos que a IA já se firmou como fator determinante de competitividade – e, cada vez mais, impõe urgência na tomada de decisões estratégicas.

De volta ao campus do Futuroscope, lembro-me vividamente da energia que tomava conta do nosso grupo de pesquisa, composto por uma dezena de pesquisadores vindos de diferentes partes do mundo – brasileiros, americanos, europeus, asiáticos e africanos. Todos nós havíamos sido atraídos por um mesmo propósito: estar naquele centro de excelência e ter a oportunidade única de desenvolver nossas teses sob a orientação do professor Dr. Pierre Fayard, uma das maiores referências internacionais nos estudos sobre o impacto das novas tecnologias. Ali, em meio a debates intensos, buscávamos decifrar de que forma aquela tecnologia chamada *internet* poderia transformar não apenas o mundo dos negócios, mas também a lógica das relações humanas e organizacionais. Foram anos de adaptação até que a World Wide Web (WWW) se tornasse quase como o ar nas organizações – onipresente, indispensável, invisível. Hoje, as empresas já não têm esse mesmo tempo: não podem se dar ao luxo de ignorar a velocidade exponencial com que novas transformações digitais emergem e se espalham em escala global. No centro dessa nova revolução tecnológica – ainda mais profunda e transformadora – está a IA. E é justamente essa confluência de vivências, entre ter presenciado o nascimento da era digital e agora mergulhar no surgimento da IA, que me motivou a escrever este livro.

Com base em mais de 25 anos de experiência como pesquisador no tema de inovação e transformação digital, executivo no setor de educação e tecnologia, líder de projetos de IA, conselheiro de administração e professor em programas de formação executiva, posso afirmar com convicção: *vivenciamos um momento único na história das organizações.* A inteligência artificial já não é apenas uma inovação tecnológica incremental; ela representa uma mudança paradigmática que vem redefinindo as próprias bases sobre as quais construímos nossas estratégias empresariais e, em última instância, a própria lógica capitalista.

Desta forma, *Inteligência artificial e o novo superciclo de inovação* não foi um título escolhido ao acaso. Ele reflete a convicção de estarmos diante de um fenômeno maior, capaz de redefinir as regras do jogo em praticamente todos os setores da economia. Um superciclo de inovação é um fenômeno que rompe com os padrões incrementais de mercado ao reformular completamente os alicerces da economia, alterando profundamente a geração de valor, as dinâmicas competitivas e o próprio conceito de trabalho em praticamente todos os setores. Um superciclo de inovação é, em essência, provocado pelo surgimento e difusão de tecnologias de propósito geral, ou seja, inovações que transcendem aplicações específicas e reconfiguram toda a economia e a sociedade.

Três outros superciclos de inovação anteriores que exemplificam esse processo são: a Revolução Industrial, que mecanizou a produção e criou fábricas em larga escala; a adoção da eletricidade, que acelerou o ritmo industrial e estendeu o consumo e as atividades diárias para além do período diurno; e a era da computação e da internet, que globalizou a comunicação e democratizou o acesso a informações. O novo superciclo de inovação impulsionado pela IA se distingue pela velocidade sem precedentes das transformações, fruto da convergência de tecnologias exponenciais, exigindo que organizações de qualquer porte se adaptem rapidamente para não se tornarem obsoletas.

Caracterizado por um ritmo acelerado de transformações e um impacto transversal em todos os setores, o novo superciclo de inovação promovido pela IA vai muito além de otimizar processos: ele gera novas indústrias, modelos de negócio e oportunidades de crescimento disruptivo. Ao mesmo tempo, cria ameaças que não podem ser ignoradas. Empresas que antes ancoravam sua vantagem competitiva em processos rigidamente estruturados agora se veem pressionadas por startups e big techs que reconfiguram mercados inteiros com IA. Aquilo que parecia sólido e inabalável está sendo desmontado e reconstruído por algoritmos capazes de aprender, adaptar-se e evoluir de forma inédita.

Se, ao longo da história, as máquinas supriram principalmente a força física – da invenção da roda à máquina a vapor, passando pela automação industrial até a robotização em massa –, hoje vivemos algo profundamente diferente. Pela primeira vez, a tecnologia se aproxima de substituir nosso "cérebro", ultrapassando uma barreira fundamental que separava homens de máquinas: a capacidade de pensar e desenvolver atividades intelectuais que, até então, pertenciam exclusivamente ao *Homo sapiens*. A IA não é apenas um conjunto de algoritmos para automatizar tarefas operacionais; ela assume funções que demandam cognição, análise e criatividade, afetando setores como finanças, varejo, indústria, agronegócio, educação, saúde e serviços.

Essa característica torna o novo superciclo de inovação não apenas mais rápido, mas também mais complexo. Seu poder de disrupção pode gerar disfunções sociais e corporativas em ritmo acelerado, ao mesmo tempo em que apresenta oportunidades singulares para quem se adapta. Empresas que entenderem as possibilidades oferecidas pela

IA podem reinventar processos, explorar novos mercados, desenvolver soluções inéditas e crescer de forma extraordinária. Já aquelas que não se movimentarem correm o risco de sucumbir nos próximos cinco ou dez anos.

Portanto, a IA não é apenas um diferencial, mas um verdadeiro divisor de águas. O tempo para agir não é amanhã, é agora. Ajustar estratégias, promover a cultura de inovação e investir em tecnologias disruptivas torna-se imperativo para capturar os benefícios e mitigar os riscos desse superciclo sem precedentes. Bem-vindos ao futuro, onde a inteligência humana e a inteligência artificial se encontram e se reinventam a cada instante.

Uma jornada de aprendizado

Minha jornada em inovação e tecnologia começou há mais de três décadas, quando percebi que as transformações tecnológicas não eram apenas ajustes incrementais, mas autênticas revoluções na forma como organizações e sociedades evoluem. Meu fascínio pela interseção entre tecnologia e gestão impulsionou cada escolha profissional e acadêmica ao longo desse período.

A verdade é que tive a chance de atuar em diferentes papéis que proporcionaram uma visão sistêmica dos ecossistemas de inovação e do papel transformador da tecnologia. Como pró-reitor da Unisinos, uma das universidades privadas mais prestigiadas do Brasil, contribuí na concepção e liderança do Tecnosinos, reconhecido entre os melhores parques tecnológicos do país. A experiência foi mais um endosso sobre como a colaboração entre academia, empresas e setor público pode catalisar a inovação de forma robusta.

Na esfera pública, como Secretário de Estado de Inovação, Ciência e Tecnologia do Rio Grande do Sul, foi possível implementar políticas públicas transformadoras, levando o Estado à liderança em inovação no Brasil e à terceira posição em número de startups. Conseguimos, então, fomentar um ambiente propício ao florescimento do empreendedorismo tecnológico no Sul da América do Sul, culminando na primeira edição do South Summit Brazil, um evento singular para o mercado de venture capital, marcante para o ecossistema de inovação brasileiro e relevante para a diversidade econômica do Rio Grande do Sul.

No âmbito da governança corporativa, como conselheiro de administração, desde 2010, quando integrei o Board of Trustees do European Software Institute (Bilbao/Espanha), venho contribuindo com empresas que enxergam a transformação digital como diferencial competitivo – defendendo a pauta de inovação e compreendendo a importância das decisões estratégicas sobre tecnologia no mais alto nível.

Paralelamente, minha atuação acadêmica no Brasil e no exterior (professor associado na Universidade de Poitiers por quinze anos, pesquisador visitante na HEC de Montreal, Fundação Dom Cabral, Unisinos Business School, entre outras) permitiu uma constante atualização na fronteira do conhecimento. A publicação de dezenas de artigos e livros sobre estratégia, inovação e governança refletiu meu compromisso com o avanço e a disseminação do conhecimento, sendo reconhecido como um dos quinze autores mais citados da América Latina na área de Strategic Management, conforme ranking de 2025 da AD Scientific Index.

Quando observo o momento atual da IA, encontro paralelos fascinantes com o período inicial da internet que experimentei nos meus estudos de doutorado na França. Entretanto, há uma diferença crucial: *a velocidade e a profundidade das mudanças são exponencialmente maiores*. Se a internet levou anos para alcançar seu potencial transformador, a IA precisa de poucos meses para provocar mudanças radicais em praticamente todos os setores.

Em pouco mais de dois anos desde o surgimento da IA generativa, já testemunhamos avanços que ultrapassam nossas expectativas mais otimistas. As capacidades de processamento de linguagem natural, geração de conteúdo e resolução de problemas complexos evoluem em ritmo exponencial, abrindo novas oportunidades e desafios para profissionais e empresas. Paralelamente, tal evolução também concentra poder nas grandes empresas de tecnologia e em governos que investem bilhões de dólares em novos datacenters e laboratórios de última geração, buscando liderar o mercado de IA e, consequentemente, hegemonizar a nova economia capitalista. É um fenômeno que se reflete, por exemplo, na corrida pela supremacia em IA entre China e Estados Unidos.

Este livro é mais que um guia sobre IA e seus impactos: constitui um convite para uma jornada de transformação e reflexão. Nas próximas páginas, compartilho minha perspectiva sobre como podemos não só nos adaptar, mas prosperar nesse novo contexto tecnológico que remodela o futuro dos negócios e da sociedade. Convido você a explorar, ao meu lado, os caminhos para transformar os desafios da era da IA em oportunidades concretas de inovação e crescimento.

Dados: o novo petróleo; algoritmos: as novas refinarias

Se a estratégia empresarial um dia foi definida por experiência e feeling, hoje, líderes precisam confiar em sistemas preditivos que analisam variáveis não perceptíveis aos olhos humanos. Nessa conjuntura, *os dados tornaram-se o "novo petróleo" e os algoritmos, as novas refinarias*. Ao mesmo tempo em que essa transformação avança, emerge o dilema: até onde delegar funções intelectuais à IA? O que ocorre quando as máquinas deixam de apenas executar comandos para criar, interpretar e tomar decisões estratégicas, antes exclusivas da liderança humana?

Apesar do ímpeto inevitável dessa revolução, muitos representantes do alto escalão das organizações, como conselheiros de administração e diretores executivos, ainda hesitam em abraçar tal transformação. Por quê? O que impede empresas de investirem intensamente em IA, quando está claro que ela será a força dominante desse superciclo? A resposta está na dissonância entre a velocidade imposta pela tecnologia e a mentalidade e cultura das organizações. Enquanto a tecnologia evolui em ritmo exponencial, as pessoas, as estruturas e a cultura organizacional avançam de forma linear. O resultado? Um abismo crescente entre a realidade digital e as capacidades empresariais. Organizações que não acelerarem essa adaptação tendem a sofrer disrupção ou se tornar irrelevantes.

Como professor em programas de formação de conselheiros e profissional que vivencia os desafios da governança corporativa, tenho observado um fenômeno crucial. Os conselhos de administração lidam, hoje, com um paradoxo inédito: de um lado, sua responsabilidade fiduciária exige cautela e análise rigorosa antes de adotar qualquer transformação disruptiva; de outro, a hesitação pode custar a própria sobrevivência da empresa. Esse dilema redefine o papel da liderança corporativa no século XXI. O desafio vai além de adotar tecnologia: trata-se de uma mudança fundamental na forma como pensamos sobre liderança, estratégia e governança corporativa.

Como equilibrar governança e inovação quando o ritmo das mudanças não permite planejamento de longo prazo? Como garantir a perenidade do negócio em um mundo em que modelos tradicionais de gestão estão progressivamente obsoletos, em função de sistemas gerenciais e legados que pouco dialogam com novos serviços de computação em nuvem?

Neste livro, exploramos como as melhores práticas de governança precisam ser reformuladas para acomodar a volatilidade das novas tecnologias. Analisamos como os conselheiros podem ser mais que supervisores estratégicos, tornando-se catalisadores da inovação. Executivos e líderes empresariais enfrentarão escolhas difíceis. O que significa liderar uma organização em que a IA assume papéis decisivos? Como lidar com a automação de funções tradicionalmente humanas mantendo a identidade da cultura corporativa? Quais competências serão indispensáveis para as futuras lideranças? Essas questões demandam nova sensibilidade e habilidades distintas para líderes contemporâneos.

Este livro busca responder tais perguntas, baseando-se em entrevistas qualitativas realizadas com lideranças-chave no contexto brasileiro e internacional. Por meio de casos práticos e análises detalhadas, mapeamos como diferentes setores da economia brasileira respondem ao desafio da IA. Seja no varejo, no setor financeiro, na educação, no agronegócio, na saúde ou no setor público, cada capítulo revela estratégias, êxitos e lições desse processo de transformação digital.

O propósito deste livro

Este livro é um guia estratégico para navegar em um mundo onde a única constante é a mudança. Além de conceitos-chave, ele se fundamenta em relatos originais de executivos e conselheiros que lideram a transformação digital em suas organizações. É um chamado à ação para líderes empresariais que precisam tomar decisões críticas em um ambiente de incerteza e evolução contínua.

As páginas que seguem vão além de discutir o presente. São um indicativo do futuro que já começou. Um futuro em que a competitividade transcende a adoção de novas tecnologias, exigindo uma simbiose produtiva entre inteligência artificial e inteligência humana.

Estamos diante de um momento decisivo. As decisões de hoje em torno da integração e da governança de IA moldarão não apenas o sucesso empresarial, mas também o futuro do trabalho e da própria sociedade. Como profissional que pôde participar da revolução da World Wide Web e hoje testemunha este superciclo de inovação movido pela IA, sinto-me na obrigação de compartilhar as lições aprendidas e contribuir para a construção de um futuro mais consciente e resiliente.

O convite é para esta jornada de transformação em que a tecnologia não é um fim, mas o meio para criar organizações mais inteligentes, eficientes e, acima de tudo, cada vez mais humanas. O futuro já está entre nós – cabe a nós decidir como iremos moldá-lo.

Estrutura da obra

Nas páginas que seguem, convido o leitor a uma jornada transformadora que combina análise estratégica, insights práticos e reflexões profundas sobre o futuro das organizações na era da IA. O conteúdo se estrutura para oferecer um entendimento sólido e gradual deste momento singular, abarcando literatura recente, pesquisas e relatórios de mercado, além de entrevistas exclusivas com lideranças que conduzem a transformação digital em múltiplas frentes, gerando mais de trezentas páginas de um material rico que foi cuidadosamente analisado. Vale pontuar que todas as entrevistas, que realizei individualmente, contaram com consentimento formal para uso do material e divulgação de identidades.

O livro está organizado em três partes lógicas e complementares. A Parte I se dedica a fundamentar conceitos, embasando-se em literatura atual, avanços teóricos sobre IA e inovação, e análise aprofundada para compreender a magnitude e as raízes dessas transformações. A Parte II traz o olhar prático, ilustrado por depoimentos de quem já está atuando na transformação digital, permitindo ver como as ideias e os conceitos do início se concretizam no mundo real. Na Parte III, assume-se uma perspectiva crítica e prospectiva, abordando dilemas éticos, desafios futuros e tendências exponenciais, apontando para cenários em que a tecnologia e a humanidade precisam achar pontos de equilíbrio, de forma que a IA seja uma alavanca de desenvolvimento, não um vetor de dependência ou desigualdade.

Um convite à reflexão proativa

Ao trazer experiências e reflexões nesta obra, minha intenção não é entregar respostas definitivas ou fórmulas prontas, mas, sim, provocar reflexões, estimular o pensamento crítico e, principalmente, inspirar ação.

Enquanto escrevo estas linhas, em agosto de 2025, penso sobre como a inteligência artificial progrediu desde que surgiram os primeiros modelos comerciais de IA generativa em novembro de 2022. As transformações que testemunhamos nos últimos dois anos são apenas o início de uma revolução muito maior em curso.

Hoje, assim como em 1995, quando a internet ainda engatinhava, ainda que tentemos prever o verdadeiro potencial da inteligência artificial, só iremos subestimá-lo. As possibilidades que se desvendam com o desenvolvimento de agentes de IA, plataformas cada vez mais sofisticadas e modelos de linguagem cada vez mais potentes são verdadeiramente extraordinárias.

A revolução da inteligência artificial está em pleno andamento. As decisões tomadas hoje definirão quais empresas prosperarão e quais serão suplantadas pelo vácuo da inércia. A diferença entre histórias de sucesso e fracasso raramente está na tecnologia em si, mas na coragem e na visão das atuais lideranças em reconhecer e agir diante deste momento decisivo. O futuro não espera quem hesita, e as decisões que tomamos hoje moldarão o destino de nossas organizações nos anos vindouros.

Cada novo superciclo de inovação traz consigo a oportunidade de construir um mundo melhor. Se a internet democratizou o acesso à informação e conectou pessoas e culturas como nunca antes, a IA tem o potencial de ir ainda além, ajudando-nos a resolver alguns dos maiores desafios da humanidade. Para isso, porém, é necessário que haja líderes conscientes, organizações preparadas e governanças sólidas.

Este livro almeja dar a contribuição para essa causa. É o resultado de décadas de experiência, pesquisa e aprendizagem contínua. Mais que isso, é um convite a você, leitor, para integrar essa jornada de transformação e construir um futuro melhor.

PARTE I

Desvendando a IA no superciclo de inovação

Imagine-se abrindo a porta de um universo repleto de oportunidades, mas igualmente marcado pela extrema imprevisibilidade. É nesse ambiente pulsante que a IA ganha cada vez mais espaço nos negócios. Se você já se perguntou como a IA pode revolucionar sua organização, ou se acompanha manchetes que anunciam inovações quase diárias, a Parte I desta obra serve como um guia para lidar com a velocidade disruptiva das transformações atuais. Cada capítulo traz uma nova perspectiva: não apenas o que está acontecendo, mas por que isso é relevante e como essas inovações afetam você, sua equipe e o futuro do seu negócio.

Além de toda a base conceitual, esta Parte I oferece ferramentas práticas para gestão e governança de IA, essenciais para quem deseja dominar estratégias e modelos de implementação da IA em suas organizações.

Ao longo dos próximos sete capítulos, você irá:

- descobrir o que realmente é IA – e o que não é – e por que ela está modificando as regras do jogo organizacional;
- compreender como o superciclo de inovação redefine prioridades e orienta investimentos de modo a gerar valor real;

- ter acesso a metodologias e modelos para conduzir projetos de IA, mensurar riscos e executar uma transformação que vá além de boas intenções;
- entender que, quando a cibersegurança, a ética e a auditoria algorítmica se tornam pilares da tomada de decisões, manter o controle se torna prioridade máxima;
- fortalecer sua liderança, criatividade e capacidade de aprendizagem contínua – atributos fundamentais em um mercado cada vez mais automatizado.

De forma geral, a Parte I busca responder algumas importantes questões:

- *Como a IA, principalmente a IA generativa, redefine a competitividade e a inovação nas organizações?* Entenda o impacto de algoritmos capazes de executar tarefas intelectuais antes reservadas ao ser humano.
- *Por que a IA é o "motor" deste superciclo de inovação e por que sua empresa não pode mais ignorá-la?* Aprenda a antecipar tendências e a estabelecer estratégias de longo prazo impulsionadas pela IA.
- *De que forma o conselho de administração pode assumir um papel decisivo na governança de IA?* Descubra como equilibrar a necessidade de inovar rapidamente com práticas sólidas de governança.
- *Como conciliar estratégias de inovação incremental e transformações radicais?* Conheça modelos ambidestros que permitem mapear, priorizar e mensurar o sucesso de projetos de IA em diferentes estágios.
- *O que fazer para modernizar sistemas legados e superar a "dívida tecnológica"?* Avalie os desafios e as oportunidades específicas do contexto brasileiro na adoção de IA.
- *Quais competências humanas ganham destaque quando a automação atinge não só tarefas repetitivas, mas também processos cognitivos?* Saiba até que ponto a IA pode substituir a força de trabalho e como criar novos papéis e formatos de atuação.

- *Por que segurança cibernética e governança de dados se tornam inegociáveis ao adotar IA?* Descubra como os conselhos de administração podem identificar riscos e proteger informações em um cenário em rápida evolução.

Ler estes capítulos não será apenas uma imersão no universo da IA; será também um convite à ação. A inovação não segue calendários fixos: as mudanças continuam se acelerando, e somos nós – líderes, executivos e conselheiros – que devemos conduzir esse avanço, convertendo incertezas em estratégias de sucesso.

Prepare-se para explorar reflexões, exemplos reais e soluções que podem ser adaptadas ao seu contexto específico. O futuro da sua organização está batendo à porta. Boa leitura – e prepare-se para redefinir o rumo do seu negócio na era da inteligência artificial.

1

A revolução da inteligência artificial: impactos e desafios para as organizações

A humanidade se encontra em um momento decisivo de transformação, possivelmente um dos mais profundos da história recente. Concebida no início do século XX e aprimorada por meio de progressos graduais ao longo de décadas, a inteligência artificial (IA) experimentou seu avanço mais notável em 2022, quando os grandes modelos de linguagem (no inglês, *Large Language Models*, LLMs) popularizaram o que hoje é conhecido como IA generativa.

Embora o conceito de inteligência artificial exista desde a década de 1950, apenas na virada de 2020 sua aplicação em escala começou a produzir resultados verdadeiramente exponenciais. Com impressionante rapidez, a IA ultrapassou a capacidade humana em tarefas específicas e avança celeremente para dominar atividades cognitivas cada vez mais sofisticadas, impactando virtualmente todas as profissões.

Um dos aspectos mais fascinantes dessa tecnologia é sua capacidade de gerar respostas surpreendentemente intuitivas, as quais muitas vezes desconcertam até mesmo seus próprios criadores, que frequentemente não conseguem explicar com precisão o processo pelo qual o sistema chegou a determinada conclusão. Essa opacidade não é um fenômeno recente: desde os primeiros debates sobre IA, já se alertava para os desafios inerentes à compreensão e ao controle de sistemas inteligentes.[1]

Hoje, estamos diante de um novo superciclo de inovação, impulsionado pela IA e pela gestão orientada por dados. À medida que começa a se integrar a processos decisórios e estratégicos, a IA inaugura uma nova lógica de produção de valor e de produtividade. Em uma das previsões mais discutidas, estima-se que, entre 2030 e 2045, a IA passará a operar como uma extensão do corpo e da mente humana.[2]

Considerando-se que todas as dimensões das organizações serão ressignificadas, é necessária uma análise estratégica sobre os impactos da IA na gestão dos negócios, partindo da provocação: "Como líderes e conselheiros de administração podem construir estratégias de inovação que garantam a perenidade das organizações neste novo superciclo impulsionado pela IA?".

Um dos especialistas que entrevistei para este livro foi Rodrigo Masini – reconhecido pela Amazon Web Services (AWS) entre os 1% maiores especialistas globais em IA generativa. Ele afirmou que a IA será cada vez mais determinante na composição do *valuation* das empresas, não apenas como diferencial tecnológico, mas como expressão direta de sua capacidade de gerar valor. Como ele destacou, "O modelo que usam, como foi treinado, a capacidade de personalização e a eficiência que gera – tudo isso passa a ser parte do valor estratégico da organização".

Esse novo critério de valor corporativo está diretamente ligado à maturação recente dos sistemas de IA, sobretudo das chamadas *inteligências artificiais estreitas* (artificial narrow intelligence), projetadas para executar tarefas específicas com alta precisão. Desde 2022, modelos como ChatGPT, Gemini e Claude – exemplos de LLMs – têm acelerado uma profunda transformação nos padrões de produtividade e eficiência organizacional. Isso fez com que a IA se tornasse, em pouquíssimo tempo, a principal responsável por intensos rearranjos na economia global e na força de trabalho.[3]

Segundo o que Masini me salientou, a ascensão da IA permitirá que praticamente toda tarefa laboral seja delegada às máquinas. Isso impõe às lideranças corporativas a tomada de decisões difíceis: "O papel de gestores e conselhos de administração é, antes de tudo, mapear quais processos já podem ser automatizados e quais exigem redesenho estratégico". À frente de projetos internacionais para empresas como Walmart e Coca-Cola, o especialista defende que traçar um roadmap consistente de adoção da IA começa por mensurar os impactos sobre pessoas e processos – identificando o grau de dependência da organização em relação ao capital humano – e garantir que a identidade da empresa seja preservada, evitando que se dilua ao adotar modelos genéricos de IA: "A IA será um ativo estratégico tão valioso quanto a propriedade intelectual. Toda estratégia de transformação digital atual representa, no fundo, uma ruptura com o *status quo* da empresa".

Alguns relatórios de mercado projetam um horizonte corporativo marcado por ciclos de adaptação contínuos.[4] Corroborando a visão de Masini, isso demandará um portfólio de ações estratégicas e modelos de negócios adaptáveis à evolução da IA. E não só como fator competitivo ou de distinção, mas especialmente de perenidade das organizações, em uma era em que o grau de inovação digital, mais do que nunca, determina quais serão as empresas e os governos que permanecerão relevantes ao final desse superciclo de inovação.

Em paralelo, a rápida evolução da IA generativa e dos agentes de IA acelera a obsolescência de processos gerenciais e das habilidades requeridas no mercado de trabalho. Isso reforça a percepção geral das lideranças que entrevistei para o livro: todos os modelos de negócio, por mais vencedores que sejam hoje, ficam vulneráveis ao avanço das novas tecnologias. Nenhuma marca, por mais consolidada que seja, tem garantida sua permanência. E, da mesma forma, quase nenhum profissional estará apto a executar a mesma função que desempenha hoje dentro de cinco anos – ao menos, não da mesma forma.

Outra profissional que entrevistei foi Andiara Petterle, que é executiva e conselheira de administração. Em suas palavras, "O que antes era vantagem competitiva, hoje é legado técnico. A tecnologia está invertendo a lógica de estabilidade nos conselhos: quem não se atualiza, se torna o risco".

A empresa de aconselhamento tecnológico Gartner prevê que os próximos anos serão marcados por uma grande onda de integração de IA. Em 2025, por exemplo, 50% das empresas já terão implementado plataformas de orquestração de IA, em comparação com menos de 10% em 2020, enquanto 10% dos governos usarão dados sintéticos* com padrões de comportamento realistas para treinar sistemas de IA, mitigando preocupações com privacidade e segurança.[5]

A Oxford Economics realizou um estudo com quinhentas empresas norte-americanas, encomendado pela Ernst & Young (EY), e os resultados apontam que 86% dos CIOs (*Chief Information Officers*) planejam adquirir soluções de IA generativa ou fechar parceria com big techs em curtíssimo prazo.[6] Na Figura 1.1, é possível observar que, para 37% dos executivos entrevistados, a "geração de receita" é a principal razão para que suas empresas avancem com os esforços em IA generativa, enquanto 27% citam o potencial de "reinventar o modelo de negócio". Já 19% apontam que o motivo principal para a adoção da IA é a "redução de custos".

Por outro lado, a Deloitte também entrevistou quinhentos executivos e conselheiros de administração, e no levantamento 45% afirmam que a IA generativa não está na agenda de seus conselhos e 84% não estão satisfeitos com o ritmo atual de adoção de IA em suas organizações. Além disso, o relatório Global CEO Survey 2024 indica que 41% dos diretores executivos brasileiros duvidam se seus negócios irão sobreviver por mais dez anos se o ritmo atual permanecer, enquanto 97% dos

* Os dados sintéticos são gerados artificialmente por meio de machine learning e refletem as propriedades estatísticas de dados reais, mas sem utilizar as informações de identificação pessoal, como nomes e outros detalhes.

CEOs relatam ter tomado medidas para transformar a forma de criação e entrega de soluções e produtos nos últimos cinco anos. Um dos meus entrevistados, Paulo Vasconcellos, que é conselheiro de administração sênior e professor do Instituto Brasileiro de Governança Corporativa (IBGC), observou que "os conselhos estão no jardim de infância em relação à inteligência artificial".

Figura 1.1 Principais motivações para investimento em IA generativa

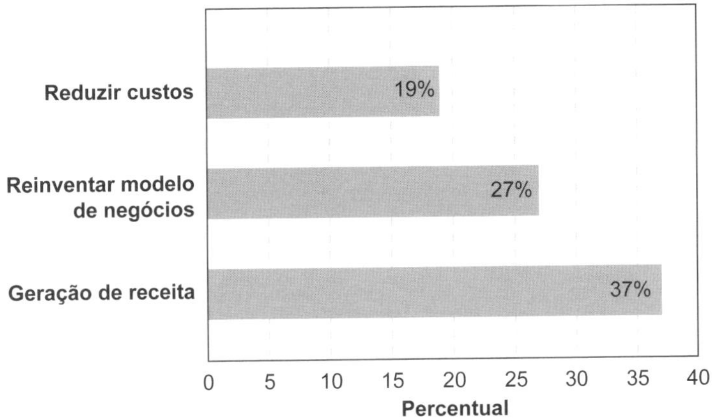

Fonte: EY; Oxford Economics (2024).[6]

Em um futuro não muito distante, as tecnologias baseadas em IA atuarão não apenas como ferramentas de apoio, mas como motores de decisão e catalisadores de inovação nos negócios. A jornada para chegar lá, entretanto, será definida pela capacidade de conselhos de administração e altos executivos de equilibrar papéis de supervisão, comando e alinhamento com as novas estratégias voltadas para o futuro. Podemos destacar cinco impactos estratégicos da IA nas organizações:

- *Redefinição de valor corporativo*: a IA passa a compor o *valuation* de uma empresa, incluindo o modelo utilizado, sua capacidade de personalização e eficiência operacional.

- *Obsolescência acelerada de funções e processos*: modelos de negócio consolidados e funções tradicionais estão sob ameaça direta da automação inteligente e dos agentes autônomos.
- *Nova lógica de decisão e produtividade*: a IA não apenas apoia, mas redefine como as decisões são tomadas: mais rápidas, mais baseadas em dados, menos dependentes da intuição humana.
- *Transformação das estruturas de governança*: conselhos e lideranças precisam entender, mitigar riscos e reconfigurar suas funções diante de tecnologias que operam como caixas-pretas.
- *Abertura de fronteiras criativas*: a IA generativa inaugura um novo campo criativo, em que a geração de texto, imagem, som e código assume escala e sofisticação sem precedentes.

Uma nova era de transformações exponenciais

A IA pode ser descrita como um conjunto de técnicas e algoritmos que conferem aos sistemas computacionais a capacidade de reproduzir habilidades humanas que requerem o uso de faculdades cognitivas avançadas, como aprendizado, raciocínio, interpretação de padrões, compreensão de linguagem natural e tomadas de decisão complexas. São máquinas – e vale notar que o termo "máquina" muitas vezes não reflete o caráter distribuído ou em nuvem da IA, mesmo que esta possa ser executada em grandes datacenters – que aprendem e se adaptam, que analisam o ambiente ao seu redor e respondem de maneira apropriada. A IA também evolui com base nas informações que coleta, aprendendo com cada interação.[7]

Ela pode ser dividida em duas grandes categorias: IA estreita e IA geral (AGI). A primeira executa tarefas específicas, como reconhecer rostos em fotos ou sugerir músicas baseadas em preferências do usuário; essa tecnologia, embora poderosa, é altamente especializada e incapaz de operar fora de seus parâmetros iniciais. Em contraste, a AGI – que futuristas estimam surgir nas próximas décadas – tem como objetivo replicar a inteligência humana de forma abrangente, agindo de modo autônomo em distintas áreas. Ray Kurzweil, um dos mais conhecidos futuristas no Vale do Silício, defende que, para a IA geral ser alcançada, seriam necessárias quintilhões de operações por segundo. Em linha com tais previsões, recentemente, a Nvidia, referência mundial em desenvolvimento de GPUs e plataformas de computação acelerada, lançou um novo chip capaz de realizar aproximadamente 20 quatrilhões de operações por segundo.

Mustafa Suleyman, cofundador da DeepMind, descreve a transição da IA estreita para a IA geral como "o cruzamento de uma linha limítrofe na evolução tecnológica". Em um TED Talk publicado em abril de 2024, ele afirmou que "enquanto a IA estreita opera como um especialista, a IA geral será o verdadeiro generalista, capaz de entender e solucionar problemas em qualquer campo, da ciência à arte, da medicina à filosofia".[8] Em outras palavras, a IA geral poderia, eventualmente, se tornar uma "mente digital", integrando capacidades de aprendizado e adaptação em níveis mais profundos, que nem sempre serão desvendáveis pelo ser humano, e adicionando um elemento de complexidade ainda inexplorado na relação entre a humanidade e a tecnologia.

A previsão é de que a IA geral será capaz de dialogar com nuances semelhantes às de um ser humano, entender contextos, ler entrelinhas e reagir em conformidade. Será como ter não apenas uma extensão de si mesmo, mas uma entidade com o poder de raciocínio humano elevado a uma escala exponencial.

As raízes da IA: de sonhos antigos à ciência moderna

A ideia de "máquinas inteligentes" pode soar recente, mas remonta à Antiguidade, quando civilizações como a grega já sonhavam com autômatos capazes de simular comportamentos humanos, a exemplo do mítico Talos, um gigante de bronze que protegia Creta. Essas histórias revelam um desejo humano ancestral de criar vida artificial, o qual atravessou os séculos e se manifestou de maneiras diversas ao longo da história.

O matemático britânico Alan Turing, um dos pioneiros em computação, desenvolveu avanços fundamentais que tiraram essa ambição do domínio da ficção científica. Em 1936, ele introduziu o conceito da "máquina universal", base teórica dos computadores modernos.[9] Mais tarde, em 1950, Turing propôs um experimento capaz de avaliar a inteligência de máquinas: o teste de Turing.[10] Esse experimento envolve um juiz humano que interage com duas entidades – um humano e uma máquina – sem saber quem é quem. Se o juiz não conseguir distinguir quem é a máquina e quem é o humano com base nas mensagens trocadas, conclui-se que a primeira passou no teste.

O teste de Turing não se propõe a avaliar a consciência em máquinas, mas sua capacidade de interagir em linguagem natural de forma indistinguível. Trata-se de uma proposta revolucionária e serviu de base conceitual para o desenvolvimento e a evolução de sistemas atuais de inteligência artificial, como pode ser observado na Figura 1.2.

Figura 1.2 A evolução da inteligência artificial (1950-2024)

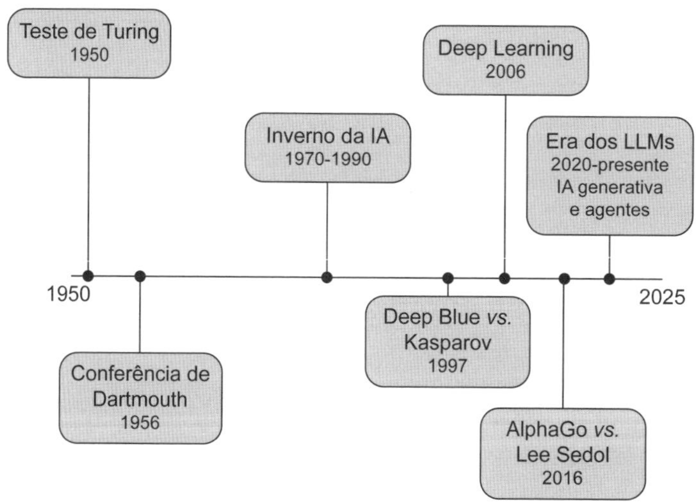

Desde os fundamentos teóricos estabelecidos por Turing, passando pela formalização do campo na Conferência de Dartmouth em 1956, a IA enfrentou períodos de avanços e retrocessos. Após o "Inverno da IA" (1970-1990), marcos significativos como a vitória de uma partida de xadrez do Deep Blue sobre Kasparov (1997), o desenvolvimento do deep learning (2006), e o triunfo do AlphaGo sobre Lee Sedol (2016) revolucionaram as capacidades dos sistemas inteligentes.

Mesmo não sendo muito citado na literatura, destaco aqui a contribuição de Douglas Engelbart, um pesquisador americano e o autor do influente estudo de 1962, *Augmenting Human Intellect: A Conceptual Framework*,[11] em que estabeleceu a visão de que a tecnologia não deveria substituir a inteligência humana, mas sim "aumentá-la". Para isso, ele desenvolveu o quadro conceitual do sistema H-LAM/T, que descreve a eficácia intelectual como um sistema integrado composto pelo **H**umano, utilizando **L**inguagem (os conceitos e símbolos para pensar), **A**rtefatos (as ferramentas físicas, como computadores) e **M**etodologia (estratégias de trabalho), no qual ele é **T**reinado. O impacto desta tese para a inteligência artificial generativa é fundamental, pois ela funciona exatamente como um "amplificador de inteligência" previsto por Engelbart. A IA generativa não opera de forma autônoma, mas como um poderoso "Artefato" dentro do sistema H-LAM/T. O utilizador (o Humano) emprega uma linguagem de prompts e uma metodologia de interação para instruir o sistema de IA, que atua como um "assistente" de alta velocidade, executando a "manipulação externa e automatizada de símbolos" para gerar texto, código ou imagens. Essa parceria, onde o ser humano fornece a intenção, o contexto e o julgamento, enquanto a máquina acelera a execução de tarefas conceituais e complexas, é a concretização da visão de Engelbart, posicionando a IA como uma ferramenta para a "amplificação da inteligência" humana, e não como uma substituta para ela.

Essa evolução será explorada com maior nível de profundidade nas seções a seguir.

Surgimento oficial da IA: Conferência de Dartmouth

Em 1956, um pequeno grupo de cientistas visionários se reuniu em Dartmouth College, nos Estados Unidos, para discutir uma ideia que, até então, parecia pertencer ao domínio da ficção científica: a criação de máquinas dotadas de inteligência capaz de pensar. Liderados por John McCarthy, Marvin Minsky, Allen Newell e Herbert Simon, esses pesquisadores não apenas definiram os contornos de um novo campo de estudo, mas também cunharam o termo "inteligência artificial". A conferência de Dartmouth pode ser vista como o ponto de partida para essa trajetória fascinante, que transcende as expectativas iniciais. Mais que simples reunião acadêmica, o encontro foi o marco inicial de um sonho coletivo: construir sistemas que aprendam, adaptem-se e gerem soluções inovadoras.

A ambição desses pioneiros era nada menos que monumental. Eles acreditavam que, com os avanços tecnológicos emergentes, a IA seria capaz, em poucos anos, de resolver problemas complexos, como jogar xadrez no nível de campeões ou traduzir idiomas com fluidez. Contudo, a prática se revelou mais desafiadora. A inteligência humana, com sua intrincada combinação de lógica, emoção e aprendizado, provou-se complexa de replicar. A escassez de poder computacional e a limitação de dados na época impuseram barreiras que retardaram os avanços.

Décadas depois da histórica conferência de Dartmouth, os conceitos outrora especulativos da IA começaram a se materializar de forma contundente. Em 1997, o supercomputador Deep Blue, da IBM, derrotou Garry Kasparov, então campeão mundial de xadrez, em um duelo que capturou a atenção do mundo. Não se tratava apenas de uma vitória técnica: era o prenúncio de uma nova era em que máquinas poderiam superar humanos em tarefas altamente complexas.

Entretanto, foi em 2016 que a superioridade da IA nos jogos se tornou inquestionável. O AlphaGo, desenvolvido pela DeepMind – uma subsidiária da Google – venceu Lee Sedol, um dos maiores jogadores da história do Go, um antigo jogo de tabuleiro chinês considerado o mais complexo já criado. Para dar uma ideia do tamanho do desafio, estima-se que existam mais combinações possíveis no Go do que átomos no universo.[12] Isso torna inviável para qualquer sistema computacional vencer apenas por força bruta de cálculo. Vencer no Go exige mais: requer criatividade, estratégia, antecipação – em resumo, raciocínio!

E foi exatamente isso que o AlphaGo demonstrou. Combinando redes neurais profundas, aprendizado por reforço e autojogos exaustivos, a IA desenvolveu padrões de decisão inéditos, que surpreenderam até os mestres humanos mais experientes. Nesse momento, ficou evidente: as máquinas não apenas imitavam o raciocínio humano, mas estavam começando a ultrapassá-lo em domínios que antes se considerava inatingíveis.

O que começou como simulações em laboratórios ou ideias abstratas em artigos acadêmicos transformou-se em uma realidade concreta – e, talvez mais surpreendente do que se imaginava. A IA já não joga como humanos. Ela joga melhor.

Sistemas especialistas e suas limitações

Nos anos 1960 e 1970, o foco da pesquisa em IA deslocou-se para o desenvolvimento de sistemas especialistas. Esses sistemas foram projetados para resolver problemas específicos dentro de domínios restritos, utilizando regras definidas por especialistas humanos. Um dos exemplos mais notáveis é o MYCIN, um sistema desenvolvido na Universidade de Stanford que podia diagnosticar infecções bacterianas e sugerir tratamentos com base em um conjunto de regras médicas.[13]

Sistemas especialistas, como o MYCIN, utilizavam uma abordagem de "se-então" (*if-then*), em que o conhecimento especializado era codificado em regras rígidas. Embora essas soluções tenham sido pioneiras e se mostrassem eficazes em condições controladas, elas também apresentavam limitações claras: a manutenção era complexa, a escalabilidade era limitada, e a capacidade de adaptação a novas situações era praticamente inexistente.

As dificuldades enfrentadas pelos sistemas especialistas expuseram a fragilidade de uma abordagem baseada em regras fixas. Esses sistemas não conseguiam lidar com a imprevisibilidade do ambiente externo, revelando a necessidade de abordagens mais flexíveis que pudessem aprender e adaptar-se de maneira dinâmica.

Os invernos da IA

A trajetória da IA não foi linear. Ela foi marcada por períodos de grande entusiasmo seguidos por fases de estagnação, conhecidas como "invernos da IA". O primeiro grande inverno ocorreu entre 1974 e 1980, desencadeado pelo relatório de Sir James Lighthill, *Artificial intelligence: a general survey*, de 1973, que criticava severamente o progresso do campo e questionava sua capacidade de oferecer soluções práticas para problemas reais.[14] A crítica do matemático britânico – considerado pai da aeroacústica e da dinâmica de fluidos, e um dos responsáveis pela criação dos aviões supersônicos –, combinada com a redução do financiamento de agências governamentais como a DARPA, levou a um colapso nas pesquisas de IA.

Um segundo inverno surgiu na década de 1980, quando o mercado de sistemas especialistas entrou em declínio. O hardware especializado se tornou obsoleto e caro, e as empresas começaram a perceber que os sistemas eram difíceis de manter e atualizar. Essa fase de desilusão levou muitos pesquisadores a deixarem o campo ou redirecionarem seus esforços para áreas mais promissoras, como a ciência da computação tradicional e a estatística.

O papel do machine learning e das redes neurais

Apesar dos períodos de inatividade, a IA começou a ressurgir na década de 1990 com a ascensão do machine learning (aprendizado de máquina, ML) e o redescobrimento das redes neurais.[15] Diferentemente dos sistemas baseados em regras rígidas, o ML possibilita que as máquinas aprendam a partir de dados, ajustando-se e melhorando com o tempo sem a necessidade de programação explícita para cada tarefa.

Esse renascimento foi impulsionado por avanços tecnológicos, como o aumento da capacidade computacional e a explosão de dados gerados pela internet. Algoritmos de aprendizado supervisionado e não supervisionado permitiram que as máquinas identificassem padrões em grandes volumes de dados, proporcionando insights que antes eram inalcançáveis.[16]

As redes neurais, inspiradas no funcionamento do cérebro humano, começaram a ganhar popularidade novamente. Embora teorizadas inicialmente nos anos 1940, foi apenas nos anos 2000 que, graças ao aumento do poder de processamento e ao desenvolvimento de novas técnicas, as redes neurais profundas (deep learning) se tornaram uma realidade prática.[17] Essas redes transformaram a IA, permitindo avanços em áreas como reconhecimento de imagem, processamento de linguagem natural e veículos autônomos.

A era moderna da IA

Nos últimos anos, a IA experimentou um crescimento exponencial graças à convergência de big data, computação em nuvem e melhorias em hardware, como GPUs e TPUs (unidades de processamento de tensores).[*] Essas tecnologias possibilitaram que algoritmos de IA processassem volumes massivos de dados em velocidade inédita, aumentando a precisão e a eficiência dos modelos de linguagem.

* GPUs, originalmente desenvolvidas para processamento gráfico, são versáteis e capazes de executar milhares de operações simultâneas, sendo amplamente usadas tanto para treinamento quanto para inferência em modelos de IA em virtude de sua capacidade de paralelismo massivo. Já as TPUs, desenvolvidas especificamente pelo Google para tarefas de ML, são otimizadas para operações matriciais que alimentam redes neurais.

LLMs são treinados em vastos conjuntos de dados de texto, permitindo que compreendam e gerem linguagem natural de forma altamente precisa e contextualizada. A IA generativa, por sua vez, refere-se ao uso desses modelos para criar conteúdos novos – desde texto e imagens até música e código – que mimetizam a criatividade humana.

Um dos desenvolvimentos mais significativos dessa era foi o ChatGPT, um modelo de linguagem desenvolvido pela OpenAI e lançado em 2022. Capaz de gerar textos quase indistinguíveis dos escritos por humanos, a versão GPT-3.5 abriu novas possibilidades para a automação de tarefas complexas, como atendimento ao cliente, criação de conteúdo e análise de dados.

Avanços em visão computacional também expandiram as aplicações da IA em segurança, manufatura e saúde. Os sistemas que atualmente temos disponíveis são capazes de analisar exames médicos com precisão comparável à de especialistas, auxiliando médicos no diagnóstico e tratamento de pacientes.

Em 2017, em parceria com o Google, a NASA utilizou algoritmos de IA para analisar dados do telescópio Kepler e descobriu exoplanetas que antes passavam despercebidos pelos métodos de análise tradicionais, demonstrando como a sinergia entre big data e IA pode levar a avanços científicos significativos.[18]

A Figura 1.3 esquematiza a complexidade e a profundidade das camadas que compõem a IA moderna. Cada nível destacado na imagem expõe como as diversas facetas da IA se interconectam, traçando um caminho de evolução que vai desde as abordagens mais amplas da IA até as inovações mais específicas e poderosas, como a IA generativa.

No topo dessa estrutura, congrega-se o conceito genérico de inteligência artificial, que abrange tecnologias já amplamente utilizadas nos últimos trinta anos, como sistemas especialistas e robótica, capazes de automatizar tarefas em indústrias diversas, de linhas de produção à logística de distribuição.[19] Visão computacional e processamento de linguagem natural (PLN) são exemplos mais recentes,[20] em que a capacidade de sistemas neurais de interpretação de imagens – prática comum no campo da segurança pública, privada e no monitoramento inteligente – e de compreensão de comandos em linguagem natural expandem a colaboração entre homem e máquina. Muitas empresas utilizam essas tecnologias para melhorar desde sistemas de vigilância até atendimento ao cliente por meio de chatbots avançados.

Figura 1.3 O universo da inteligência artificial

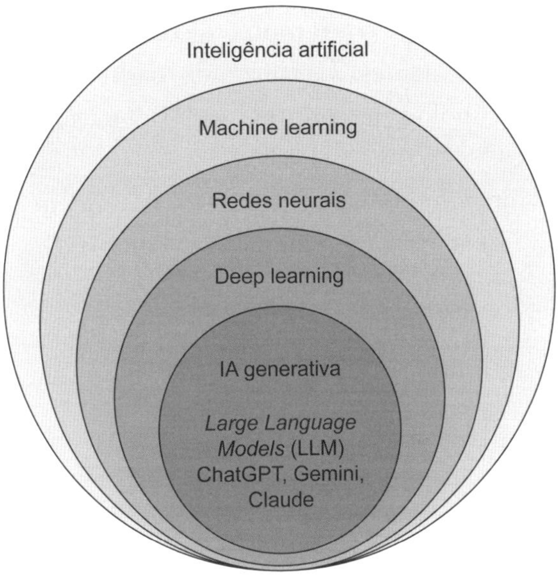

Ao descer pelas camadas, o conceito de machine learning representa o alicerce fundamental da evolução de sistemas de IA. Aqui, as máquinas aprendem com grandes volumes de dados, detectam padrões e fazem previsões com alta precisão a partir de vastos históricos de informações.[21] Essas capacidades já estão largamente aproveitadas em setores como o financeiro, onde agentes de IA analisam o comportamento de mercado e executam previsões acerca da sustentabilidade financeira de clientes. No setor de marketing, por outro lado, o agrupamento de dados permite segmentar clientes de forma mais eficiente, organizar estoques ou até mesmo distribuir de maneira eficiente a disposição de produtos nas gôndolas, personalizando experiências e impulsionando vendas.

Em nível ainda mais profundo, é na seção de redes neurais que está a chave para resolver problemas extremamente complexos. Estruturadas de forma a imitar o funcionamento do cérebro humano, as redes neurais já impactam setores cujas novas descobertas representam a fronteira da inovação.[22] No setor de saúde, por exemplo, a análise de grandes conjuntos de dados genômicos e proteômicos está contribuindo para a descoberta de novas vacinas, identificando padrões e relacionando-os com a resposta imunológica, algo que só foi possível a partir de redes neurais profundas.

No deep learning (aprendizado profundo), as redes neurais profundas permitem a realização de tarefas ainda mais complexas, como reconhecimento de imagens, processamento de linguagem natural e previsão de comportamentos. Esses modelos aprendem a classificar padrões hierárquicos nos dados, imitando de forma sofisticada o funcionamento das conexões neurais do cérebro humano.

Já a IA generativa abre portas para processos criativos e representa a vanguarda do que a IA pode alcançar em larga escala. Com LLMs – caso do ChatGPT, Gemini e Claude – a IA generativa não apenas responde a perguntas, mas participa de diálogos complexos, compreendendo contextos, nuances e intenções.[23] Esses LLMs são movidos por uma lógica estatística e probabilística fascinante, que simula a forma como humanos associam ideias e preveem contextos. Assim, a inferência é o mecanismo fundamental que permite que a IA generativa funcione. Por exemplo, se apresentarmos a frase "O leão é...", a IA generativa, com base em probabilidades, inferirá que o complemento mais provável seja "o rei da floresta". Essa inferência não é um mero acaso, mas o resultado de modelos treinados em bilhões de textos, capturando nuances semânticas, padrões linguísticos e até mesmo associações culturais. Essa capacidade de completar sentenças, criar imagens, compor músicas ou até programar sistemas complexos reflete um avanço técnico impressionante.

Essas camadas, mais que um mapa técnico, mostram os vastos potenciais de uso da IA. Desde a automação de processos básicos até a inovação disruptiva em áreas que envolvem criatividade e decisão estratégica, a IA está se tornando não apenas uma ferramenta de apoio, mas a base da competitividade e do crescimento sustentável para as empresas. É a materialização do futuro que se desenha a partir de códigos, algoritmos e redes neurais – um futuro em que as fronteiras entre o humano e o artificial se tornam mais tênues, enquanto o mercado se reinventa com cada nova linha de código.

O novo campo de batalha corporativo

A IA já não é uma promessa futura: ela está transformando, na prática, como empresas operam, competem e sobrevivem. Não se trata apenas de ganhos marginais de produtividade, mas de uma mudança de paradigma em setores inteiros da economia.

Na indústria, a manutenção preditiva antecipa falhas antes que as máquinas parem. No setor financeiro, modelos antifraude atuam em tempo real, cruzando volumes massivos de dados. No varejo, experiências hiperpersonalizadas se tornaram padrão, com gigantes como Amazon e Alibaba reescrevendo a lógica da jornada do cliente. E isso é só o começo.

Ao longo dos próximos capítulos, vamos examinar com profundidade como diferentes setores estão redesenhando sua lógica operacional – e como a IA está se tornando o motor silencioso por trás dessas mudanças.

Entretanto, nenhum desses avanços acontece no vácuo. Eles dependem de um núcleo digital sólido: a infraestrutura que permite que a IA funcione de forma segura, escalável e estratégica. Esse núcleo é composto por três pilares:

- *Infraestrutura em nuvem*, que democratiza o acesso à tecnologia, permitindo que startups e multinacionais operem com o mesmo poder computacional.
- *Gestão de dados eficiente*, que garante que a IA aprenda, evolua e entregue valor a partir de informações confiáveis.
- *Modelos de IA integrados ao negócio*, capazes de gerar insights acionáveis e decisões em tempo real.

Essa dinâmica desloca a disputa de mercado. O jogo não é mais sobre infraestrutura – é sobre propósito, dados e execução. Por isso, mais que uma base técnica, o núcleo digital é uma competência organizacional crítica. E desenvolvê-lo com responsabilidade, segurança e foco no futuro é o primeiro passo para que a IA deixe de ser uma inovação isolada e se torne um diferencial sistêmico.

Desafios éticos e de governança na era da IA

A IA não é neutra. Por trás de cada algoritmo, há escolhas humanas sobre o que priorizar, o que invisibilizar, quem beneficiar e quem excluir. E é justamente por isso que, ao mesmo tempo em que a IA inaugura uma nova era de possibilidades, ela também traz à tona um novo tipo de vulnerabilidade sistêmica.

Entre os líderes que entrevistei, cresce a consciência de que o maior risco não está na tecnologia em si, mas em como – e por quem – ela é operada. *Deepfakes*, manipulação de imagens, instruções maliciosas embutidas no prompt (*prompt injection*), decisões automatizadas sem explicação, modelos enviesados, dados mal interpretados ou mal-intencionados (*data poisoning*): todos esses elementos desafiam os princípios fundamentais de confiança, transparência e equidade que sustentam qualquer organização ética.

A governança de IA não pode ser uma camada superficial. Ela exige a revisão de sistemas legados, a construção de bases de dados inclusivas e a formulação de diretrizes éticas tão robustas quanto as estruturas jurídicas e regulatórias que regem o mundo corporativo. Trata-se de um novo contrato entre empresas, tecnologia e sociedade.

Nos próximos capítulos, este livro mergulha em temas sensíveis e estratégicos, como ética algorítmica, cibersegurança, auditoria automatizada, responsabilidade legal e os novos dilemas que surgem quando conselhos de administração precisam tomar decisões baseadas em sistemas que ninguém entende por completo.

Este é apenas o começo. Porque, na era da IA, não basta ser eficiente: é preciso ser confiável, explicável e justo.

2

O superciclo de inovação e o papel estratégico da IA no futuro dos negócios

O capitalismo está à beira de uma revolução que promete ser o maior salto tecnológico e comportamental da era moderna. Essa transformação não apenas redefine os alicerces do poder econômico, mas também desloca seu epicentro: da concentração de capital para a concentração de dados. O conceito de datalismo (no inglês, *data-ism*) cunhado pelos pesquisadores Catherine Mulligan e Philip Godsiff, do Imperial College Business School, reflete essa nova dinâmica.[1] Ele descreve um novo modelo econômico com base no controle e na centralização de dados, algo que está definitivamente em curso com a ascensão da IA.

Mulligan e Godsiff utilizam o termo datalismo para criticar a forma como grandes empresas de tecnologia – as big techs – acumulam poder ao monopolizar fluxos de dados em escala global. Contudo, esse mesmo conceito também ilustra uma questão mais pragmática: a importância estratégica de dados para a sobrevivência de negócios em todos os mercados. Em um cenário onde algoritmos se tornam a base para decisões operacionais, preditivas e criativas, os dados não são apenas um recurso; são o novo motor da economia.[2]

Nesse contexto, a IA atua como catalisadora, transformando dados brutos em insights acionáveis e permitindo que organizações de todos os portes tomem decisões mais rápidas, precisas e informadas.[3]

O datalismo não é apenas um fenômeno teórico ou uma crítica acadêmica ao poder das big techs; é um convite para repensar como as empresas gerenciam e utilizam seus ativos digitais. À medida que o poder econômico migra para as mãos de quem controla e interpreta as informações digitais para a tomada de decisão, organizações que desenvolvem essa competência ganham lugar de destaque em um mercado que não perdoa a inércia digital.

No entanto, enquanto o datalismo ressalta as complexidades e desafios do acúmulo de poder em torno dos dados, o conceito de superciclo de inovação traz uma visão mais otimista e estratégica sobre o futuro. Ele reconhece que, apesar dos riscos associados à centralização de dados, a humanidade está às portas de uma era de transformações que, se bem aproveitadas, podem gerar oportunidades sem precedentes para empresas e sociedade.

Características, oportunidades e desafios do novo superciclo de inovação

Um superciclo de inovação representa um fenômeno extraordinário na história econômica e tecnológica, distinguindo-se fundamentalmente dos padrões incrementais que caracterizam os ciclos normais de mercado. Enquanto inovações comuns aprimoram sistemas existentes, um superciclo redefine por completo as estruturas fundamentais da economia global. Essa transformação transcende a mera busca por eficiência, criando novos paradigmas de geração de valor, alterando de forma profunda as dinâmicas competitivas e reimaginando a própria natureza do trabalho em virtualmente todos os setores econômicos ao mesmo tempo.

A ideia de superciclos não é recente e já foi objeto de análise de economistas de referência. No início dos anos 2000, a cientista política

Carlota Perez apresentou o conceito das "grandes ondas de desenvolvimento", evidenciando como determinadas tecnologias desencadeiam períodos de transformação profunda em escala global.[4] Esse entendimento dialoga diretamente com o trabalho de Timothy Bresnahan e Manuel Trajtenberg (1995), da Universidade de Stanford, que definiram o conceito de "Tecnologias de Propósito Geral" (TPG), como a máquina a vapor, o motor elétrico e os semicondutores.[5] Essas tecnologias se caracterizam por sua ampla difusão, pelo potencial contínuo de aperfeiçoamento e pela capacidade de gerar inovações complementares que resultam em retornos crescentes de escala. Assim, um superciclo de inovação emerge quando uma TPG rompe padrões incrementais, instaurando novos paradigmas de criação de valor e remodelando simultaneamente a economia, a sociedade e o trabalho.

Os superciclos anteriores, ilustrados na Figura 2.1, também geraram transformações profundas na sociedade e nas organizações, porém com períodos mais longos de adaptação entre cada fase evolutiva. A Revolução Industrial, iniciada no final do século XVIII, introduziu a mecanização e a produção em massa, elevando drasticamente a eficiência e modificando estruturas de trabalho. Esse movimento impulsionou o surgimento de fábricas e métodos produtivos que transformaram permanentemente a dinâmica empresarial, marcando o nascimento do capitalismo moderno e acelerando a urbanização.

Figura 2.1 Superciclos de inovação

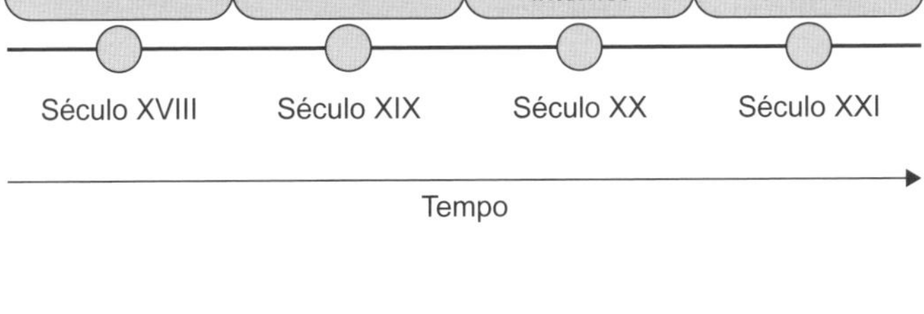

No final do século XIX, o advento da eletricidade inaugurou outro superciclo. A iluminação elétrica e a distribuição energética em larga escala aceleraram a produção industrial, estimularam avanços em transporte e comunicação, e transformaram hábitos de consumo. Tornou-se possível operar máquinas e linhas de montagem com maior segurança e rapidez, além de manter cidades inteiras iluminadas, expandindo atividades comerciais e sociais para além do período diurno.

Já no século XX, o surgimento da computação e, posteriormente, da internet revolucionou a comunicação, o processamento de dados e o comércio de forma inédita, ainda que gradual. A partir da década de 1990, a proliferação dos computadores pessoais acelerou esse processo, democratizando o acesso tecnológico e conectando pessoas globalmente.

O novo superciclo de inovação, proporcionado pela IA, diferencia-se significativamente dos anteriores pela velocidade sem precedentes das transformações, potencializada pela convergência de tecnologias exponenciais. A Figura 2.2 apresenta características comuns de superciclos, como profundidade e alcance, capacidade transformadora, impacto transversal e risco existencial para as organizações. No entanto, esse novo superciclo adiciona elementos críticos: hiperpersonalização, automação de tarefas cognitivas, obsolescência acelerada e velocidade sem precedentes. Essa celeridade extraordinária impõe um imperativo estratégico para organizações de todos os portes: adaptar-se rapidamente ou enfrentar a obsolescência.

O horizonte para essa adaptação não é apenas urgente, mas existencial: empresas que falharem em navegar nessa transformação provavelmente não sobreviverão nos próximos cinco a dez anos. O impacto transversal desse fenômeno significa que nenhum setor permanece intocado, com a IA reconfigurando simultaneamente desde a manufatura e a saúde até a educação e os serviços financeiros. Essa convergência de profundidade, velocidade e alcance cria um momento histórico único em que a transformação estrutural não é apenas uma possibilidade, mas uma certeza inexorável que está redefinindo comportamentos sociais, modelos de consumo e alterando fundamentalmente as regras do sucesso empresarial.

Figura 2.2 Características de um superciclo de inovação

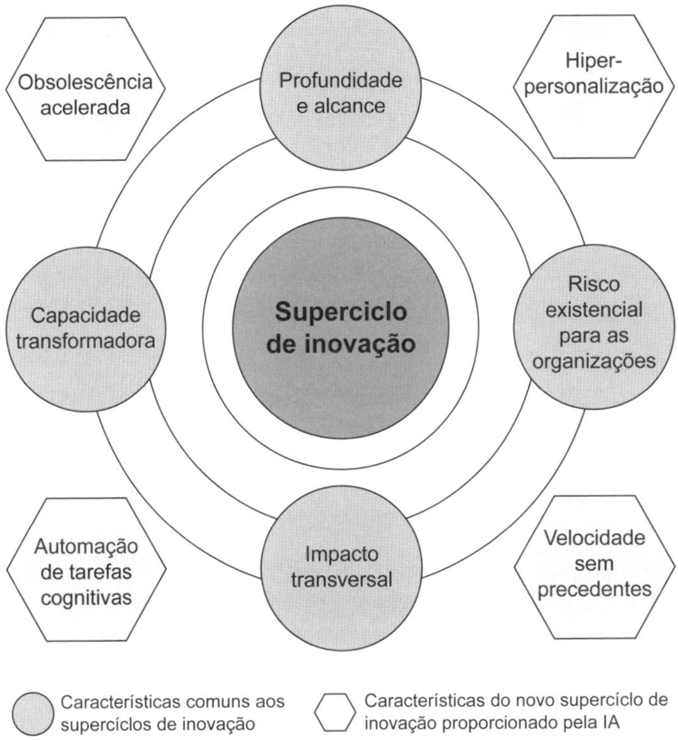

O superciclo de inovação, impulsionado pelas tecnologias exponenciais e pela IA, cria um ambiente excepcionalmente promissor para negócios de todos os tipos, como ilustrado na Figura 2.3. Ele permite novos produtos e serviços altamente personalizados e adaptáveis, ao mesmo tempo em que expande novas fronteiras em áreas como saúde, educação, energia e espaço. A transformação de indústrias já em andamento acelera ganhos de produtividade e eficiência, enquanto o surgimento de novos modelos de negócio redefine cadeias de valor e relações de mercado. Além disso, a possibilidade de desenhar experiências únicas fortalece a experiência do cliente, colocando-o no centro das estratégias digitais. Por fim, a convergência tecnológica – a integração entre IA, biotecnologia, computação quântica, blockchain, entre outras – cria uma dinâmica radical de complementaridades, que amplia exponencialmente o alcance e o impacto das inovações. Esse conjunto de movimentos caracteriza um ciclo inédito de transformação, capaz de redefinir padrões econômicos, sociais e culturais em escala global.

Figura 2.3 Oportunidades neste novo superciclo de inovação

Neste cenário, emergem categorias completamente novas de produtos e serviços. Consultores artificiais podem atuar em campos diversos como Direito, Engenharia e Design, oferecendo expertise especializada e análise de dados em tempo real. Modelos baseados em gêmeos digitais

e plataformas de colaboração homem-máquina proporcionam saltos de eficiência, viabilizando simulações, otimizações e parcerias criativas com IA. Complementam essas oportunidades os serviços de previsão avançados, capazes de identificar tendências e riscos emergentes com precisão incomparável, influenciando tanto decisões táticas quanto o desenvolvimento de estratégias empresariais.

Simultaneamente, setores tradicionais experimentam uma verdadeira revolução. Na agricultura, a análise cognitiva de dados capacita sistemas de irrigação e manejo inteligente, minimizando desperdícios e maximizando a produtividade. Na construção civil, a IA atua no projeto de edificações e na gestão do ciclo completo da obra, enquanto no varejo já se observa a fusão perfeita de ambientes físicos e digitais, gerando experiências personalizadas em tempo real. Paralelamente, modelos de negócio disruptivos oferecem perspectivas inéditas de troca de valor, desde marketplaces cognitivos até esquemas de microtransações e estruturas de governança automatizadas.

A experiência do cliente também se transforma integralmente: interfaces adaptativas, ambientes imersivos responsivos ao comportamento do usuário e plataformas de cocriação em escala permitem níveis de personalização e engajamento sem precedentes. Com todos esses elementos combinados, o superciclo atual transcende a aplicação pontual de soluções de IA, promovendo a convergência de múltiplas tecnologias exponenciais em ritmo acelerado. Essa dinâmica possibilita inovações radicais, expandindo horizontes e redefinindo os limites da criação de valor para empresas e sociedade.

A IA, potencializada pela computação em nuvem e alimentada pela massificação de dados, opera como força gravitacional que atrai e reorganiza os paradigmas corporativos. Nesse contexto, o desafio não é meramente tecnológico, mas profundamente estratégico: como as organizações podem transformar obstáculos de governança de dados em catalisadores de inovação? Como harmonizar ética, eficiência e impacto no emprego da IA?

Na entrevista que fiz com Rodrigo Masini, especialista em IA generativa, ele comentou que o atual superciclo distingue-se dos anteriores pela natureza combinatória, autônoma e escalável da IA. Ele argumentou que essa transição é sistêmica: não representa uma revolução tecnológica setorial, mas um redesenho completo dos processos, competências e valores organizacionais. Conforme ele destacou, "Modelos de linguagem já têm acerto superior a 90% em áreas como Contabilidade, Direito, Medicina e Jornalismo. Estamos assistindo, em tempo real, a uma mudança de era".

O superciclo de inovação convida empresas a transcenderem a mera sobrevivência para abraçarem genuinamente a transformação. Constitui um chamado para lideranças visionárias, capazes de utilizar dados como combustível para decisões audaciosas e estratégias orientadas ao futuro.

IA como motor da transformação

Para o economista austríaco Joseph Schumpeter, a inovação se manifesta por meio de múltiplas dimensões, incluindo a introdução de novos produtos, a implementação de novos métodos de produção, abertura de mercados inexplorados, exploração de novas fontes de matérias-primas e o estabelecimento de formas inéditas de organização industrial.[6] Essa taxonomia inicial, presente em seus trabalhos seminais, embora centenária, permanece notavelmente relevante no contexto contemporâneo, em especial quando se considera sua aplicação em ambientes dominados por tecnologias digitais e modelos de negócios baseados em plataformas.

A trajetória dos processos de inovação foi inicialmente mapeada pelo sociólogo Roy Rothwell[7] e, depois, ampliada por diversos pesquisadores. Ela retrata transformações fundamentais nas práticas e paradigmas inovativos ao longo dos séculos. Essa evolução não só registra mudanças históricas – como a mecanização no século XVIII, o domínio da eletricidade no século XIX, a consolidação da computação e da internet no século XX e a ascensão da inteligência artificial no século XXI – mas também oferece insights sobre tendências futuras no cenário das tecnologias exponenciais.

O modelo original de Rothwell identificava cinco gerações de inovação, cada qual representando uma mudança na forma como as organizações desenvolvem e implementam novas ideias.

- Primeira geração (*technology-push*): foco em pesquisa e desenvolvimento internos, com a tecnologia sendo "empurrada" para o mercado.
- Segunda geração (*market-pull*): ênfase nas necessidades do mercado, orientando o desenvolvimento de produtos e soluções.
- Terceira geração (modelo de acoplamento): integração entre pesquisa e marketing, conciliando aspectos de oferta tecnológica e de demanda.
- Quarta geração (integração interna): consolidação de equipes e processos dentro da empresa, buscando maior sinergia entre as áreas.
- Quinta geração (sistemas abertos e em rede): colaboração em redes de inovação, envolvendo parcerias externas e fluxos de conhecimento compartilhados.

A partir do modelo, outros autores trouxeram novas contribuições. Sang Lee e Silvana Trimi, pesquisadores da University of Nebraska-Lincoln, destacam que a inovação no século XXI ultrapassa as categorias tradicionais, envolvendo inovação social e sustentável, modelos de negócios digitais, experiência do usuário, ecossistemas e plataformas, além de novas formas de governança e processos decisórios.[8]

Já os coreanos Kibaek Lee e Jaeheung Yoo propõem uma sexta geração, que amplia o modelo de Rothwell, marcada pela adoção de plataformas digitais e ecossistemas de inovação. Arquiteturas abertas, interfaces de programação de aplicações (APIs) e interfaces programáveis permitem um grau inédito de integração entre os diferentes atores do processo inovativo.[9]

Por fim, conforme ilustra a Figura 2.4, emerge agora a sétima geração, caracterizada por inovação autônoma e auto-organizável, impulsionada pela IA e por sistemas autônomos. Essa nova fase redefine as formas de conceber e implementar inovações, trazendo fundamentos acadêmicos que explicam o "superciclo" atual – no qual muitas organizações já estão imersas – e apontam para mudanças ainda mais profundas nos próximos estágios da evolução tecnológica.

Figura 2.4 Evolução dos processos de inovação

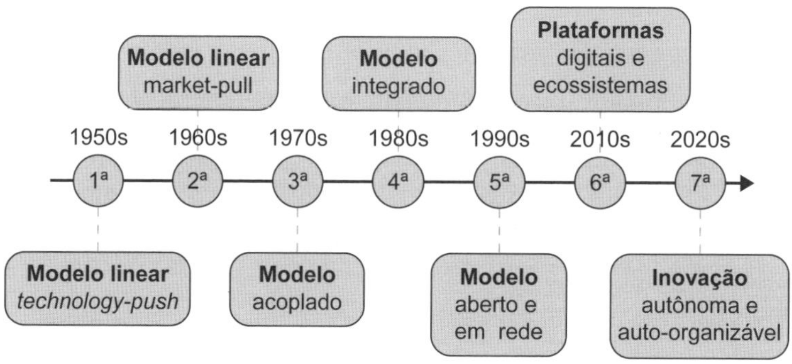

Fonte: adaptada de Rothwell (1994), Lee e Yoo (2019) e Lee e Trimi (2021).

Mais do que uma simples ferramenta para automatizar tarefas ou aumentar a eficiência operacional, a IA emerge como a força motriz desse superciclo de inovação que desafia as fundações sobre as quais as organizações foram construídas. Ao longo da história, a sociedade testemunhou várias revoluções – a mecanização, a computação, a internet –, cada uma delas redefinindo as relações entre trabalho, capital e inovação. No entanto, nenhuma foi tão rápida, abrangente e transformadora quanto a que está em curso.

A diferença dessa nova era é que as instituições não podem almejar apenas uma transição gradual. O ritmo vertiginoso com que a IA se desenvolve exige uma resposta imediata de empresas e governos. O cenário exposto não é um futuro distante, mas uma realidade iminente que já começa a remodelar a forma como se tomam decisões, criam produtos e como a sociedade consome, pensa e se relaciona com marcas. As oportunidades são imensas: eficiência inigualável, novos modelos de negócios, personalização em escala e inovações disruptivas.

Operacionalização embrionária e retornos financeiros

A paisagem empresarial está passando por uma transformação irreversível com o avanço das tecnologias exponenciais – em especial IA generativa, deep learning e machine learning. Essas inovações aceleram a velocidade de adaptação digital e a cultura orientada a dados, tornando-se decisivas para que as organizações se mantenham competitivas e relevantes em um novo superciclo de inovação.

Inicialmente, a adoção da IA nas empresas se concentra em automatizar tarefas repetitivas e coletar dados que otimizem operações básicas, desde a gestão de inventário e controle de produção até o suporte a clientes via chatbots e a análise preditiva de vendas. Os investimentos em infraestrutura computacional ainda não possibilitam um retorno muito rápido, mas já se observam aumentos pontuais em produtividade e eficiência. Esses resultados se tornam mais expressivos em médio e longo prazos, enquanto a percepção de valor pelo mercado pode surgir de forma mais imediata.

Os dados do The CMO Survey[10] sugerem que, nos primeiros anos de uso (até um ano), os ganhos em produtividade de vendas e satisfação do cliente apresentam crescimento moderado, enquanto os custos gerais de marketing caem ligeiramente. Entre o segundo e o quinto ano, a curva tende a se estabilizar, pois as empresas ampliam suas iniciativas de IA e refinam os modelos de linguagem e eficiência. Passado esse período, o retorno sobre o investimento ganha novo impulso, registrando aumentos significativos na produtividade de vendas e na satisfação do cliente, além de reduções ainda mais acentuadas nos custos de marketing. Todo esse processo está ilustrado na Figura 2.5, a seguir.

Figura 2.5 Como o tempo de adoção de inteligência artificial influencia os retornos

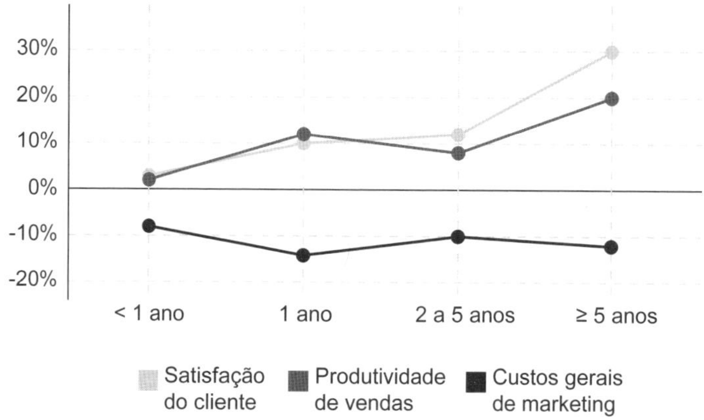

Fonte: The CMO Survey (2023).

Segundo o artigo *When AI investments pay off in marketing*, publicado no *MIT Sloan Management Review*, essas tendências podem chegar a patamares de até 6,2% de crescimento na produtividade de vendas, 7,0% na satisfação do cliente e 7,2% na redução dos custos de marketing.[11] Em outras palavras, a IA deixa de ser apenas uma ferramenta de suporte para se tornar peça-chave na estratégia de negócio e no processo de tomada de decisão, garantindo resultados sólidos e duradouros ao longo do tempo.

O artigo salienta que, mesmo promissor, o retorno sobre o investimento (ROI) da IA não deve ser o único termômetro para medir seu impacto nas organizações. A verdade é que IA vai muito além de uma mera ferramenta para alavancar lucros: *trata-se de um agente de transformação que redefine operações, reformula modelos de negócio e cria novas formas de agregar valor*. Enquanto os benefícios financeiros diretos da IA podem se consolidar ao longo de anos, é a capacidade de adaptação, inovação e resiliência que esse tipo de tecnologia proporciona que realmente eleva o posicionamento das empresas no mercado. No curto prazo, a IA ajuda a captar e fidelizar clientes, otimizar processos, reduzir custos operacionais e amenizar o medo de ficar para trás das organizações (FOMO, *fear of missing out*). No entanto, sua verdadeira essência está em fomentar uma nova cultura organizacional de aprendizagem contínua e inovação orientada por dados, valores que não necessariamente refletem em métricas financeiras imediatas, mas que são essenciais para a sustentabilidade e competitividade em longo prazo.

Empresas de varejo, por exemplo, utilizam inteligência de dados para recomendar produtos em tempo real, ajustando ofertas e personalizando campanhas de acordo com o perfil de cada cliente. Já em setores como o financeiro e o de saúde, as plataformas de IA conseguem processar grandes volumes de dados e gerar insights valiosos para cálculos de risco, diagnósticos avançados e gestão de ativos. Instituições financeiras têm usado ML para identificar fraudes em tempo real e prever comportamentos de mercado, permitindo ajustar estratégias de modo preventivo e em escala.

Um exemplo inspirador é o uso de IA pelo DeepMind, do Google, para reduzir o consumo de energia em seus datacenters. De acordo com postagem oficial da própria empresa, a aplicação de algoritmos de deep learning permitiu cortar até 40% dos custos de refrigeração, ao otimizar em tempo real a circulação de ar e a temperatura dos servidores. Trata-se de um caso emblemático que ilustra a dimensão dos ganhos possíveis quando a IA é integrada a processos operacionais críticos.[12]

O uso da IA, contudo, ganha profundidade em projeções futuras. Especialistas em tecnologia preveem que, nos próximos anos, os sistemas de IA estarão totalmente integrados às principais funções matriciais dos negócios, atuando como "parceiros de decisão" em níveis executivos.* Esses modelos de IA atuarão com capacidade de aprendizagem contínua, analisando contextos, projetando cenários e até sugerindo iniciativas estratégicas com base em análises de dados internos e externos. Na área de marketing, por exemplo, a IA evoluirá na orquestração de campanhas multicanais, ajustando-as em tempo real com base nas respostas dos consumidores e no comportamento do mercado,** algo que já acontece em estágio inicial.

Como mensurar o resultado das estratégias de inovação

A gestão orientada por dados também traz à tona um grande desafio para conselhos de administração, bastiões da governança corporativa e executivos C-Level: identificar qual é o modelo mais adequado de mensuração dos resultados gerados pelas estratégias de inovação, qual retorno estratégico e financeiro é esperado a partir dos investimentos em novas tecnologias (e quando ele surge) e como medir a velocidade com que a empresa se adapta aos novos modelos de negócio, tanto em comparação consigo mesma quanto em relação ao mercado. Isso porque o controle de qualidade dessas ações não pode se limitar ao uso de *key performance indicators* (KPIs) convencionais e quantitativos, como margem líquida e lucro bruto.

---

* O CDO Study 2023, do IBM Institute for Business Value, entrevistou três mil *Chief Data Officers* (CDOs) em todo o mundo, incluindo Brasil e outros países na América Latina, como México, Chile e Colômbia, revelando que pouco mais da metade (51%) dos CDOs brasileiros estão tomando decisões melhores e mais rápidas aplicando IA e dados.[13] Já a pesquisa da PwC sobre negócios de IA revela que as empresas que já registram ROI elevado em IA têm estratégia concentrada em três áreas paralelas: transformação de negócios, tomada de decisões aprimorada e sistemas e processos modernizados.[14] Entre os mil entrevistados, 364 líderes de IA estão adotando essa abordagem holística e colhendo bons frutos.

** Raja Rajamannar, CMO da Mastercard, disse em entrevista à Forbes (2023): "Com a IA, podemos adaptar mensagens em tempo real, otimizando cada ponto de contato de acordo com o comportamento do consumidor."

A adoção de indicadores financeiros de curto prazo para medir o sucesso da integração de IA nas organizações, por exemplo, oferece uma visão míope e inadequada, o que desincentiva os investimentos. Como já mencionei, as implantações embrionárias de IA, muitas vezes na forma de produtos mínimos viáveis (MVPs), geralmente mostram um retorno positivo no primeiro ano. No entanto, isso tende a se *estabilizar até o quinto ano*, à medida que as empresas ampliam suas iniciativas de IA e refinam os modelos de linguagem e controle de eficiência.

Por outro lado, em razão da velocidade imposta pelo novo superciclo da transformação digital, a capacidade de testar, lançar e validar novos produtos e serviços, adotando um "mindset startupeiro" por parte de organizações tradicionais, demanda de conselhos e direção executiva uma gestão ágil e colaborativa, orientada por feedbacks em tempo real, parcerias com empresas nativas digitais e estudo de referências externas conectados aos objetivos e às estratégias de inovação da companhia. Para avaliar se a organização está convertendo a intenção de inovar em valor, existem três métricas fundamentais, muito simples de acompanhar:

- Existe um processo e responsáveis para a gestão do portfólio de projetos de P&D?
- O quanto a empresa está faturando com novos produtos lançados nos últimos anos?
- Qual é a prioridade do orçamento para o desenvolvimento de novos produtos e inovação?

Em entrevista comigo, o conselheiro de administração e professor do Instituto Brasileiro de Governança Corporativa (IBGC) Wilson Carnevalli apontou: "No final das contas, para medir a velocidade com que a empresa se adapta às transformações, é necessário analisar uma variável que nós, enquanto conselheiros, não estamos acostumados a medir, que é a variável tempo". A fala destaca a importância de não apenas acompanhar os resultados tangíveis no curto prazo, mas de avaliar continuamente o ritmo de adaptação às mudanças externas e internas, com uma leitura clara do ciclo de vida das inovações implantadas.

Duas leis que regem o novo superciclo de inovação

A aceleração tecnológica vive um momento sem precedentes, expondo, como nunca antes, o descompasso entre a velocidade das inovações e a capacidade de adaptação das empresas. Esse fenômeno não é novo, mas sua intensidade e impacto se tornaram cada vez mais evidentes. Um dos pilares fundamentais para entender essa transformação é a Lei de Moore, formulada por Gordon Moore, cofundador da Intel, em um artigo publicado na Electronics Magazine em 1965. Moore observou que o número de transistores em um circuito integrado (que encapsulados formam um chip) dobrava aproximadamente a cada 24 meses, enquanto os custos de fabricação caíam na mesma proporção. Essa constatação não apenas previu corretamente o avanço da computação ao longo das décadas, mas também estabeleceu o ritmo para o desenvolvimento de tecnologias exponenciais, que, hoje, redefinem o funcionamento dos negócios e da sociedade.

Conforme pode ser observado na Figura 2.6 as últimas décadas são marcadas por um impressionante aumento da capacidade computacional de hardwares, proporcionada pelo número de transistores por chip, acompanhado de uma drástica redução de custos. Em 1971, o processador Intel 4004 trazia cerca de mil transistores, enquanto em 2013, um Intel i7 Quadcore já ultrapassava 1 bilhão de transistores. Mais recentemente, em 2022, a GPU NVIDIA H100 chegou a 80 bilhões de transistores, e estima-se que, ainda em 2030, os chips avançados de IA possam ultrapassar a marca de 300 bilhões de transistores. Por outro lado, o custo por transistor despencou de mais de US$ 100 em 1985 para valores próximos a US$ 0,00000001 em 2025. Isso significa que, embora os chips modernos sejam muito mais complexos e sofisticados, o custo unitário de cada transistor caiu expressivamente.

Em consequência, os chips se tornaram mais acessíveis em termos de custo-benefício, possibilitando que dispositivos poderosos chegassem ao mercado em larga escala.

Figura 2.6 Capacidade computacional dobra a cada 24 meses e custo cai pela metade

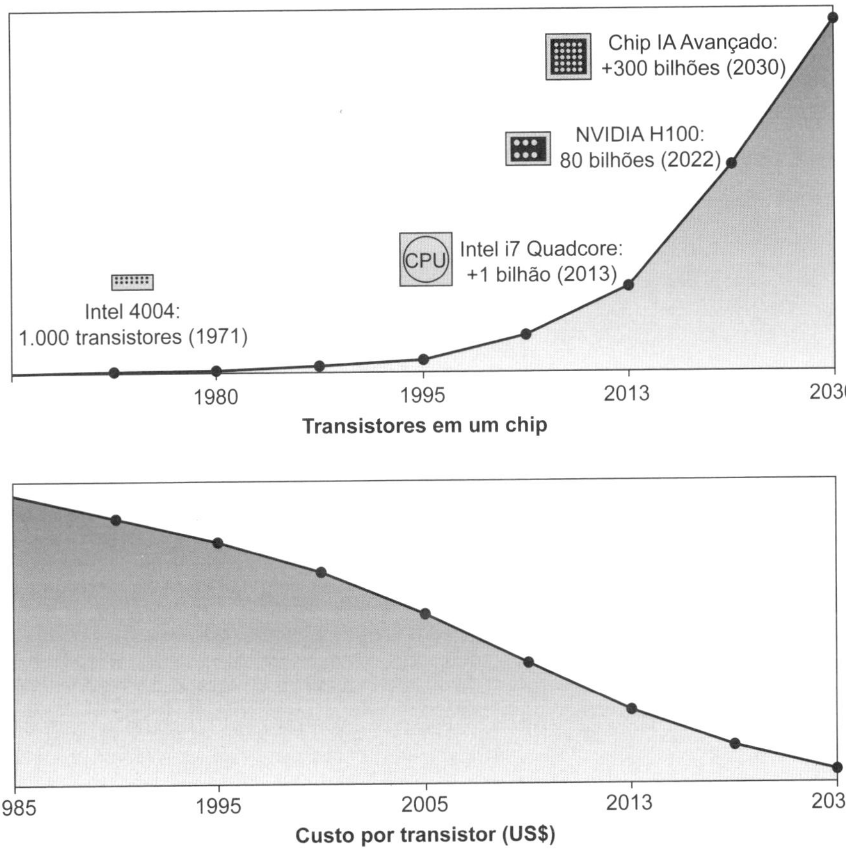

A Lei de Moore é um reflexo direto do crescimento exponencial no poder de processamento, que tem impulsionado inovações em inteligência artificial, computação em nuvem, big data, internet das coisas (IoT) e muitas outras áreas. Cada salto tecnológico permite avanços ainda mais rápidos, criando uma espiral de aceleração contínua.

A figura a seguir ilustra como a evolução de diversas inovações – da prensa de impressão à IA – segue um padrão de aceleração exponencial. Essa curva ascendente se torna ainda mais íngreme a partir do surgimento dos computadores, refletindo a crescente capacidade de processamento prevista pela Lei de Moore.

Figura 2.7 A evolução das tecnologias exponenciais

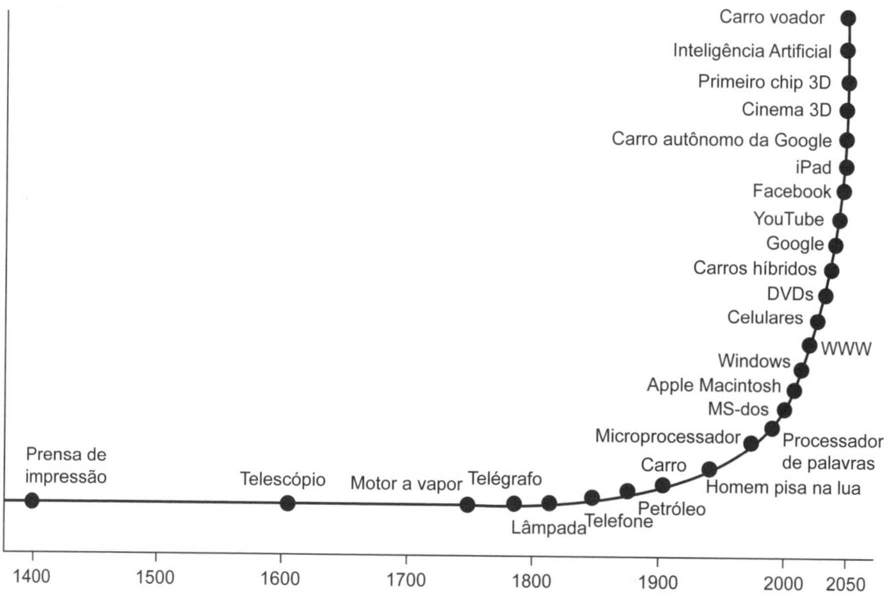

Na prática, essa dinâmica força as organizações a reverem seus modelos de operação, produtos e serviços em intervalos cada vez menores. Grandes corporações e pequenas startups veem-se obrigadas a incorporar novas tecnologias rapidamente para não perder relevância. Assim, a exponencialidade mencionada na curva da Figura 2.7 não é apenas um conceito teórico: trata-se de um fenômeno concreto que conecta a observação feita por Gordon Moore à intensa transformação digital que molda estratégias organizacionais, cria novos mercados e redefine setores inteiros de atividade econômica.

Contudo, a era da IA está reescrevendo fundamentalmente essas regras. Durante a CES 2025, Jensen Huang, CEO da NVIDIA, fez uma declaração que marca um momento histórico na computação: os avanços recentes em chips de IA superam drasticamente a tradicional Lei de Moore. Antes de 2012, os resultados da IA seguiam de perto a Lei de Moore, com o poder computacional dobrando a cada dois anos. Após 2012, o poder computacional usado para treinar modelos de IA passou a dobrar a cada 3,4 meses.[15] Estudos de Stanford University e McKinsey indicam que o poder computacional da IA está dobrando a cada três meses,[16] representando uma aceleração de aproximadamente *sete vezes* ao ritmo histórico da Lei de Moore. Desde 2015, a quantidade de computação usada em modelos de IA de grande escala tem dobrado aproximadamente a cada 9,9 meses, enquanto modelos de escala regular dobram a cada 5,7 meses.[17]

Os números apresentados pela NVIDIA são impressionantes e revelam uma aceleração sem precedentes. Os processadores da NVIDIA cresceram mil vezes na última década. Huang destaca que os modelos mais recentes apresentam desempenho de trinta a quarenta vezes superior à geração anterior. Essa superação da Lei de Moore pela IA representa mais que uma curiosidade técnica: sinaliza uma mudança fundamental no paradigma computacional em que a NVIDIA está redefinindo não apenas os limites da performance, mas também as expectativas sobre a velocidade da inovação tecnológica. Esse novo ritmo de evolução promete acelerar descobertas científicas, democratizar o acesso a ferramentas de IA avançadas e possibilitar aplicações que antes eram consideradas ficção científica.

A velocidade do avanço tecnológico provocado pela IA poderá afetar de forma ainda mais drástica as organizações que não conseguem evoluir no mesmo ritmo. A adaptação das empresas ocorre de maneira significativamente mais lenta, em razão de fatores como legados estruturais, fatores culturais, processos burocráticos e resistência à mudança. É aqui que a Martec's Law (Figura 2.8), proposta por Scott Brinker em 2013, entra em cena, ilustrando esse descompasso.

Figura 2.8 Martec's Law

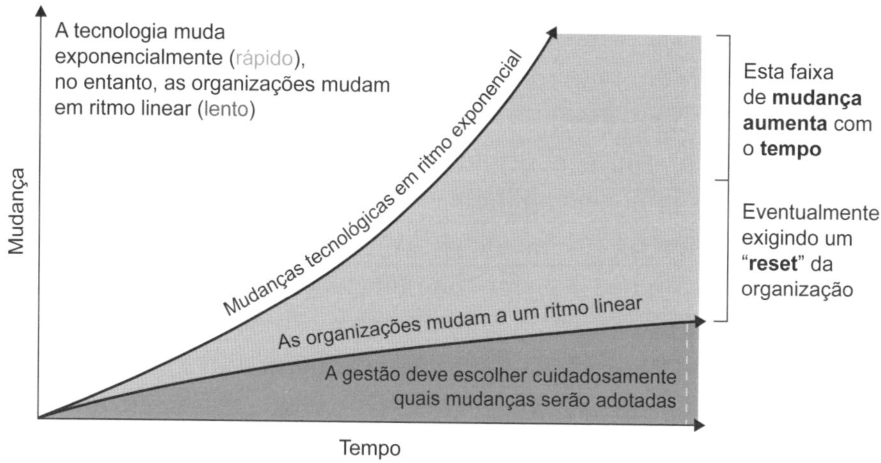

Fonte: Brinker (2013).[10]

A Martec's Law estabelece que, enquanto a tecnologia evolui de maneira exponencial, as empresas transformam-se em um ritmo muito mais gradual, quase linear. Isso significa que o *gap* entre a inovação tecnológica e a capacidade de adaptação organizacional se amplia progressivamente, criando um dilema crítico para líderes e conselhos de administração. À medida que esse abismo se alarga, as empresas correm o risco de se tornar obsoletas, incapazes de absorver novas tecnologias e integrá-las estrategicamente aos seus modelos de negócios. Esse fenômeno explica por que gigantes do passado, que outrora dominavam seus mercados, foram disruptadas por startups ágeis, que souberam explorar rapidamente o potencial das novas tecnologias.

A interseção entre a Lei de Moore e a Martec's Law define o grande desafio da governança corporativa e da gestão estratégica na era digital. Se a inovação avança em ciclos cada vez mais curtos, mas a estrutura das organizações não consegue acompanhar esse ritmo, como os líderes devem agir? A resposta passa pela criação de modelos de governança mais dinâmicos, que permitam uma absorção contínua de conhecimento e uma transformação organizacional mais ágil e proativa. Decidir o que adotar e o que descartar torna-se um exercício crítico, pois simplesmente perseguir todas as inovações não garante sucesso: é preciso um equilíbrio entre experimentação e estabilidade.

Além disso, a aceleração tecnológica não pode ser vista apenas como uma questão técnica. A jornada de transformação precisa ser humana e cultural. As empresas líderes do futuro não serão aquelas que apenas investirem em novas tecnologias, mas também as que conseguirem desenvolver pessoas capacitadas para integrar essas inovações de forma ética, estratégica e sustentável. Isso exige conselhos de administração preparados para navegar na disrupção, lideranças que compreendam a complexidade da IA e da transformação digital, e equipes dispostas a aprender continuamente.

A urgência desse debate é inquestionável. O sucesso das organizações no século XXI dependerá da capacidade de atenuar o *gap* da Martec's Law, acelerando a adaptação interna ao mesmo tempo em que se explora o potencial exponencial das tecnologias. Governança, estratégia, pessoas e cultura organizacional precisam evoluir em sincronia com as mudanças tecnológicas; caso contrário, o destino de muitas empresas será a irrelevância.

Para grande parte das empresas, a principal dificuldade nesse superciclo de inovação é justamente responder à altura do desafio. O tempo tornou-se um fator crítico de sucesso: organizações que antes dominavam seus mercados precisam, agora, lidar com ciclos de vida cada vez mais curtos de produtos, serviços e conhecimentos. Nesse contexto, a IA intensifica as pressões, trazendo novas possibilidades em análise de dados, automação e personalização de experiências, ao mesmo tempo em que obriga líderes a repensarem suas estratégias de adoção interna.

O panorama global da IA agrava esse senso de urgência. Projeções da PricewaterhouseCoopers (PwC), uma das maiores empresas globais de consultoria e auditoria, apontam que, até 2030, a China deverá capturar 44% do valor gerado pela IA, enquanto a América Latina responderá por apenas 3%.[19] Para o Brasil – e para as empresas que nele operam –, trata-se de um alerta inadiável. Manter-se competitivo exige lideranças que compreendam a necessidade de agir agora, tanto para se adaptar como para assumir protagonismo. O desafio, portanto, é duplo: responder às demandas imediatas e, simultaneamente, antecipar o futuro.

No entanto, como comentei, a jornada de transformação não é apenas tecnológica, mas profundamente humana. Companhias que ocupam a vanguarda entendem a inovação como um meio para criar valor de forma mais inteligente, sustentável e inclusiva. Não basta adquirir tecnologia de ponta: é preciso formar pessoas – líderes capazes de integrar a IA de forma ética e estratégica; colaboradores dispostos a aprender constantemente; e conselhos preparados para navegar por águas cada vez mais turbulentas. Investir em uma cultura de aprendizado permanente fortalece a disposição das equipes de abraçar novas práticas e ferramentas, tornando o processo de adaptação mais fluido e garantindo competitividade em um cenário de avanços incessantes.

O futuro, na verdade, já começou, e o sucesso dependerá da habilidade de enxergar além do presente, enquanto se constrói uma base sólida para a inovação. O convite aos líderes e conselhos não é somente para reagir ao que acontece, mas para moldar proativamente o caminho que a organização irá trilhar. Diante da aceleração exponencial das mudanças, quem entender a urgência do momento e agir com determinação estará mais bem posicionado para criar valor, inspirar pessoas e assegurar relevância em um mundo em constante reinvenção.

O poder dos ecossistemas de inovação potencializados pela IA

O cenário de negócios vem passando por transformações profundas, impulsionadas principalmente pela IA. Em vez de centralizar internamente todos os recursos, competências e etapas de inovação, as organizações mais competitivas reconhecem que a colaboração é fundamental para grandes avanços. Nesse contexto, surgem não apenas parcerias tradicionais, mas também ecossistemas de inovação compostos por múltiplos atores que cocriam valor de forma contínua e dinâmica.

Um exemplo marcante desse poder coletivo foi a rápida descoberta da vacina contra a covid-19. Sem a soma de esforços de universidades, laboratórios, institutos de pesquisa, hospitais e governos, teria sido impossível alcançar resultados tão ágeis. Nenhuma organização, por maior que fosse, conseguiria alcançar tal feito de forma isolada.

A Figura 2.9 ilustra como a IA pode potencializar esses ecossistemas colaborativos, conectando universidades, laboratórios, institutos de pesquisa, governo, corporações, empreendedores e prestadores de serviços em uma rede integrada.

Figura 2.9 Ecossistemas de inovação potencializados pela IA

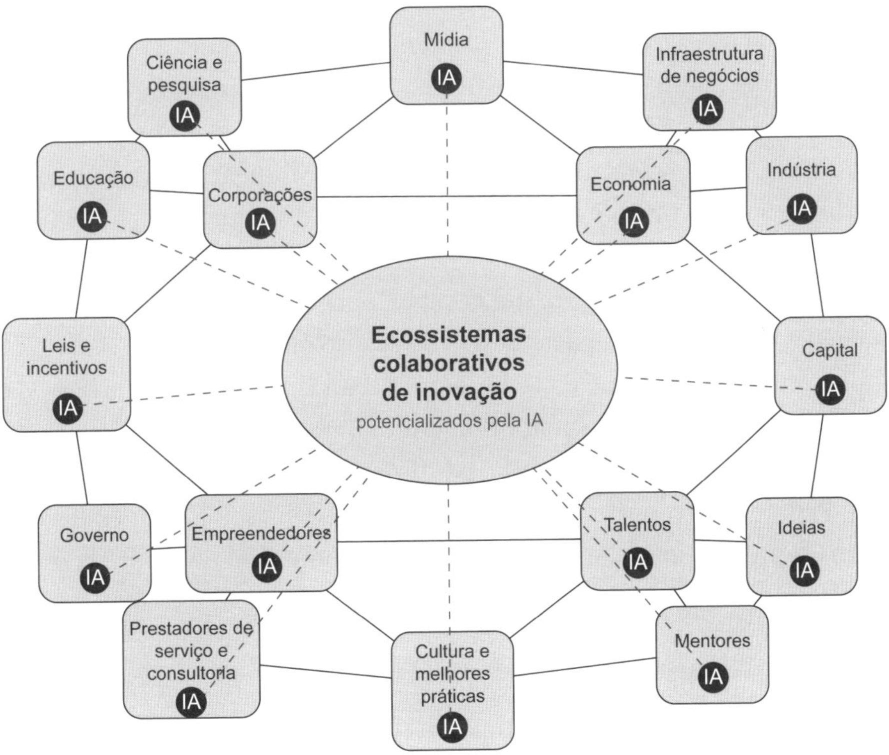

A ideia não se limita a agregar parceiros pontualmente, mas, sim, a criar ambientes de inovação em constante evolução. Embora eu já tenha discutido o conceito de cooperação estratégica lá em 2008, junto ao meu colega Jorge Verschoore,[20] o que não prevíamos era a aceleração exponencial gerada pela IA, que, hoje, redefine a dinâmica competitiva e a própria essência dos ecossistemas de inovação.

No artigo *How AI changes partner collaboration*,[21] Margherita Pagani e Thomas Davenport descrevem como a IA transformou modelos de parceria. Em vez de contratos inflexíveis e relações lineares, surgem redes colaborativas baseadas em IA, com tomada de decisão automatizada, compartilhamento de dados em tempo real e inovação conjunta muito mais ágil. São essas redes, como mostra a Figura 2.9, que sustentam ecossistemas de inovação habilitados pela IA, capazes de acelerar descobertas, assim como ocorreu com a vacina para a covid-19.

Vários setores exemplificam essa tendência. Na saúde, a parceria entre NVIDIA e Johnson & Johnson MedTech demonstra como a IA pode potencializar a análise de dados clínicos em tempo real, garantindo mais segurança em procedimentos cirúrgicos. Já na indústria aeronáutica, a Airbus e a Palantir criaram a plataforma Skywise, que conecta companhias aéreas para prever falhas mecânicas e otimizar custos. Em ambos os casos, cada parceiro traz sua competência específica, resultando em soluções que nenhuma parte desenvolveria sozinha.

O que emerge é um modelo de inovação distribuída, com base na colaboração em rede. Essa abordagem requer abertura, confiança mútua e capacidade de cocriar soluções de alto impacto. De acordo com o que Pagani e Davenport descreveram no artigo, há seis passos essenciais para empresas que desejam explorar todo o potencial da IA em ecossistemas de inovação:

- Definir objetivos estratégicos de transformação: identificar onde a IA pode gerar maior impacto no ecossistema.

- Construir redes diversificadas de colaboração: reunir parceiros de diferentes setores, favorecendo criatividade e eficiência.
- Desenvolver serviços baseados em IA: criar soluções conjuntas que gerem valor para todos.
- Abordar desafios sociais e ambientais: aplicar IA de forma a produzir impactos positivos e sustentáveis.
- Priorizar ética e transparência: assegurar governança adequada, protegendo dados e minimizando vieses.
- Adotar uma mentalidade flexível e adaptável: aprender continuamente e ajustar estratégias conforme a IA evolui.

Para as lideranças empresariais, a IA deixa de ser apenas uma ferramenta de otimização interna para se tornar o elo central que conecta diferentes agentes de um ecossistema de inovação. A questão, portanto, não é mais "como usar IA", mas, sim, "como estruturar ecossistemas colaborativos em que a IA seja o motor de soluções disruptivas e competitivas".

Cada vez mais, a vantagem competitiva estará ligada às redes que cada organização cria ou integra, e não apenas às suas capacidades internas. A adoção de IA é inevitável, mas as parcerias e a forma de implementá-la farão toda a diferença. Em última instância, cada empresa deve refletir: estamos prontos para cocriar em ecossistemas onde a IA é o principal fator de convergência e crescimento?

No próximo capítulo, vou aprofundar como os conselhos de administração e executivos podem não só se adaptar, mas também liderar ativamente essa transformação. A construção de um futuro sustentável, competitivo e inovador depende da visão de longo prazo e da disposição para plantar, desde já, as sementes de um amanhã mais colaborativo.

3

Governança corporativa no superciclo de inovação: desafios e oportunidades para conselhos

Especialistas costumam dizer que, no futuro, todas as empresas serão, invariavelmente, de tecnologia*, e esse futuro está chegando mais rapidamente do que muitos imaginavam. Atualmente, o mercado encontra-se em uma fascinante transição, em que empresas nascidas na era analógica e nativas digitais coexistem em uma disputa acirrada pelas mesmas oportunidades. Enquanto o primeiro grupo se vale de sua reputação consolidada ao longo de décadas para reter clientes e investidores, o segundo foca na eficiência e na experiência positiva do usuário, proporcionadas pelas tecnologias emergentes.

Com a popularização da IA, entretanto, o abismo entre as empresas da era analógica e da era digital tende a se ampliar drasticamente. Não há precedentes de uma transformação tecnológica tão exponencial desde a máquina a vapor, no sentido de ganho de produtividade, assim como também não há histórico de um superciclo de inovação tão veloz.

* Executivos como Satya Nadella, CEO da Microsoft, Ginni Rometty, ex-CEO da IBM e Brian Chesky, CEO do Airbnb, já disseram em entrevista que a tecnologia, em pouco tempo, será o cerne de todas as indústrias.

Esses fatores apontam que a IA está conduzindo a humanidade para uma nova Revolução Industrial, que será extremamente mais desafiadora que as anteriores.

Uma pesquisa do Gartner expõe um paradoxo que ilustra esse momento de transição: enquanto 91% dos conselheiros de administração veem a IA como uma oportunidade extraordinária para gerar valor aos acionistas, 80% reconhecem que suas práticas e estruturas atuais são inadequadas para lidar efetivamente essa tecnologia. Segundo Daniel Sanchez Reina, VP Analista da Gartner, "os conselhos são notavelmente otimistas sobre o potencial valor da IA, ainda mais que CEOs e CIOs, mas a maioria reconhece que não está preparada para supervisioná-la porque os membros carecem de formação tecnológica".[1]

Esse paradoxo revela um ponto de atenção aos conselhos: apesar do entusiasmo pela IA como a principal escolha de investimento para gerar valor aos acionistas nos próximos dois anos, existe uma lacuna entre expectativas e capacidade de governança. A pesquisa, conduzida com 328 respondentes em América do Norte, América Latina, Europa e Ásia/Pacífico, demonstra que essa consciência está levando 77% dos conselheiros a planejarem recrutar mais diretores com expertise tecnológica nos próximos doze meses.

As organizações que não se adaptarem a esse novo cenário tecnológico ficarão para trás, seja pela inércia ou pela extrema dificuldade de recriar modelos de negócios convergentes a essas novas tecnologias. A maioria das organizações tenderá a resistir e a preservar sua existência em um novo mercado moldado por redes neurais, análises preditivas e modelos de linguagem natural.

O momento exige dos conselhos de administração uma transformação corajosa e urgente. Não basta mais reconhecer o potencial da IA; é fundamental desenvolver a capacidade de compreender, supervisionar e orientar estrategicamente sua implementação. Os conselhos que abraçarem essa evolução, investindo em conhecimento tecnológico e recrutando expertise adequada, estarão posicionando suas organizações não apenas para sobreviver, mas para liderar nesse cenário de transformações. O futuro pertence àqueles que estão analisando não apenas como e onde incorporar a IA para elevar a produtividade e a eficiência de suas entregas, mas que também estão preparando suas estruturas de governança para navegar com sabedoria nesse território inexplorado e repleto de oportunidades transformadoras.

De acordo com a conselheira de administração Andiara Petterle, profissional com mais de 25 anos de expertise em jornadas de transformação digital de empresas, a pauta das novas tecnologias se torna urgente pelo fato de que as *empresas tradicionais estão morrendo mais rápido que no passado, pela sua incapacidade de se transformar*. "Se antes o ciclo de adaptação levava entre dez e quinze anos, agora leva no máximo três anos. Embora as empresas entendam que a incapacidade de reinvenção as leva à morte mais rápido, e que é extremamente desafiador navegar nesse novo mundo, isso não quer dizer que elas estejam fazendo o dever de casa".

Para Andiara, enquanto alguns setores do mercado – nacional e internacional – despontam no quesito Transformação Digital, outros seguem extremamente atrasados. As causas para tal desequilíbrio são resultado de múltiplos fatores, o que a impede de realizar um diagnóstico generalizado sobre o grau de disrupção das empresas brasileiras: "A força da indústria empurra a transformação digital das organizações. Indústrias B2C, como o setor financeiro e de saúde, precisam responder rapidamente às mudanças de padrões de consumo e de segurança, além de serem mais capitalizadas, o que as força a adotar novas tecnologias de maneira rápida. Já o setor B2B tende a ser mais resistente à transformação, com uma curva de adoção alongada". Esses contrastes refletem diretamente na atuação dos conselhos de administração, que precisam ajustar seu perfil e postura de acordo com o mercado em que atuam. "Em empresas familiares de capital fechado, por exemplo, a capacidade de influência do conselho é muito baixa, enquanto o board de uma corporação de capital pulverizado tem alto poder de influência", acrescenta Andiara.

Esses diferentes níveis de adoção tecnológica exigem que os conselhos de administração assumam um papel ainda mais proativo, independentemente do setor de atuação de suas organizações, seja para se antecipar às tendências ou estudar casos reais de uso da concorrência. Eles precisam não apenas supervisionar a gestão executiva, mas também guiar estrategicamente a organização em direção à inovação e às oportunidades tecnológicas.

Uma das outras pessoas que entrevistei foi Marciano Testa, fundador e chairman do Agibank. Segundo ele, conselhos que permanecem focados apenas no controle financeiro enxergam a companhia "pelo vidro retrovisor": "São boards muito mais burocráticos do que provocadores", afirma, ao destacar a necessidade de conselhos mais ativos e visionários.

Os conselhos de administração, portanto, enfrentam um desafio crucial nesse novo superciclo de inovação: eles não são executores, mas devem liderar a transformação estratégica em suas organizações de forma proativa. O equilíbrio reside em agir com mentalidade de longo prazo, avistando oportunidades e ameaças advindas das novas ferramentas digitais, ao mesmo tempo em que criam um ambiente de inovação para que os C-level possam tomar decisões táticas, conforme apontado na Figura 3.1.

Diante de uma nova redistribuição de funções entre os agentes da governança corporativa, um conceito clássico desse universo ganha novos contornos: o conceito de *Nose In, Fingers Out.** A questão a ser refletida aqui é: embora a segregação de funções entre conselho e alta gestão seja essencial para que não haja redundância e sombreamento de responsabilidades entre os variados atores corporativos, não se pode negar que

* Originalmente, o termo *Nose In, Fingers Out* descreve a função de um conselho de administração que mantém uma supervisão cuidadosa e constante das atividades da empresa, sem se envolver diretamente nas operações diárias. O conselho observa e guia, mas deixa a execução para a equipe de gestão. Ao meu ver, o conselho pode se envolver mais, como criando um comitê de Tecnologia e Inovação para assessorar o conselho, coordenado por um conselheiro com expertise na temática, sem, é claro, ferir a desejada segregação de funções entre board e C-level.

as organizações navegam em uma nova era em que as estruturas organizacionais são extremamente mais heterogêneas do que antes. Com a explosão de tecnologias emergentes e seu poder transformador na inovação corporativa, a fronteira entre estratégia e operação está mais difusa do que nunca e o desafio aqui é entender se o conceito de *Nose In, Fingers Out* se mantém atual diante de tantas disrupções.

Figura 3.1 Papéis do conselho de administração e do C-level na inovação

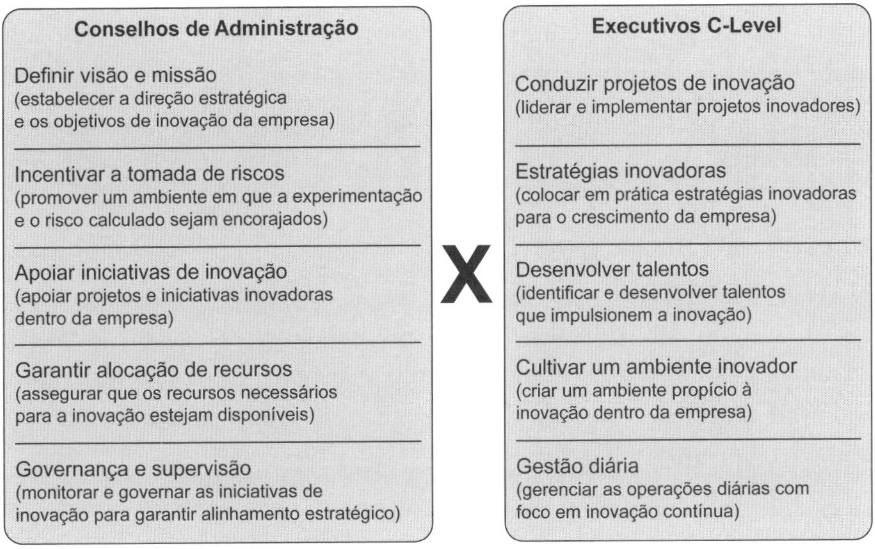

Com a complexidade crescente da IA ante os modelos de negócio, percebe-se a latência de uma demanda subliminar por um novo nível de sinergia entre conselho de administração e direção executiva. Embora não haja, ainda, consenso sólido em pesquisas acadêmicas, o conceito de *Collaborative Hands* surge como uma evolução adequada, em que a colaboração ativa entre conselheiros e executivos se torna essencial para alinhar estratégias de inovação e garantir que a empresa esteja preparada para as disrupções tecnológicas. Ou seja, os conselhos não podem se limitar a apenas diagnosticar e monitorar. Eles devem participar ativamente na formulação de estratégias e no entendimento profundo das tendências que moldarão o futuro da organização.

Marciano Testa defende que "a verdadeira liderança que os conselhos devem exercer passa por sua capacidade de guiar estrategicamente a companhia, permitindo que a gestão a execute com visão de futuro, sem que isso signifique abdicar da governança sólida de supervisão". A transformação digital exige, portanto, uma ação coordenada, em que o conselho de administração vai além de um grupo de representantes passivos dos interesses financeiros dos stakeholders, passando a agir, principalmente, como catalisador da mudança, utilizando seu conhecimento para antecipar tendências, mensurar o risco da inércia e orientar a empresa em meio a um ambiente de mudanças rápidas e exponenciais. Assim, o perfil do conselho evolui de um grupo de "notáveis" para um grupo de especialistas, com múltiplas competências, com visão sistêmica e estratégica que sirva de farol para a perenidade da companhia.

Ao compilar todos os desafios e ressignificações da estrutura da governança corporativa, seguem algumas provocações norteadoras para fomentar uma nova postura dos conselhos de administração diante do contexto de transformações:

- *Qual é a estratégia atual de IA da empresa?* O conselho deve questionar como a IA se alinha com a visão geral da empresa e quais objetivos específicos são perseguidos.
- *Qual é o impacto potencial da IA no segmento de negócios da empresa?* O conselho deve buscar insights sobre como a IA poderá alterar as dinâmicas de mercado, influenciar as expectativas dos clientes e redefinir a vantagem competitiva da empresa.
- *O que será necessário para dimensionar as estratégias de IA na empresa e quando isso acontecerá?* A implementação da IA vai além da adoção de tecnologia; ela requer uma transformação de processos, estruturas e cultura organizacional. O conselho deve indagar o que

será necessário para escalar as estratégias de IA – desde investimentos até a capacitação de talentos – e qual é o cronograma para tais iniciativas.

- *Quais são os riscos relacionados ao uso da IA?* O conselho deve questionar sobre riscos que envolvem ética, integridade de dados e conformidade regulatória. A transparência, a segurança dos dados e demais questões de compliance são aspectos que devem ser rigorosamente analisados.

Com base no Guia Inteligência Artificial para conselheiros de administração, publicado pelo IBGC em 2024, o Quadro 3.1 traz uma comparação entre os papéis do conselho de administração e da gestão estratégica na adoção da IA nas organizações.

Quadro 3.1 Papéis do conselho de administração e da gestão nas estratégias de IA

Papéis	Conselho de Administração	Gestão Estratégica
Definição da visão	Articular uma visão clara para IA, alinhada aos objetivos estratégicos e à missão da empresa, promovendo inovação, uso ético e valor sustentável.	Garantir que os recursos, processos e equipes estejam alinhados para executar a visão definida pelo conselho.
Supervisão da estratégia	Garantir que a estratégia de IA esteja em sintonia com os principais direcionadores de valor, como experiência do cliente, eficiência operacional, inovação e gestão de riscos.	Transformar as diretrizes estratégicas do conselho em projetos concretos, assegurando a alocação eficiente de recursos e implementação de soluções.
Governança e gestão de riscos	Supervisionar e mitigar riscos ambientais, sociais e de governança associados à IA, garantindo alinhamento com princípios de ESG.	Garantir transparência e conformidade, assegurando que o uso da IA siga padrões regulatórios e éticos.

(continua)

Papéis	Conselho de Administração	Gestão Estratégica
Impacto ambiental	Avaliar e mitigar os impactos ambientais da IA, como consumo energético e pegada de carbono.	Implementar práticas sustentáveis no uso da IA e otimizar processos para minimizar impactos ambientais.
Impacto social	Assegurar que a IA promova inclusão, equidade e respeito aos direitos humanos, evitando vieses e desigualdades.	Implementar práticas operacionais que garantam a equidade e mitigação de riscos sociais no uso da IA.
Governança	Garantir que a IA seja integrada com responsabilidade e transparência, utilizando dados de qualidade e supervisão adequada.	Desenvolver processos internos para a aplicação responsável da IA, garantindo conformidade regulatória e boas práticas.
Fomento à inovação	Promover uma cultura de inovação e incentivar projetos-piloto de IA, mesmo sem resultados imediatos.	Liderar a mudança organizacional, promovendo inovação e tolerância a falhas para a adoção bem-sucedida da IA.
Monitoramento de desempenho	Acompanhar indicadores de desempenho (KPIs) e revisar regularmente o progresso das iniciativas de IA.	Estabelecer mecanismos de monitoramento contínuo para ajustes operacionais e alinhamento com os objetivos estratégicos.
Engajamento de stakeholders	Assegurar diálogo contínuo e transparente sobre IA com stakeholders internos e externos.	Comunicar de forma clara o impacto da IA nas operações e na sociedade.
Desenvolvimento de competências	Definir diretrizes para capacitação e atualização contínua sobre IA dentro da organização.	Implementar programas de capacitação para que as equipes desenvolvam habilidades técnicas e éticas no uso da IA.

Fonte: adaptado de IBGC (2024).[10]

O Quadro 3.1 destaca a complementaridade entre os papéis do conselho de administração e da gestão estratégica na adoção da IA dentro da organização. O conselho tem um papel mais orientador e estratégico, sendo responsável por definir a visão, garantir o alinhamento com os objetivos corporativos, supervisionar riscos e fomentar uma cultura de inovação. Além disso, também atua diretamente na governança da IA, assegurando que seu uso obedeça a princípios éticos, sociais e ambientais. Por outro lado, a gestão estratégica transforma as diretrizes do conselho em ações efetivas, concretizando projetos, monitorando resultados e desenvolvendo habilidades internas. Enquanto o conselho supervisiona e define rumos, a gestão executa e adapta iniciativas de IA, zelando por regulamentações, eficiência operacional e impacto sustentável. Essa interação entre governança e execução é essencial para que a IA seja adotada de forma eficaz, responsável e alinhada aos objetivos organizacionais.

Questões espinhosas para os conselhos de administração

Os conselhos de administração estão enfrentando questões "espinhosas" para garantir que a empresa pense de forma ousada e eficaz na área de inovação e transformação digital. Algumas dessas questões foram abordadas por Linda A. Hill, professora da Escola de Negócios de Harvard, e George Davis, ex-CEO global da Egon Zehnder em artigo publicado na *Harvard Business Review*.[2] Para eles, as questões centrais são:

- O conselho está transmitindo uma mensagem clara à administração sobre a importância da ousadia, não apenas para proteger o negócio central, mas também para reimaginar o futuro da empresa?
- O conselho está dedicando tempo suficiente para discutir e avaliar a pauta de inovação durante suas reuniões?
- Qual é o apetite do conselho para o risco e como isso se alinha com a visão e cultura da empresa?
- As métricas estabelecidas pelo conselho são claras para avaliar os esforços de inovação?
- Qual é a resposta do conselho quando uma iniciativa de inovação falha?

- O conselho possui diversidade de talentos, de perspectiva e de estilo para tomar decisões complexas sobre inovação?
- Como o conselho está se mantendo informado sobre as tendências de vanguarda na indústria e em setores relacionados?
- As reuniões do conselho são verdadeiramente um diálogo sobre ideias ou tendem a ser uma apresentação de PowerPoint com algumas questões formais?

Essas perguntas refletem a necessidade do conselho de administração desempenhar um papel mais ativo na promoção da inovação e na orientação da empresa em direção a um futuro promissor.

Uma zona de conforto perigosa

Wilson Carnevalli, conselheiro de administração com mais de vinte anos de experiência em indústrias de primeira geração, como na Companhia Siderúrgica Nacional (CSN) e Camargo Corrêa Cimentos, além de professor do Instituto Brasileiro de Governança Corporativa (IBGC), entende que, hoje, os boards dedicam muito tempo nas reuniões para controle e supervisão da saúde financeira da empresa, por meio de demonstrativos financeiros e relatórios de auditoria e de compliance. Isso, no entanto, é o básico e uma zona de conforto perigosa. "É preciso ampliar o tempo dedicado para conversas estratégicas sobre a perenidade do negócio, amadurecendo posicionamentos e direcionamentos a partir das novas tecnologias", diz ele. "Também se faz necessário modificar a matriz de informações analisadas pelos conselheiros, para que eles tenham subsídios que validem as estratégias de inovação. Tais ações ainda estão muito no campo das intenções e pouco no campo da prática". O que se pode afirmar, a partir dessa declaração e de outras de conselheiros que entrevistei para este livro, é que, em um ambiente dominado por pressões de curto prazo, pensar no futuro tornou-se ainda mais desafiador para os membros de conselhos.

A velocidade sem precedentes desse novo superciclo de inovação cobra dos conselhos o exercício do conceito de *ambidestria organizacional*: promover e supervisionar as estratégias de longo prazo, ao mesmo tempo que estabelecem compromissos e metas que garantam o resultado de curto prazo. Em outras palavras, a ambidestria envolve a capacidade de explorar inovações e novas oportunidades de crescimento (estratégias de longo prazo), enquanto se mantém eficiente nas operações cotidianas (estratégias de curto prazo). Para os conselhos de administração, significa não apenas enxergar novas fronteiras de valor e mercados emergentes, mas também assegurar a estabilidade financeira e operacional da organização. A liderança organizacional precisa criar estruturas e processos que permitam essa flexibilidade, ajustando o foco entre inovação e eficiência, de modo a garantir a perenidade da organização diante das mudanças rápidas do mercado.*

Para Marciano Testa, uma das estratégias adotadas pela fintech para subsidiar conselheiros quanto ao tema das novas tecnologias é ter, em todas as reuniões, um convidado externo especialista em disrupção: "Já recebemos especialistas em criptomoedas, tokenização, IA, *data-driven*, entre tantos outros que provocam o conselho". Trazer especialistas externos para pautar os conselhos em temas de inovação é como abrir as janelas para um novo horizonte: uma visão que os tira da zona de conforto e os impulsiona diante do inesperado. Cada convidado que ocupa um lugar à mesa provoca reflexões que talvez não surgissem no cotidiano. Essas vozes externas despertam uma inquietude saudável, desafiam ideias que antes pareciam inabaláveis e ampliam as fronteiras da conversa para além do que se conhece. Assim, cada encontro se torna mais que uma reunião; é uma oportunidade para que o conselho possa ver o futuro de um ângulo ainda não explorado, inspirando-se a pensar na inovação como algo vivo e em constante movimento.

---

* O termo organização ambidestra foi popularizado pelos professores de Stanford e Harvard Charles O'Reilly e Michael Tushman em seu artigo de 2004 na *Harvard Business Review*.[3]

No Brasil, dois terços dos conselheiros consideram que a prioridade para o sucesso organizacional é a estratégia de longo prazo (66%), seguida pela continuidade e resiliência dos negócios (39%), apontou uma pesquisa do IBGC.* Contudo, o que se percebe na prática, a partir da visão dos meus entrevistados, é uma morosidade preocupante e pouca clareza sobre o papel dos conselhos de administração diante da integração da IA. Para a conselheira Andiara Petterle, o espaço dos boards ainda é de *status quo*, com uma estrutura organizacional semelhante à dos anos 1980, o que freia seu papel enquanto agentes de transformação.

O conselheiro Wilson Carnevalli explica que, se a gestão está muito atenta a esse cenário de inovações exponenciais, o papel do conselho é de dar suporte, garantindo que essa agenda tenha espaço, pois, mesmo que a gestão lidere as ações, é o conselho que mantém o espaço aberto e o fluxo de investimentos. Agora, se a gestão está acanhada, o papel do conselho precisa ser mais atuante, de vanguarda, empurrando a pauta da inovação de forma gerencial.

A abordagem mais proativa que se cobra dos conselhos vai além do básico, incluindo:

- *Mapeamento tecnológico*: realizar um mapeamento das tecnologias emergentes, incluindo IA, blockchain, IoT, cloud e big data, que podem impactar o setor no qual a organização está inserida. Também não menosprezar as potenciais ameaças dos riscos cibernéticos.
- *Produtos mínimos viáveis (MVPs) e pivotagem*: incentivar a implementação de projetos-piloto para testar novas tecnologias, permitindo pivotar a trajetória, caso as evidências indiquem um caminho mais eficaz.

---

* Publicada em 2023 pelo IBGC, a análise dos resultados brasileiros do GNDI 2022-2023 Survey Report – The Future of Board Governance apresenta uma visão focada nos respondentes do Brasil, o que equivale a 222 conselheiros de administração.

Aculturamento e gestão *data-driven*

No que se refere a uma nova matriz de informações, este é um passo vital para que as empresas operacionalizem integrações com IA: uma estrutura muito bem organizada de dados, o que Carnevalli denomina *aculturamento de dados nas organizações*. Entretanto, da mesma forma que é necessária uma base de dados organizada para a integração da IA, essa tecnologia exponencial também se apresenta como uma ferramenta essencial para a análise massiva da série histórica da empresa e seus sistemas legados. Este é um paradigma ao estilo "quem vem primeiro: o ovo ou a galinha?", ou seja, sem apoio da curadoria da IA, a abundância de dados disponível hoje pode inviabilizar a tomada de decisão, em razão da sobrecarga de informações não estruturadas a que conselhos de administração têm acesso. Assim, sem uma estruturação prévia de base de dados, as empresas não aproveitam todo o potencial da IA.

É preciso organizar os dados para integrar a IA, assim como é necessária a própria IA para organizar os dados. "Nós tivemos que realizar grandes investimentos em tecnologia, revisão de processos, engenharia de dados e capacitação dos times para nos tornarmos uma companhia *data-driven*. No Agibank, tudo são dados", conta o chairman da fintech, Marciano Testa. A cultura *data-driven* envolve muito mais que a adoção de ferramentas tecnológicas ou a coleta de dados em si. Trata-se de criar uma mentalidade organizacional em que decisões estratégicas e operacionais são fundamentadas em informações pautadas em dados. O processo representa um passo além da análise descritiva, incorporando ferramentas avançadas, como análises preditivas e algoritmos de IA, para antever cenários, otimizar processos e aumentar a precisão das decisões. Segundo um relatório da IT Forum Series de 2023, apenas 11% das empresas consideram ser, de fato, *data-driven*.[4]

"Você pode ter a tecnologia na prateleira, mas se o seu conjunto de informações não estiver organizado o suficiente, o uso de ferramentas como IA será pouco eficiente e muito caro", complementa Wilson

Carnevalli. Obviamente, a implementação de uma cultura organizacional alinhada à inovação requer mudanças significativas na forma como a empresa estrutura suas operações, investe em tecnologia e, principalmente, capacita seus colaboradores. Para isso, torna-se essencial que o processo seja liderado de cima, com o apoio do conselho de administração, que deve garantir que a organização esteja alinhada à transformação digital em todas as áreas.

Hoje, os dados são os ativos mais valiosos para as empresas, seja pela eficácia das ações norteadas por lastros de informação qualificados, seja pela responsabilidade ética que as empresas passam a ter a partir da Lei Geral de Proteção de Dados Pessoais (LGPD). Todos os conselheiros e executivos que entrevistei para este livro alegam a preocupação latente de suas organizações perante o uso ético de dados pessoais e a necessidade de fortalecer infraestruturas de segurança digital contra o vazamento de informações sensíveis e ciberataques. As organizações devem garantir que o tratamento dos dados pessoais seja feito de acordo com as bases legais estabelecidas na LGPD, tais como consentimento explícito do titular, execução de contratos e cumprimento de obrigação legal ou regulatória. Quando dados pessoais são utilizados em processos automatizados, como algoritmos de IA para análises preditivas ou personalização de serviços, o princípio da transparência torna-se essencial. Isso implica que a organização informe claramente ao titular dos dados sobre o uso desses mecanismos e os potenciais impactos, como perfis automatizados. Além disso, a LGPD exige que o tratamento de dados respeite o princípio da finalidade, ou seja, os dados devem ser coletados e utilizados para propósitos específicos, explícitos e legítimos, informados previamente ao titular. Em relação à segurança, a LGPD também destaca a importância da proteção contra vazamento e acesso não autorizado, exigindo que as empresas implementem medidas de segurança apropriadas para mitigar os riscos de ciberataques e violações.

Portanto, o horizonte de oportunidades para a análise massiva de dados não estruturados a partir da IA traz consigo desafios gigantes acerca da proteção dessas informações. Mas qual seria o papel do conselho de administração diante disso?

Osvaldo Schirmer, reconhecido pela atuação em conselhos de administração de empresas como Lojas Renner, SLC Agrícola, Yduqs e Gerdau (todas de capital aberto), me relata que já precisou lidar com ataques hackers em duas companhias nas quais atuou durante seu mandato como conselheiro de administração. Uma delas foi a Renner, que conseguiu impedir prontamente o vazamento de informações e acesso dos invasores aos sistemas da empresa. "Mas, se você perguntar se essas empresas estão tranquilas e imunes a novos ataques, a resposta é: com certeza, não! Nem pensar! A capacidade inovativa dos hackers é tão grande que não existe empresa que não esteja exposta".

Investimentos em seguros contra ciberataques têm sido uma das maneiras que as organizações vêm encontrando para se proteger, assim como fortalecer as áreas de tecnologia de informação e auditoria algorítmica, recrutando talentos em ciência de dados e especialistas em IA. Em um cenário onde as ameaças se reinventam constantemente, cabe ao conselho assegurar que a cibersegurança figure como pauta estratégica contínua, sustentada por atualizações sobre vulnerabilidades e incidentes. Não apenas isso, mas é seu papel promover uma revisão sistemática das políticas e práticas de proteção de dados, criando um escudo protetor que evolui junto com os perigos. Outra responsabilidade central recai na exigência de testes rigorosos de segurança cibernética, como as simulações de ataques (*red teaming*) e auditorias independentes, conduzidas para revelar fraquezas antes que estas sejam exploradas.

Os conselhos podem se valer de alguns processos para a proteção de suas empresas a ciberataques:

- *Estratégia de governança de dados*: desenvolver uma estratégia abrangente de governança de dados que inclua políticas de segurança, privacidade e conformidade regulatória.

- *Frameworks de segurança*: implementar frameworks de segurança cibernética baseados em melhores práticas do setor, como o NIST Cybersecurity Framework.
- *Comitês de riscos*: estabelecer comitês específicos para monitorar e avaliar riscos associados a novas tecnologias, garantindo uma abordagem proativa na mitigação de ameaças.

Estratégias permanentes de transformação digital

Na visão de Andiara Petterle, professora de Transformação Digital no IBGC, a construção de uma sólida governança voltada à transformação digital não é uma ação pontual, mas, sim, uma jornada contínua, em constante renovação. Ela pontua: "Um projeto de transformação digital começa, mas nunca termina". Para ela, esse caminho exige um arcabouço de quatro pilares fundamentais que se entrelaçam, sustentando a competitividade e a longevidade de empresas diante dos desafios digitais contemporâneos.

O primeiro desses pilares é a transformação do chassi da companhia, um verdadeiro recalibrar dos cinco elementos essenciais: processos, pessoas, estratégias, produtos e cultura. "Não basta seguir um plano fixo de transformação digital; é necessário construir uma musculatura organizacional que promova e sustente a transformação de maneira perpétua", afirma Andiara. Esse trabalho, segundo ela, é um investimento de longo prazo, uma adaptação contínua que não pode ser vista como um projeto com prazo de validade.

O segundo aspecto crucial é o conceito de *figital*: a sinergia entre o digital e o físico. Para Andiara, a transformação digital deve unir esses dois mundos sem criar distâncias. O cliente de hoje deseja a conveniência do digital sem renunciar à qualidade e da experiência tangível. O segredo, então, é harmonizar essas duas esferas, especialmente em setores nos quais a experiência física ainda é primordial.

A terceira perspectiva explora o papel estratégico das fusões e aquisições (M&A). Andiara destaca que as empresas devem ser capazes de identificar novos entrantes e avaliar cuidadosamente se representam oportunidades de aquisições estratégicas, seja para expandir o negócio ou para incorporar talentos que reforcem seu núcleo. Mais que comprar empresas, trata-se de absorver competências e criar sinergias que fortaleçam o *core business*.

Por fim, a professora e conselheira aponta para a importância da cadeia de valor. É imprescindível que as organizações identifiquem com clareza quem são seus verdadeiros aliados e quem pode vir a se tornar um competidor. O conselho precisa estar atento a essas dinâmicas e conduzir uma análise contínua dos parceiros estratégicos, sempre com a visão de futuro em mente.

Uma das novas atribuições do conselho de administração está em transformar essas quatro perspectivas em projetos paralelos e independentes, que contribuam para a evolução constante da organização. Na era da IA, Andiara enfatiza que a abordagem deve ser ampla e integrada. "Com a IA, você não pode pensar apenas em uma perspectiva; precisa abraçar todas", reforça Andiara. Em última instância, a transformação digital exige uma visão conectada de todas as frentes do negócio, que, de forma orquestrada, fortaleça a competitividade e assegure a perenidade da empresa em longo prazo.

A transformação digital não pode ser tratada como um destino, mas como uma bússola que orienta o negócio rumo ao futuro. Assim, os conselhos devem cultivar a cultura de aprendizagem contínua, adaptando-se às novas tecnologias e antecipando mudanças antes mesmo que o mercado exija. Essa capacidade de olhar adiante, de ler os sinais e de ajustar o rumo é o que distingue as empresas que prosperarão no cenário dinâmico da transformação digital daquelas que, inevitavelmente, tornar-se-ão reféns do tempo.

Novas competências no conselho de administração

Embora a composição dos boards em companhias tradicionais ainda seja formada por especialistas em Finanças, Engenharia e Direito, cresce a participação de conselheiros provenientes do mercado tecnológico em todos os segmentos, assim como há uma cobrança velada para que todos sejam proficientes digitais e desenvolvam outros conjuntos de habilidades e mindset. Isso passa por competências como adaptabilidade, resiliência, gestão ágil, ambidestria organizacional, além de uma postura mais proativa ante a pauta da inovação. Não é que os membros dos boards precisem ser especialistas em IA, mas, cada vez mais, é necessário que conheçam suficientemente as tecnologias que moldam o futuro da organização e que emergem em escala e velocidade sem precedentes.

Racionalmente, há uma visão de que é preciso trazer mais diversidade para os conselhos, mas, emocionalmente, ninguém quer ceder o seu lugar. O fator composição do conselho é um entrave para a inovação. Se analisarmos relatórios recentes no Brasil, constata-se que a composição permanece semelhante à de quarenta anos atrás. Segundo relatório de 2022 da KPMG, a diversidade de gênero ainda é um desafio.[5] De acordo com o estudo, há uma tendência de rejuvenescimento dos conselhos, uma vez que novas gerações estão assumindo esses cargos, o que reflete uma maior adaptação às demandas contemporâneas de inovação e transformação digital.

Algumas habilidades são essenciais para oxigenar a visão de futuro das companhias perante as tecnologias exponenciais. Com base na interpretação de diversas entrevistas e estudos, destaco as principais:

- *Experiência digital*: os membros do conselho devem ter uma compreensão estratégica de como as tecnologias emergentes, como IA, blockchain, internet das coisas (IoT), big data, entre outras, podem afetar o negócio e a competitividade da empresa.

- *Mentalidade inovadora*: os membros do conselho devem ser abertos à inovação e dispostos a desafiar o *status quo*. Eles devem encorajar uma cultura de experimentação e aprendizagem contínua dentro da organização.
- *Visão estratégica*: é fundamental que os membros do conselho tenham uma visão estratégica de longo prazo. Eles devem ser capazes de identificar oportunidades e ameaças emergentes no cenário digital e orientar a empresa na direção certa.
- *Diversidade de experiência*: membros com experiências em diferentes setores e mercados podem oferecer insights valiosos sobre como a transformação digital pode impactar a empresa.
- *Comprometimento com a aprendizagem contínua*: a transformação digital é um processo em constante evolução. Os membros do conselho devem se manter atualizados sobre as tendências tecnológicas e como elas afetam os negócios da empresa.
- *Habilidade de gerenciamento de riscos digitais*: à medida que a complexidade tecnológica aumenta, o gerenciamento de riscos digitais torna-se crítico. Os membros do conselho devem entender os riscos cibernéticos e saber como mitigá-los.
- *Foco na experiência do cliente*: os membros do conselho devem garantir que as tecnologias digitais sejam usadas para melhorar a experiência do usuário e atender às suas necessidades.

Conselheiros independentes

Conselheiros independentes são os membros do conselho de administração que não têm vínculos significativos com a empresa além do próprio mandato. Quer dizer que eles não são empregados, não têm participação acionária significativa, nem têm relações comerciais ou pessoais que possam comprometer sua imparcialidade e independência. De acordo com um estudo da consultoria Korn Ferry, publicado pela Folha de São

Paulo em 2022, a presença desses conselheiros no Brasil passou de 35% para 61% nos últimos sete anos.[6]

Desde o lançamento do Novo Mercado da B3, que estabelece um padrão de governança corporativa altamente diferenciado para empresas de capital aberto, as companhias precisam destinar 20% das cadeiras do board para conselheiros independentes, se quiserem participar da seleta lista, criada em 2000.

Em um país onde a esmagadora maioria das empresas é familiar, independentemente do porte, é fundamental renovar os conselhos com uma visão sistêmica e de longo prazo, sem ruídos de relacionamentos ou interesses sucessórios que fogem da estratégia de longevidade do negócio. A importância desse papel reside na sua capacidade de oferecer perspectivas desimpedidas e objetivas, essenciais para uma avaliação equilibrada das estratégias e políticas da empresa.

Ao não serem afetados no jogo das operações diárias ou nos resultados financeiros imediatos, os conselheiros independentes podem questionar mais livremente as decisões da alta gestão, atuando como um contrapeso efetivo a possíveis excessos ou visões enviesadas por parte dos gestores e acionistas majoritários.

Henrique Luz, membro independente de conselhos e integrante do board do IBGC, escreveu em artigo o seguinte: "A presença maior de conselheiros independentes, verificada hoje no Brasil, amplia o foco na longevidade da organização e não somente no desempenho de um mês ou semestre específicos".[7]

A figura do conselheiro independente assegura que o conselho permaneça fiel aos seus deveres fiduciários para com todos os stakeholders, incluindo acionistas, empregados, clientes e a comunidade em geral. A presença de conselheiros independentes é fortemente recomendada em códigos de melhores práticas de governança ao redor do mundo, refletindo seu valor inestimável na profissionalização da governança corporativa.

Comitês voltados à inovação e transformação digital

Muitos conselhos, especialmente em empresas não tecnológicas, mantêm postura conservadora em relação às tecnologias exponenciais, focando predominantemente em segurança e digitalização. Ainda que importantes, essas áreas representam apenas uma pequena parte do potencial transformador das novas tecnologias a ser analisado. Embora grande parte dos executivos já tenham uma percepção concreta do impacto gradual da IA nos negócios, o tema ainda é incipiente e pouco aprofundado nas reuniões dos boards. Conforme Osvaldo Schirmer me explicou em entrevista, há um esforço constante para construção de boards mais ecléticos, buscando uma combinação de talentos e experiências acumuladas. Mas, sobretudo, é preciso ocupar os assentos com especialistas em inovação e tecnologia e fortalecer comitês voltados a essas áreas.

À medida que a tecnologia vai tomando espaço dentro das organizações, isso é incorporado pelos conselhos por meio de comitês estratégicos. São trazidas para dentro desses comitês pessoas com viés e background de tecnologia e inovação, para que elas alimentem e provoquem o conselho. Então, o uso adequado de comitês é o mecanismo ideal para que haja essa ponta digital, essa ponta inovadora, dentro dos boards. Se deixar na vala comum da pauta do conselho, essas discussões se perdem.

O número de comitês de inovação em conselhos de administração de empresas brasileiras tem crescido nos últimos anos, refletindo uma tendência global de maior foco em inovação e governança.* Segundo estudo da KPMG, essa expansão é impulsionada pela necessidade das empresas de manterem-se competitivas e adaptadas às rápidas mudanças tecnológicas e de mercado. Empresas estão criando comitês específicos para tratar de temas como inovação, tecnologia emergentes, ESG (ambiental, social e governança) e segurança cibernética, entre outros.

* Uma pesquisa realizada pela ZRG Partners, em 2023, aponta que, enquanto o número de membros nos conselhos caiu 8% nos últimos dois anos em empresas listadas na Bolsa de Valores brasileira (B3), a criação de novos comitês registrou alta de 29% no mesmo período.

Além disso, um levantamento da Ernst & Young Global (EY) destaca que a transformação digital e o uso de novas tecnologias são prioridades centrais para os conselhos de administração, indicando um aumento no número de comitês dedicados à inovação para explorar e implementar essas tecnologias de forma eficaz. Isso também está alinhado com a pressão crescente por diversidade e especialização nos conselhos.[8] De acordo com artigo publicado na *Harvard Business Review*,* a criação de Comitês de Inovação e Tecnologia tem se mostrado uma resposta eficaz aos desafios impostos pelo novo cenário de transformações. A proporção de empresas da Fortune 100 com esses comitês passou de 7% para 36% em uma década.[9] A composição do comitê deve incluir membros com uma combinação de expertise técnica e capacidade de traduzir as implicações das tecnologias emergentes para o restante do conselho. Tais braços de inovação devem trabalhar em estrcita colaboração com a alta administração para garantir que as iniciativas tecnológicas estejam alinhadas à estratégia geral da empresa.

A ampliação dos comitês de inovação, portanto, reflete uma adaptação das empresas brasileiras às novas demandas de mercado e governança, com um foco claro em tecnologia, inovação e sustentabilidade para garantir sua competitividade e resiliência no longo prazo.

A ressignificação dos conselhos de administração

A era da inovação exponencial desenha um cenário em que o conceito de transformação deixa de ser uma fase passageira para se tornar uma constante intrínseca ao tecido organizacional. É um tempo em que os conselhos, como vigias silenciosos das instituições, precisam se adaptar para sustentar o movimento perpétuo de inovação, como quem mantém o ritmo de uma dança cuja melodia jamais se repete. Conforme

---

* Publicado em setembro de 2024, o artigo aponta que os conselhos de muitas empresas de capital aberto são francamente tímidos ao considerar questões envolvendo ciência e tecnologia.

mencionado anteriormente, a IA funciona como uma força vital que define o próprio destino das organizações.

O que busquei explorar neste terceiro capítulo foi como as pressões e reconfigurações que a IA e as demais tecnologias emergentes impõem sobre o *status quo* corporativo estão ampliando as responsabilidades da alta cúpula corporativa. Os conselhos de administração, historicamente enclausurados no conforto da previsibilidade e na repetição de fórmulas passadas, agora se deparam com o imperativo de exercitar uma ambidestria sem precedentes, em que as métricas tradicionais cedem lugar à fluidez da inovação e o pensamento estratégico torna-se um exercício de permanente abertura ao novo. Nessa nova era, a vigilância não pode se limitar a um acompanhamento passivo dos números; precisa incorporar a visão expansiva que envolve riscos, explorações e descobertas. Em paralelo, assiste-se à falência de um mindset que imperou durante décadas entre as empresas tradicionais: aguardar a consolidação de novas tecnologias para depois realizar investimentos. Diante da velocidade acelerada das transformações que estamos vivendo, esse tipo de estratégia se tornou disfuncional e arriscada.

O futuro não é mais um horizonte a ser alcançado, mas um espaço a ser constantemente redesenhado e, como veremos nos próximos capítulos, as organizações que prosperarão serão aquelas que adotarem uma postura de aprendizagem contínua. A adaptação à IA e às novas formas de trabalho as conduzirá a um tempo em que não apenas se mede a velocidade com que se aprende, mas também a capacidade de desaprender para construir um amanhã que ainda não se pode visualizar plenamente. Nessa toada, os conselhos se transformarão em guardiões de uma nova mentalidade, na qual a inovação e o aprendizado deixam de ser fins para se tornarem o próprio caminho.

4

Orquestrando o portfólio de inteligência artificial: 7 estratégias essenciais

Neste novo superciclo de inovação, impulsionado pela IA, as empresas precisam equilibrar a busca por resultados imediatos com a construção de novas vantagens competitivas para o futuro. Entretanto, a inovação só se concretiza, de fato, por meio de projetos estruturados, com início, meio e fim; sem isso, ela não passa de um discurso vazio, uma simples intenção que não se transforma em realidade. Por essa razão, conforme veremos neste capítulo, a orquestração do portfólio de projetos de inovação, de maneira geral e, mais especificamente de IA, torna-se uma competência fundamental. É por meio dela que as organizações direcionam esforços de pesquisa, desenvolvimento e aplicação de IA em áreas estratégicas, construindo alicerces sólidos para prosperar neste superciclo e, de fato, comprovando sua capacidade de inovar de maneira consistente.

Conforme já mencionado, o conceito de "superciclo de inovação" se refere à convergência e à escalabilidade de tecnologias que afetam profundamente a forma como as empresas criam, entregam e capturam valor. Esse impacto não se limita à esfera operacional; ele extrapola para a estratégia de negócios e a cultura organizacional. Diante disso, o papel dos conselheiros de administração e executivos ganha ainda mais relevância, pois cabe a eles assegurar que o conjunto de iniciativas em curso seja coerente com os objetivos de longo prazo, sem deixar de responder às necessidades imediatas do mercado.

Há uma ampla gama de modelos e ferramentas para orquestrar o portfólio de projetos de P&D e inovação. Neste capítulo, porém, selecionei sete estratégias e as adaptei – ou recriei – cuidadosamente para atender às especificidades de como as organizações podem orquestrar seu portfólio de IA. Essas estratégias auxiliam conselheiros de administração e executivos de alto nível na avaliação, no monitoramento e na condução dos projetos de IA, apontando lacunas de conhecimento, definindo prioridades e alocando recursos de forma assertiva. Além disso, permitem construir uma visão integrada que equilibra riscos e oportunidades, facilitando o diálogo entre executivos e conselheiros e assegurando maior clareza em torno das decisões estratégicas relacionadas à IA.

A premissa que norteia este capítulo é de que a saúde de uma empresa, seja no presente ou no futuro, está diretamente ligada à qualidade e à robustez de seu portfólio de projetos baseados em IA. Um portfólio equilibrado em iniciativas de curto e longo prazo, em esforços internos e parcerias externas, em projetos incrementais e radicais e que tenha um roadmap claro tende a tornar a empresa mais resiliente às incertezas e mais apta a aproveitar as oportunidades que despontam no horizonte tecnológico.

É igualmente importante ressaltar que uma organização verdadeiramente preparada para esse superciclo de inovação deve dominar o conceito de "ambidestria organizacional". Em outras palavras, trata-se de equilibrar iniciativas de longo prazo, voltadas à descoberta de novas aplicações de algoritmos, modelos de negócio e mercados, com outras de curto prazo, focadas em otimizar e refinar os ativos e processos existentes. Ao incorporar esse equilíbrio à orquestração do portfólio de IA, conselheiros e executivos garantem que a empresa não só mantenha a eficiência operacional, mas também permaneça atenta às oportunidades disruptivas que o futuro reserva.

A Figura 4.1 sintetiza um conjunto de estratégias que ajudam as organizações a orquestrar iniciativas de IA de maneira consistente e prática. Tudo começa com o "roadmap para o futuro", que orienta o planejamento das necessidades e recursos essenciais para o êxito em IA. Em seguida, a estratégia "priorizar o que gera impacto" mantém o foco em resultados concretos e tangíveis. Na sequência, o "equilíbrio ambidestro" busca promover projetos de IA em um bom balanço entre curto e longo prazos. Logo depois, a "governança ágil de projetos" introduz processos de gestão colaborativos e flexíveis, maximizando o valor das soluções de IA no dia a dia corporativo. Esse processo é apoiado pelo "termômetro da prontidão", que avalia o nível de maturidade tecnológica atual das iniciativas de IA. Enquanto isso, a estratégia "fronteiras flexíveis" indica a importância de adotar um processo de inovação aberta, facilitando o acesso a conhecimentos externos. Por fim, a "arquitetura de competências" aponta quais projetos de IA devem ser conduzidos internamente e quais podem ser terceirizados ou desenvolvidos por meio de parcerias, garantindo um direcionamento estratégico para o uso eficiente dos recursos.

Figura 4.1 Sete estratégias de orquestração de IA

Vale salientar, contudo, que cada estratégia pode ser aplicada individualmente ou em conjunto, servindo tanto para analisar um portfólio de projetos de IA já existente quanto para estruturar novas iniciativas. Dessa forma, conselhos de administração e executivos podem combiná-las conforme suas necessidades específicas, obtendo uma visão sistêmica do portfólio. Para apoiar a implementação imediata, cada ferramenta apresentada inclui um box com diretrizes práticas, detalhando os passos de implementação das ferramentas e os fatores críticos de sucesso a serem observados. Esses guias servem como ponto de partida para executivos e conselheiros que desejam partir diretamente para a prática, conectando os conceitos estratégicos à execução operacional.

Roadmap para o futuro: como planejar os esforços de IA

O planejamento estruturado de projetos de IA age como uma bússola que orienta a organização ao longo de sua jornada de desenvolvimento de novas soluções, produtos e processos habilitados pela IA. Esse plano de futuro, geralmente projetado para um horizonte de dois a quatro anos, traz não só uma direção clara em relação às oportunidades promissoras e às metas estratégicas, mas também um guia para orquestrar de forma coordenada o portfólio de projetos de IA de toda a organização.

Conforme os especialistas Leinar Ramos, Anthony Mullen e Pieter den Hamer apontaram na publicação do Gartner *Build Your Organization's AI Roadmap*, de 2024, um roadmap de IA deve ser alicerçado em algumas diretrizes fundamentais.[1] Entre elas, destacam-se a definição da "ambição de IA" da organização, a clareza de uma "estratégia de IA" consistente, a determinação do "valor de IA" que se pretende alcançar, a organização interna (estrutura e processos) necessária para sustentar as iniciativas de IA, o desenvolvimento de "pessoas e cultura de IA" adequadas, o estabelecimento de uma "governança de IA" sólida (em termos de gestão e compliance), a consolidação de uma robusta capacidade de "engenharia de IA" e a preparação de "dados de IA" de forma apropriada. Essas diretrizes, conforme a Figura 4.2, são determinantes para que executivos, conselheiros e lideranças conduzam a orquestração de IA de maneira efetiva no escopo de suas organizações.

Figura 4.2 Como planejar os esforços de IA

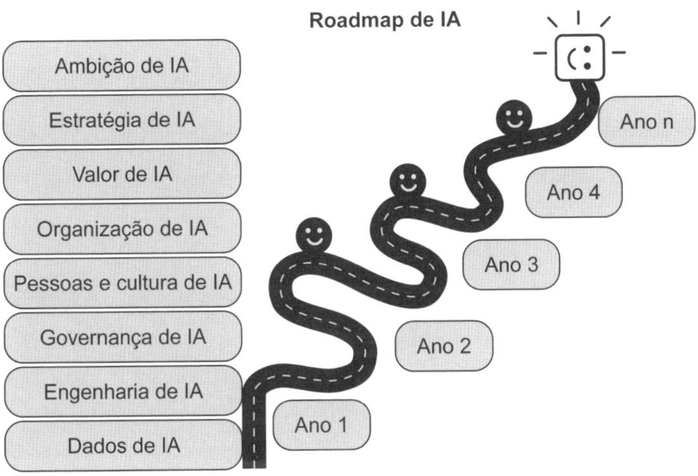

Fonte: adaptada de Ramos, Mullen e Hamer (2024).[1]

A essência de um bom roadmap está na conexão entre estratégia corporativa, capacidade de execução e oportunidades tecnológicas relacionadas à IA. Em meio ao superciclo de inovação fomentado pela IA, as empresas são estimuladas a repensar processos, modelos de negócio e a interação com clientes. Técnicas como deep learning e processamento de linguagem natural, por exemplo, revolucionam o funcionamento das organizações e ampliam as possibilidades de geração de valor. Diante desse ambiente, conselheiros e executivos ocupam posição estratégica ao demandar uma visão clara, porém flexível, das iniciativas de IA, o que impacta diretamente o desenho do portfólio de projetos de inovação.

Quando se fala em gerenciar estrategicamente esse portfólio, discute-se uma série de decisões que vão desde a priorização de projetos com maior potencial de impacto até a escolha de iniciativas experimentais que, embora arriscadas, podem gerar rupturas significativas. É aqui que o roadmap exerce função estruturante. Ao articular metas de longo prazo com demandas de curto e médio prazo, a empresa equilibra investimentos em melhorias incrementais – de retorno mais rápido – com projetos de maior ousadia tecnológica, sintonizados com a visão de futuro. Essa abordagem reduz a dispersão de esforços, deixando explícito onde a organização pretende chegar e por que determinados projetos de IA merecem mais recursos ou atenção.

Em muitos casos, o portfólio precisa contemplar tanto projetos incrementais, focados em melhorias contínuas, quanto projetos disruptivos, com potencial de inaugurar novos mercados.[2] Ao estabelecer horizontes temporais – por exemplo, 1-2 anos e 3-4 anos –, o roadmap deixa claro quais aplicações de IA estão maduras para maiores investimentos, quais ainda necessitam de testes e quais devem ser monitoradas para adoção futura.

Conselhos de administração que acompanham de perto esse mapeamento estratégico ganham clareza sobre a viabilidade de cada iniciativa, sua sinergia com a estratégia e o grau de risco assumido. O roadmap, nesse sentido, não é um documento estático, mas um processo de revisão, aprendizagem e adaptação contínua. Tecnologias emergentes podem inviabilizar ou tornar obsoletos projetos em fase inicial, enquanto oportunidades inesperadas podem requisitar a criação de programas de pesquisa ou a formalização de parcerias com startups e centros de pesquisa. Manter esse dinamismo assegura que o portfólio de IA permaneça atualizado diante das oscilações de mercado e do avanço tecnológico.

Um exemplo prático é o da Tesla, que mostra como, desde o início, o roadmap estabeleceu uma trilha clara para o desenvolvimento de veículos elétricos e sistemas de baterias de alta densidade, justificando cada ciclo de investimento por uma visão de tornar a mobilidade mais eficiente e sustentável. Paralelamente, investiu em áreas correlatas – carregadores, software de direção autônoma e infraestrutura fabril (*gigafactories*) – priorizando projetos conforme estivessem prontos para escalar ou gerar vantagem competitiva. Essa abordagem progressiva, permeada pela adoção de IA e tecnologias de ponta, reforçou o portfólio de produtos e a diferenciação da Tesla em um setor historicamente dominado por grandes fabricantes.

A relevância de um roteiro corporativo de ações estende-se a múltiplas dimensões: auxilia na harmonização de recursos, orienta a gestão de riscos, alinha expectativas de stakeholders e define o posicionamento da empresa diante de potenciais rupturas causadas pela IA. Especialmente para conselhos de administração, fornece a base para uma governança mais segura, pois permite monitorar indicadores de progresso, questionar tempestivamente a direção de determinados projetos e realocar orçamentos quando necessário. Como guardiões do futuro e do interesse de longo prazo, esses conselhos precisam enxergar como o portfólio de IA se integra à estratégia, evitando, ao mesmo tempo, a dispersão de iniciativas paralelas e a estagnação tecnológica.

Outro ponto crucial do roadmap está na sua capacidade de incentivar uma cultura de colaboração e aprendizagem contínua. Com uma abordagem sistêmica que define a rota a seguir, áreas de P&D, marketing e operações compartilham uma visão integrada sobre quais iniciativas de IA merecem prioridade, quais prazos precisam ser cumpridos e quais competências devem ser desenvolvidas internamente ou buscadas por meio de parcerias. Em um mercado cada vez mais impactado pela IA, ter equipes capacitadas e abertas às transformações é essencial para as empresas assumirem a dianteira em vez de apenas reagirem.

No cenário atual, em que novas aplicações de IA surgem a todo momento e rapidamente chegam ao estágio comercial, não ter um roadmap estruturado pode ser temerário. As empresas correm o risco de subestimar concorrentes, atrasar a adoção de tecnologias críticas e perder talentos para organizações mais visionárias. Em contraste, quem administra bem esse instrumento consegue antecipar tendências, negociar com clareza o ingresso em novos mercados e planejar cenários de contingência para eventuais fracassos ou ajustes de rota. Em última análise, o roadmap de IA atua como ferramenta para mitigar riscos e potencializar oportunidades, alinhando visão de futuro à execução eficaz do presente.

A pertinência do roadmap para a gestão estratégica do portfólio de projetos de IA não se restringe a listar tecnologias futuristas ou projetar ambições distantes, mas sim a traçar uma rota sólida entre o hoje e o amanhã. Para conselhos de administração que zelam pela perenidade do negócio, essa ferramenta ganha grande importância ao viabilizar o monitoramento de todo o ciclo de inovação e capacitar a empresa a navegar com mais segurança e coerência em um mundo definido pelo vertiginoso avanço da IA.

A seguir, serão apresentados os passos para construir um roadmap de projetos de IA. O Box 4.1 serve como guia prático para executivos e conselheiros que desejam aplicar essa ferramenta de forma imediata em suas organizações.

Box 4.1 Oito passos para construir um roadmap de projetos de IA

CONSTRUÇÃO DE ROADMAP DE IA

Guia prático para executivos e conselheiros de administração

1

Definir ambição de IA

Estabelecer visão estratégica e propósito

- Alinhar com estratégia corporativa
- Definir horizonte temporal (2-4 anos)
- Identificar mercados-alvo

2

Desenhar estratégia

Criar plano de ação e cronograma

- Separar projetos incrementais *vs.* disruptivos
- Definir marcos e entregas
- Estabelecer métricas de sucesso

(continua)

❸

Mapear valor de IA

Identificar onde gerar maior impacto
- Analisar processos críticos
- Calcular ROI potencial
- Aplicar princípio 80/20

❹

Estruturar organização

Definir estrutura e responsabilidades
- Criar comitê de IA
- Definir papéis e responsabilidades
- Estabelecer fluxos de decisão

❺

Desenvolver pessoas

Capacitar equipes e cultura de IA
- Mapear competências necessárias
- Planejar contratações e treinamentos
- Promover mentalidade de inovação

❻

Estabelecer governança

Criar políticas e compliance
- Definir políticas de uso ético
- Estabelecer controles de risco
- Criar framework de compliance

❼

Preparar engenharia

Desenvolver capacidades técnicas
- Avaliar infraestrutura atual
- Definir arquitetura de sistemas
- Planejar parcerias tecnológicas

❽

Organizar dados

Preparar infraestrutura de dados
- Auditar qualidade dos dados
- Definir estratégia de coleta
- Implementar governança de dados

FATORES CRÍTICOS DE SUCESSO

Foque no valor: priorize iniciativas com maior ROI e impacto estratégico

Seja flexível: o roadmap deve ser revisado trimestralmente

Pense em portfólio: equilibre projetos incrementais e disruptivos

Invista em pessoas: cultura e capacitação são fundamentais

Comece pequeno: use projetos-piloto para validar conceitos

Monitore concorrentes: acompanhe movimentos do mercado

O grande desafio de construir um roadmap robusto de projetos de IA é escolher bem onde concentrar energia. Saber priorizar as iniciativas de maior valor estratégico agrega eficiência e reforça a governança sobre o portfólio de inovação, evitando a sobrecarga de projetos sem relevância. Nesse cenário, o princípio de Pareto 20:80 torna-se um aliado essencial, pois direciona os investimentos para as ações que realmente importam para a perenidade da organização.

Priorizar o que gera impacto: princípio 20:80 aplicado à IA

Hoje temos uma infinidade de oportunidades e soluções tecnológicas evoluindo em uma velocidade sem precedentes. Algoritmos de machine learning ou processamento de linguagem natural podem, em poucos meses, revolucionar modelos de negócio, processos internos e experiências do cliente. Para executivos e conselheiros de administração, esse cenário eleva a complexidade da tomada de decisão, exigindo um direcionamento estratégico cada vez mais preciso e focado.

Manter a atenção na essência do negócio, sem dispersar esforços em múltiplos projetos de baixo retorno, torna-se um diferencial de mercado. É nesse ponto que o princípio de Pareto – também conhecido como 20:80 – revela-se uma ferramenta fundamental para priorizar os projetos que farão parte do portfólio de IA da empresa. Formulado por Vilfredo Pareto e popularizado por Joseph M. Juran, o conceito ganhou notoriedade com os estudos de Richard Koch, destacando que, em média, 20% do esforço gera 80% dos resultados.[3]

Embora possa ser aplicado a áreas como controle de qualidade e alocação de recursos, aqui o adotamos de forma específica: por meio de uma matriz que cruza dois eixos centrais para a competitividade da empresa. Como pode ser observado na Figura 4.3, no eixo X, avalia-se o impacto para o usuário, de baixo a alto; e, no eixo Y, a importância estratégica para o futuro do negócio, de menor a maior relevância. Ao desenhar essa matriz, usando esses dois vetores críticos – satisfação do cliente e relevância estratégica –, buscam-se os 20% de projetos estratégicos de IA com real capacidade de elevar o valor percebido e sustentar o crescimento da organização. É importante ressaltar que esses eixos servem apenas como sugestão e podem variar de acordo com o contexto de cada empresa, produto e nível de maturidade tecnológica. Em síntese, priorizam-se iniciativas que redefinam a experiência do usuário ao mesmo tempo que fortaleçam a competitividade futura da organização.

Figura 4.3 Princípio 20:80 aplicado à IA

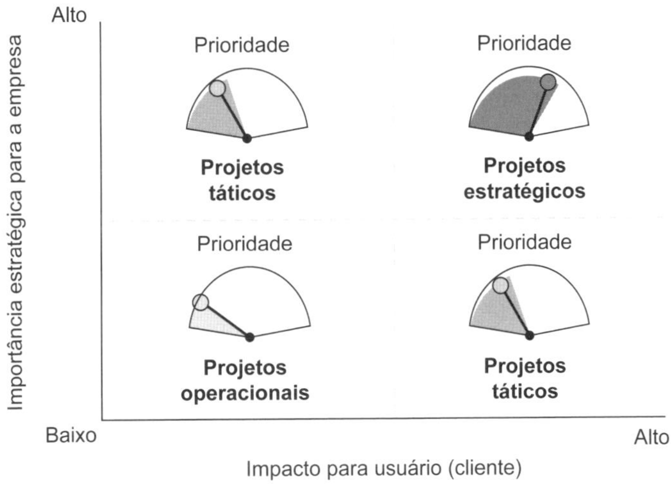

Para ilustrar o princípio 20:80, imagine uma empresa do setor de saúde que oferece soluções inovadoras para hospitais e clínicas, sempre focada na experiência do paciente e na sustentabilidade de longo prazo. No momento de definir seu portfólio de IA, a organização recorre ao princípio de Pareto (20:80): enquanto 20% dos projetos verdadeiramente estratégicos concentram 80% do valor e do impacto no negócio, os outros 80% – mais táticos ou operacionais – geram apenas 20% do resultado total. Assim, plataformas de triagem inteligente, monitoramento remoto de pacientes crônicos e análises preditivas para gestão de recursos – que compõem os 20% de iniciativas de alto valor – recebem a maior parte dos investimentos e do tempo das equipes. Em contrapartida, projetos considerados menos estratégicos, ainda que tragam algum ganho de curto prazo, ficam em segundo plano para evitar a dispersão de recursos. Esse cuidado justifica-se, sobretudo, porque o desenvolvimento de soluções de IA demanda investimentos elevados, é tecnicamente complexo e requer profissionais altamente especializados e escassos na maioria das organizações.

A visualização em forma de matriz torna mais clara a decisão sobre onde alocar recursos, tempo e atenção, evitando que a empresa se perca em projetos de IA de menor potencial ou desalinhados da estratégia. Nesse sentido, o princípio de Pareto funciona como uma bússola que indica as iniciativas que realmente importam para fortalecer a competitividade e a satisfação do cliente. Esse procedimento torna-se ainda mais relevante em um ambiente de rápidas transformações tecnológicas, pois exige que a liderança avalie sistematicamente a contribuição efetiva de cada projeto para a evolução do negócio.

Assim, os projetos posicionados no quadrante superior direito da matriz – alto impacto para o cliente e alta importância estratégica – demandam atenção direta do conselho de administração, pois podem redefinir a proposta de valor da empresa, reforçar sua perenidade e gerar vantagens competitivas duradouras. Já os projetos de caráter mais tático ou operacional, apesar de relevantes, não necessitam do mesmo nível de supervisão, cabendo à liderança executiva a condução de sua execução.

A habilidade de concentrar esforços nas iniciativas de maior impacto é uma resposta fundamental à dispersão causada pela miríade de aplicações de IA emergentes. A IA e a análise de dados continuarão em expansão, pressionando as empresas a aprimorar seus métodos de gestão e priorização. Manter o foco no que realmente importa evita o desperdício de recursos e fortalece a governança e a cultura de inovação.

Uma das grandes tensões em grandes corporações é harmonizar a preservação do *core business* com a urgência de investir em inovações disruptivas baseadas em IA. Com a aceleração trazida por esse superciclo de inovação, essa tensão só se agrava. Ao guiar a seleção dos projetos com maior potencial de retorno, a matriz Pareto, quando aplicada ao portfólio de IA, oferece aos conselheiros e executivos mais segurança para navegar nesse cenário em constante transformação. A mensagem é clara: em um mar de oportunidades, saber onde não atuar é tão importante quanto escolher onde investir. Manter o foco na essência do negócio, equilibrando risco e retorno, é a melhor forma de garantir que a empresa não se perca diante de inúmeras possibilidades. Ao adotar o 20:80 como parte da governança dos projetos de IA, o conselho desempenha um papel fundamental, assegurando que as iniciativas certas recebam os recursos e a atenção devida, enquanto a liderança executiva conduz projetos de caráter tático ou operacional.

Essa visão concentrada, somada a uma cultura de inovação consistente, constitui o ponto de convergência entre a estratégia de longo prazo e a execução eficaz. Acima de tudo, ela permite que a empresa avance com segurança em um mercado cada vez mais dinâmico e marcado pela adoção de tecnologias disruptivas como a IA.

No Box 4.2, apresento os seis passos para aplicar o princípio 20:80 para projetos de IA. É um guia prático para executivos e conselheiros que desejam priorizar estrategicamente onde aplicar seus esforços diante do amplo conjunto de demandas de projetos de inteligência artificial.

Box 4.2 Seis passos para aplicar o princípio 20:80 para projetos de IA

PRINCÍPIO 20:80 PARA IA

Guia prático para executivos e conselheiros de administração

IMPLEMENTAÇÃO EM 6 PASSOS

1 Mapear portfólio atual

Inventário completo das iniciativas de IA

- Catalogar todos os projetos de IA em andamento
- Identificar investimentos por projeto
- Mapear recursos humanos alocados
- Avaliar estágio de cada iniciativa

DISTRIBUIÇÃO ESTRATÉGICA

20%
PROJETOS DE ALTO IMPACTO

Recebem 80% dos recursos • Máxima prioridade estratégica • Supervisão direta do conselho

(continua)

❷ **Definir critérios de impacto**
Estabelecer métricas de avaliação
- Impacto na experiência do usuário/cliente
- Relevância estratégica para o futuro
- Potencial de ROI financeiro
- Alinhamento com core business

❸ **Aplicar matriz de priorização**
Posicionar projetos na matriz 20:80
- Avaliar cada projeto nos dois eixos
- Posicionar projetos nos quadrantes
- Identificar os 20% de alto valor
- Classificar projetos por prioridade

❹ **Realocar recursos**
Concentrar investimentos nos 20%
- Destinar 80% dos recursos aos projetos prioritários
- Reduzir ou pausar projetos de baixo valor
- Transferir talentos-chave
- Acelerar cronogramas dos projetos estratégicos

❺ **Estruturar governança**
Definir níveis de supervisão
- Conselho supervisiona projetos do quadrante superior direito
- C-Level conduz projetos táticos
- Estabelecer *gates* de aprovação
- Definir frequência de revisões

❻ **Monitorar e ajustar**
Acompanhamento contínuo dos resultados
- Revisar matriz trimestralmente
- Medir performance dos projetos 20%
- Ajustar critérios conforme aprendizado
- Incorporar novos projetos na análise

80%
PROJETOS DE APOIO
Recebem 20% dos recursos • Execução operacional • Gestão tática

FATORES-CHAVE DE SUCESSO

LIDERANÇA
Comprometimento da alta direção e tolerância ao risco

GOVERNANÇA
Framework de decisão ágil e transparente

DISCIPLINA
Manter foco nos 20% estratégicos mesmo sob pressão por resultados rápidos

REVISÃO PERIÓDICA
Reavaliar classificação a cada trimestre adaptando às mudanças de mercado

COMUNICAÇÃO
Garantir que todos entendam os critérios e prioridades estabelecidas

MÉTRICAS OBJETIVAS
Usar dados quantitativos para validar a classificação dos projetos

Depois de compreender onde concentrar esforços, surge outro desafio: como dividir recursos entre projetos incrementais e aqueles com maior risco, porém alto potencial de disrupção. Nesse sentido, a matriz 70:20:10 entra em cena como um referencial útil para equilibrar essas escolhas.

Equilíbrio ambidestro: matriz 70:20:10 direcionada à IA

O avanço acelerado das tecnologias de IA está transformando a dinâmica da inovação, exigindo uma gestão de portfólio mais estratégica e adaptável. Nesse contexto, os especialistas em inovação Bansi Nagji e Geoff Tuff apontam a matriz 70:20:10 como uma ferramenta valiosa que, também, pode ser utilizada para a gestão de projetos de IA.[4] Ela orienta a distribuição de recursos em 70% para inovações incrementais, 20% para inovações adjacentes e 10% para inovações radicais, conforme pode ser observado na Figura 4.4.

Figura 4.4 Matriz 70:20:10 direcionada à IA

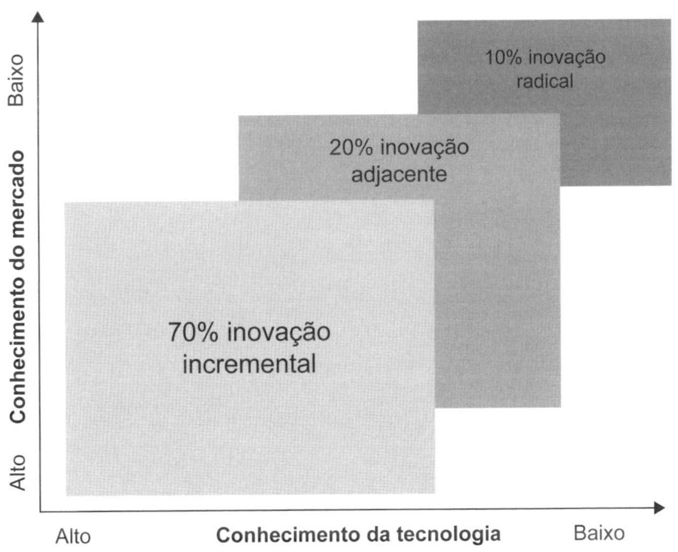

Fonte: adaptada de Nagji e Tuff (2012).[4]

É importante ressaltar que esses percentuais não são uma fórmula fixa, mas sim um referencial estratégico. Dependendo do setor, da maturidade do negócio, do ciclo de vida e das metas corporativas, esses valores podem – e devem – ser ajustados. Ainda assim, utilizar a matriz de maneira disciplinada ajuda executivos e conselheiros a manter uma visão clara do equilíbrio do portfólio de IA e a tomar decisões bem fundamentadas.

Para ilustrar, imagine uma empresa do agronegócio que adota a matriz 70:20:10 em seu portfólio de IA. Dos recursos totais, 70% são aplicados em inovações incrementais que aprimoram o negócio principal, como algoritmos de machine learning para prever safras com mais precisão, ferramentas de inteligência de dados para ajustar fertilização em tempo real e plataformas integradas de monitoramento climático. Esses investimentos visam aumentar a produtividade e reduzir custos operacionais. Já 20% são destinados a iniciativas em áreas adjacentes, como consultorias de IA para produtores de setores próximos (pecuária e fruticultura) ou desenvolvimento de plataformas colaborativas para cooperativas, com análises comparativas de desempenho e compartilhamento de boas práticas. Por fim, 10% vão para inovações verdadeiramente radicais, como drones autônomos equipados com visão computacional para análises avançadas de solo ou um marketplace baseado em blockchain que rastreie e certifique toda a cadeia produtiva, ampliando possibilidades de negócio ainda pouco exploradas no agronegócio.

A matriz 70:20:10 conecta-se ao conceito de ambidestria organizacional, que mencionei no capítulo 3. A dimensão de *exploitation* corresponde às inovações incrementais (70%), garantindo eficiência operacional e resultados de curto prazo. A dimensão de *exploration* engloba as inovações adjacentes (20%) e radicais (10%), fomentando a busca por tendências emergentes, a expansão para novos mercados e a identificação de oportunidades capazes de redefinir o modelo de negócio. O grande desafio para a liderança é orquestrar as duas frentes ao mesmo tempo, alinhando presente e futuro.

Sob a óptica financeira, a lógica da matriz ajuda a equilibrar os riscos e o nível de recursos necessários em projetos de IA. Os 70% voltados às inovações incrementais dão mais previsibilidade de retorno e sustentam o fluxo de caixa. Os 20% para inovações adjacentes permitem testar novas aplicações de IA em setores correlatos, expandindo o escopo de atuação. Já os 10% em projetos disruptivos demandam maior tolerância a riscos, mas podem gerar avanços tecnológicos que podem revolucionar mercados inteiros.

A governança, nesse cenário, torna-se crucial. Investir apenas em inovações incrementais pode garantir a operação de curto prazo, mas engessar a empresa diante de mudanças bruscas ou novas oportunidades. Ao mesmo tempo, concentrar todos os recursos em inovações radicais pode comprometer a saúde financeira imediata. Um portfólio balanceado, que combine *exploration* e *exploitation*, é sinal de maturidade na gestão de inovação e costuma ser valorizado no mercado, pois demonstra solidez e visão de longo prazo aos investidores.

Grandes empresas, como Google e 3M, são referências na aplicação desses princípios. O Google mantém sua liderança global, reforçando o *core* (busca e publicidade), mas também investe em projetos visionários, como veículos autônomos e IA generativa. A 3M, por sua vez, tem metas para gerar receitas a partir de produtos lançados recentemente, integrando o raciocínio 70:20:10 em seu dia a dia. Esses casos mostram que a ambidestria pode ser implantada de forma consistente.

Em suma, executivos, conselheiros e líderes que buscam um equilíbrio no portfólio de IA protegem a empresa de riscos imediatos e ampliam sua capacidade de criar valor no longo prazo. A matriz 70:20:10, quando aplicada com flexibilidade e apoiada em uma boa governança, serve como aliada na busca de resultados imediatos, sem perder de vista as oportunidades futuras.

O Box 4.3 é um guia estratégico para executivos e conselheiros que desejam aplicar o conceito de ambidestria organizacional na prática. Nele, serão apresentados os cinco passos para construir a matriz 70:20:10 para projetos de IA.

Box 4.3 Cinco passos para estruturar a matriz 70:20:10 para projetos de IA

MATRIZ 70:20:10 PARA IA

Guia prático para executivos e conselheiros de administração

IMPLEMENTAÇÃO EM 5 PASSOS

❶ Diagnóstico situacional
Avalie maturidade em IA, mapeie portfólio atual e identifique recursos disponíveis.

❷ Customização da matriz
Ajuste percentuais conforme contexto: setor maduro (75:15:10) *vs.* disruptivo (60:25:15).

❸ Classificação de projetos
Categorize iniciativas por nível de risco e horizonte temporal.

❹ Alocação de recursos
Distribua orçamento, equipes e defina KPIs específicos por categoria.

❺ Governança e monitoramento
Implemente *gates* diferenciados e revise portfólio trimestralmente.

DISTRIBUIÇÃO ESTRATÉGICA

70%
INOVAÇÃO INCREMENTAL
Baixo risco • ROI 6-18 meses • Melhorias no core business • Operação sustentável

20%
INOVAÇÃO ADJACENTE
Risco médio • ROI 1-3 anos • Expansão para novos mercados • Crescimento estratégico

10%
INOVAÇÃO RADICAL
Alto risco • ROI 3-7 anos • Tecnologias disruptivas • Transformação do negócio

FATORES-CHAVE DE SUCESSO

LIDERANÇA
Comprometimento da alta direção e tolerância ao risco

GOVERNANÇA
Framework de decisão ágil e transparente

RECURSOS
Orçamento protegido e talentos especializados

CULTURA
Ambiente de experimentação e aprendizado contínuo

É fundamental acompanhar de perto cada projeto, validando protótipos de IA e tomando decisões ágeis sobre continuidade ou ajustes. Nesse sentido, o modelo Stage-Gate 5.0 é um exemplo de ferramenta capaz de fornecer essa governança ágil, ajudando a empresa a manter a disciplina e a velocidade necessárias para competir em mercados cada vez mais dinâmicos.

Governança ágil de projetos: Stage-Gate em tempos de IA

O modelo Stage-Gate se destaca como uma referência para estruturar a governança de projetos de pesquisa e desenvolvimento (P&D) e inovação. Criado na década de 1980 por Robert G. Cooper, ele foi inicialmente concebido para organizar o desenvolvimento de novos produtos em estágios sucessivos, separados por "portas de decisão" (*gates*).[5] Conforme a Figura 4.5, cada *gate* conta com um comitê que avalia a viabilidade do projeto, podendo aprová-lo, ajustá-lo ou encerrá-lo. O objetivo central é reduzir riscos, otimizar recursos e aumentar a previsibilidade, razão pela qual o Stage-Gate se tornou amplamente adotado em diversos setores.

Com o passar do tempo, a hiperconectividade, o surgimento de tecnologias disruptivas e a criação de novos modelos de negócio exigiram revisões profundas no modelo. Hoje, fatores como impacto social e sustentabilidade de longo prazo também entram na avaliação de projetos, demandando uma versão do Stage-Gate mais flexível e integrada.

Para se manter relevante no século XXI, o Stage-Gate precisou abandonar a rigidez linear e adotar um modelo mais fluido e interativo, em que dados e feedbacks retroalimentam continuamente cada fase. Em vez de decisões estáticas baseadas em análises pontuais, as organizações passam a utilizar ferramentas de IA que coletam e interpretam dados em tempo real, fornecendo indicadores preditivos capazes de melhorar tanto a qualidade quanto a agilidade das escolhas. O Quadro 4.1 sintetiza como o modelo evoluiu até o Stage-Gate 5.0.

Figura 4.5 Modelo Stage-Gate em tempos de IA

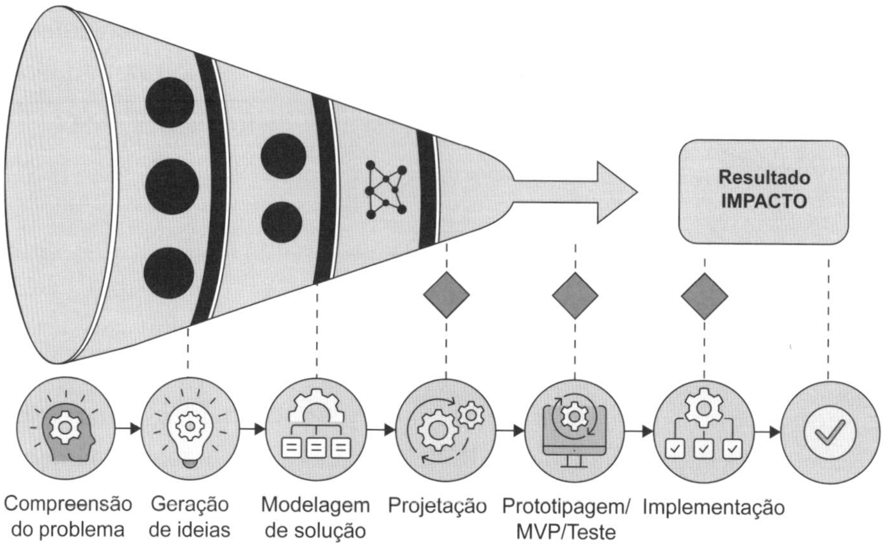

Fonte: adaptada de Cooper (1990);[5] (fonte dos ícones: iStock © Richard Chambers e Giorgi Gogitidze)

Quadro 4.1 Evolução do modelo Stage-Gate: do tradicional ao 5.0

Aspecto	Stage-Gate tradicional	Stage-Gate 5.0
Fluxo de estágios	Estágios lineares e sequenciais. As equipes avançam de uma fase à outra seguindo passos predefinidos, com poucas revisões ao longo do processo.	Estágios flexíveis e interligados. As fronteiras entre as etapas são mais fluidas, permitindo revisões constantes à medida que novos dados e feedbacks surgem, reduzindo o tempo de resposta a mudanças.
Portas de decisão	Portas de decisão estáticas. As decisões ocorriam em momentos fixos, pautadas por checklists e reuniões pontuais.	Portas de decisão adaptativas com IA. Análises em tempo real permitem decisões dinâmicas. Algoritmos identificam riscos e oportunidades, ajustando automaticamente os pontos de checagem.

(continua)

Aspecto	Stage-Gate tradicional	Stage-Gate 5.0
Geração de ideias	Ideação limitada ao conhecimento interno. A busca por soluções era restrita às equipes internas, o que limitava a diversidade de perspectivas.	Ideação colaborativa com IA e dados externos. Ampliação das fontes de inovação com contribuições de startups, universidades, clientes e dados abertos, favorecendo a cocriação.
Prototipagem	Prototipagem tardia. Modelos e testes eram feitos apenas nas fases finais, elevando os custos e o tempo de desenvolvimento.	Prototipagem contínua com gêmeos digitais. A simulação virtual de produtos e processos desde as etapas iniciais permite ajustes rápidos, redução de riscos e ciclos de melhoria mais ágeis.
Avaliação de projetos	Avaliações pontuais. A empresa realizava poucas checagens formais, com baixa visibilidade contínua do progresso.	Avaliações contínuas em tempo real. O monitoramento constante por meio de dashboards inteligentes permite intervenções ágeis sempre que surgem desvios ou oportunidades.
Modelo de inovação	Foco em inovação interna e fechada. A organização centralizava os esforços, o que limitava o potencial disruptivo das soluções.	Ecossistemas, inovação aberta e parcerias. A inovação ocorre em rede, com colaboração entre diferentes atores que compartilham expertises e aceleram resultados.

No modelo tradicional, o desenvolvimento de um protótipo ou a validação de mercado podia levar meses ou até anos. Hoje, tecnologias como gêmeos digitais permitem simulações e prototipagens ágeis, reduzindo prazos e custos. Além disso, plataformas de colaboração e dados externos ampliam consideravelmente as fontes de inovação, conectando equipes multidisciplinares e parceiros em todo o mundo.

Para ilustrar a adoção do Stage-Gate 5.0, vamos imaginar uma instituição financeira que deseja desenvolver soluções de IA para aprimorar suas operações e ganhar competitividade. No início (Gate 0), a equipe de inovação identifica a oportunidade de criar uma plataforma de crédito inteligente, usando IA para analisar dados de clientes em tempo real. Hackathons internos e parcerias com startups especializadas em análise de dados rendem os primeiros insights, e a viabilidade do projeto é avaliada sob uma óptica estratégica. Em seguida (Gate 1), a equipe realiza o estudo de viabilidade financeira e regulatória, com simulações de riscos e oportunidades apoiadas por IA. Aprovado o projeto, passa-se ao desenvolvimento inicial (Gate 2), em que um gêmeo digital do sistema de análise de crédito permite testar algoritmos em cenários virtuais. Painéis de controle em tempo real sinalizam qualquer desvio, acionando ajustes imediatos no protótipo. Com os algoritmos calibrados, inicia-se a fase-piloto (Gate 3) junto a um grupo específico de clientes, coletando indicadores de desempenho para avaliar a eficácia do modelo. Se os resultados forem positivos, o próximo passo (Gate 4) é lançar a plataforma gradativamente, possivelmente com fintechs ou empresas de dados que agreguem valor ao produto financeiro. Durante todo o processo, a IA monitora o mercado e sugere melhorias contínuas, em sintonia com a estratégia estabelecida pela liderança. Após a implementação, entra em cena o monitoramento pós-lançamento (Pós-Gate), em que dashboards preditivos indicam ajustes e oportunidades de personalização em tempo real, reforçando a proposta de valor e a evolução constante da solução de crédito inteligente.

Casos como este mostram que o Stage-Gate 5.0 oferece uma valiosa ferramenta para conselheiros de administração e executivos. Com plataformas digitais, dashboards de indicadores em tempo real e pontos de controle mais frequentes, é possível acompanhar simultaneamente diversos projetos de IA, desde melhorias incrementais de curto prazo até iniciativas de disrupção de longo alcance.

- *Transparência e risco*: a consolidação de dados em um único ambiente possibilita identificar riscos emergentes com antecedência, algo fundamental em setores muito regulados ou suscetíveis a transformações tecnológicas abruptas.

- *Alinhamento estratégico*: a cada *gate*, não só a viabilidade financeira é avaliada, mas também a aderência do projeto aos princípios ESG e aos objetivos estratégicos da empresa. Isso garante decisões mais sólidas e alinhadas a valores sustentáveis.
- *Equilíbrio entre inovações*: ao olhar para o portfólio de IA como um todo, o conselho pode distribuir recursos entre projetos incrementais de curto prazo e iniciativas mais arriscadas, mas com potencial de revolucionar o setor. O Stage-Gate 5.0 ajuda a equilibrar o pipeline, evitando tanto a escassez de recursos quanto a dispersão excessiva em múltiplas frentes.

Para conselheiros e executivos, o Stage-Gate 5.0 representa uma evolução estratégica na governança de projetos de IA, ao combinar uma estrutura organizada com a capacidade de adaptação. Em vez de funcionar como um modelo rígido, ele se torna um sistema operacional dinâmico que se ajusta em tempo real à medida que surgem novos dados, tecnologias e parcerias. Com ferramentas de IA cada vez mais avançadas, metodologias ágeis e a colaboração com startups e ecossistemas, o Stage-Gate 5.0 proporciona uma gestão mais veloz, precisa e contínua do pipeline de IA. Para o conselho de administração, isso significa maior capacidade de monitorar múltiplas iniciativas de forma estratégica, reduzindo riscos e gerando valor sustentável em um ambiente de rápidas transformações.

A seguir, no Box 4.4, vou apresentar um guia de utilização do Stage-Gate 5.0 em projetos de inteligência artificial, bem como seus fatores-chave de sucesso.

Após estruturar um processo decisório contínuo e ágil para cada projeto, é essencial avaliar o nível de maturidade tecnológica das iniciativas de IA. Nesse ponto, entra em cena o modelo Technology Readiness Levels (TRL), que permitirá mapear e conduzir cada projeto com ainda mais precisão.

Box 4.4 Passos para a utilização do Stage-Gate 5.0 em projetos de IA

STAGE-GATE 5.0 PARA AGENTES DE IA

Guia prático para executivos e conselheiros de administração

GATES DE DESENVOLVIMENTO

⓪ Gate 0 – Identificação da oportunidade

Definir problema de negócio que o agente resolverá, especificar casos de uso, identificar stakeholders impactados e validar alinhamento estratégico com objetivos organizacionais.

❶ Gate 1 – Estudo de viabilidade

Avaliar viabilidade técnica (dados, algoritmos, infraestrutura), econômica (retorno sobre investimento, recursos), regulatória (compliance, riscos legais) e identificar parceiros para inovação aberta. Business case detalhado.

❷ Gate 2 – Desenvolvimento inicial

Desenvolver arquitetura do agente, implementar algoritmos core, criar protótipo funcional com gêmeos digitais e estabelecer métricas de performance.

❸ Gate 3 – Fase-piloto

Testar agente com grupo restrito de usuários, coletar dados de performance real, validar hipóteses de negócio e ajustar algoritmos baseado em feedback.

❹ Gate 4 – Lançamento gradual

Implementar escalonamento controlado, expandir base de usuários progressivamente, monitorar métricas de avaliação de negócio e técnicos, preparar planos de contingência.

⊕ Pós-Gate – Monitoramento contínuo

Operar dashboards preditivos, realizar retreinamento de modelos, implementar melhorias baseadas em dados, garantir compliance contínuo e evoluir capacidades.

FATORES CRÍTICOS DE SUCESSO

Gate-Keepers experientes

Comitê multidisciplinar com expertise em IA, regulamentação, negócios e ética. Experiência prévia em projetos similares é fundamental.

Qualidade dos dados

Datasets representativos, limpos e atualizados. Governança de dados robusta e pipeline de coleta/processamento bem estruturado.

Compliance antecipado

Análise regulatória desde Gate 0. Documentação de decisões, transparência algorítmica e mecanismos de auditoria contínua.

Viabilidade econômica

Modelo de negócio claro, custos de desenvolvimento e operação mapeados, projeção de retorno sobre investimento realista.

Termômetro da prontidão: Technology Readiness Levels adaptado à IA

O Technology Readiness Levels (TRL) é um modelo de avaliação de maturidade tecnológica criado pela NASA, notadamente a partir dos estudos de John C. Mankins.[6] Conforme a Figura 4.6, o TRL trata-se de uma escala de nove níveis, descrevendo a evolução de uma tecnologia desde as pesquisas mais básicas (TRL 1) até a validação em ambiente operacional (TRL 9). Embora desenvolvido inicialmente para fins aeroespaciais, o TRL foi amplamente adotado em diversos setores industriais, pois confere clareza e comparabilidade à gestão de projetos, incluindo aqueles centrados em IA.

Figura 4.6 Níveis de prontidão tecnológica (TRL)

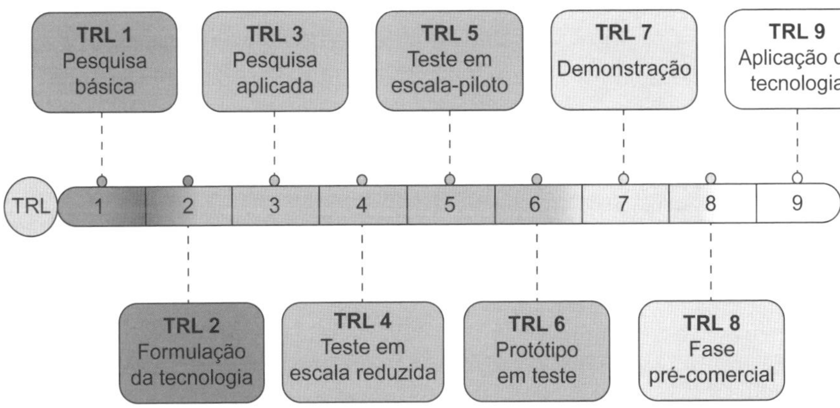

Fonte: adaptada de Mankins (1995).[6]

No cenário atual, o TRL torna-se ainda mais relevante. Executivos e conselheiros podem utilizar a escala para avaliar a prontidão de uma tecnologia e mensurar o risco tecnológico de cada projeto, uma vez que iniciativas nos TRLs 1 a 3 envolvem maior incerteza e exigem pesquisas mais científicas, enquanto projetos em TRLs mais avançados (8 ou 9) estão próximos da aplicação comercial, ainda que possam enfrentar desafios relacionados a escalabilidade, regulação ou modelo de negócio. A partir dessas informações, torna-se possível construir um portfólio diversificado, alocando recursos tanto em apostas de longo prazo quanto em oportunidades de retorno mais rápido.

Imagine o exemplo hipotético de uma grande rede de lojas de roupas que pretende aplicar IA para aprimorar a experiência do cliente e otimizar processos. A empresa desenvolve três iniciativas principais, cada uma em diferentes estágios de maturidade tecnológica: um sistema de recomendação de produtos (TRL 3), ainda em fase de pesquisa e precisando de testes iniciais para comprovar sua eficácia; uma ferramenta de previsão de estoque (TRL 6), validada em ambientes de teste e, agora, em implementação-piloto em algumas filiais para reduzir rupturas de produtos; e um assistente virtual de atendimento (TRL 8), já testado em canais digitais, com bom desempenho, pronto para expansão em toda a rede. Ao observar esses níveis de TRL, a varejista identifica onde há maior incerteza (o sistema de recomendação), onde existem validações intermediárias (a previsão de estoque) e onde a aplicação comercial está praticamente pronta (o assistente virtual). Esse panorama torna mais fácil definir a alocação de orçamentos, equipes e prazos, equilibrando iniciativas de maior risco e incerteza com outras de resultados mais imediatos.

Para tornar o uso do TRL ainda mais eficiente, ele pode ser combinado a metodologias como o Stage-Gate. Assim como cada *gate* requer que determinadas comprovações sejam apresentadas antes que um projeto avance, a informação sobre o TRL a ser alcançado em cada etapa define precisamente o que deve ser validado tecnologicamente para seguir recebendo aportes. Esse alinhamento embasa decisões mais objetivas sobre protótipos, testes em campo e outras evidências concretas de viabilidade.

O TRL também ajuda a estruturar a estratégia de IA na organização, apoiando na definição de metas de desenvolvimento tecnológico, identificando gargalos de pesquisa e estimulando parcerias com universidades, startups ou outros atores do ecossistema de inovação. A cada ponto de verificação, é possível verificar se cada projeto avança conforme o cronograma e, em caso de imprevistos, ajustar rapidamente o planejamento ou realocar recursos.

Por fim, vale lembrar que o TRL, isoladamente, não considera aspectos como viabilidade comercial, regulações específicas ou questões financeiras. Chegar ao TRL 9 significa estar tecnicamente pronto, mas não garante sucesso de mercado. Além disso, existe certa subjetividade na classificação de um projeto como TRL 4 ou 5, por exemplo, dependendo da interpretação dos avaliadores. Ainda assim, quando aliado a análises de mercado, estudos financeiros e metodologias estruturadas, o TRL cumpre muito bem o papel de guiar executivos e conselheiros na gestão progressiva de projetos de IA. Dessa maneira, cada organização pode distribuir melhor o orçamento, evitar comparações injustas entre projetos em diferentes níveis de maturidade e tomar decisões mais seguras com foco na geração de valor e competitividade de longo prazo.

O Box 4.5, a seguir, apresenta um guia prático para executivos e conselheiros de administração avaliarem sistematicamente o nível de prontidão tecnológica em projetos de inteligência artificial, bem como os fatores-chave de sucesso para sua implementação efetiva.

Dependendo do nível de prontidão tecnológica de cada projeto torna-se essencial a adoção do modelo de inovação (*open innovation*), avaliando quando faz mais sentido desenvolver soluções internamente ou recorrer a parcerias externas – tema que será explorado na próxima ferramenta de orquestração de porftólio de IA.

Box 4.5 Seis passos para avaliação da prontidão tecnológica em projetos de IA

AVALIAÇÃO DO TRL PARA PROJETOS DE IA

Guia prático para executivos e conselheiros de administração

ESCALA DE PRONTIDÃO TECNOLÓGICA (TRL 1-9)

TRL 1-3	TRL 4-6	TRL 7-9
Pesquisa básica	Desenvolvimento	Aplicação

PASSOS PARA AVALIAÇÃO TRL EM PROJETOS DE IA

❶ Mapeamento do portfólio

Identifique todos os projetos de IA em andamento e classifique cada um conforme o TRL atual (1-9). Documente evidências técnicas disponíveis.

❷ Avaliação de risco

TRL 1-3: alto risco, pesquisa científica
TRL 4-6: risco médio, validação técnica
TRL 7-9: baixo risco tecnológico, pronto para mercado

❸ Balanceamento do portfólio

Distribua investimentos: 20-30% em TRL baixo (longo prazo), 40-50% em TRL médio (desenvolvimento), 20-30% em TRL alto (retorno rápido).

❹ Definição de *gates*

Estabeleça critérios objetivos para cada TRL. Combine com metodologia Stage-Gate para aprovação de avanços e alocação de recursos.

❺ Monitoramento contínuo

Revisite classificações trimestralmente. Avalie progressos, identifique gargalos e reajuste cronogramas conforme necessário.

❻ Estratégia de parcerias

Para TRL 1-3: parcerias com universidades
TRL 4-6: startups e fornecedores
TRL 7-9: parceiros de implementação e escala

FATORES-CHAVE DE SUCESSO

Governança estruturada

Comitê executivo com revisões periódicas e critérios objetivos de avaliação

Equipes multidisciplinares

Times com expertise técnica, de negócio e conhecimento do mercado

Métricas claras

KPIs técnicos e de negócio definidos para cada nível TRL

Recursos adequados

Orçamento, infraestrutura e talentos alinhados ao nível de maturidade

Gestão de expectativas

Comunicação clara sobre prazos e incertezas de cada TRL

Ecossistema de inovação

Network ativo com universidades, startups e parceiros tecnológicos

Fronteiras flexíveis: inovação aberta torna-se fundamental para IA

A busca por soluções mais ágeis e abrangentes vem tornando as fronteiras organizacionais mais porosas, frequentemente levando à adoção de modelos de inovação aberta, como propôs Henry Chesbrough.[7] Essa abordagem reconhece que o conhecimento necessário para avançar em projetos de inovação, como no caso de desenvolvimento de agentes de IA, não se restringe ao P&D interno, mas pode vir de startups, universidades, fornecedores e até concorrentes.

Cada vez mais, a inovação aberta concretiza-se em ecossistemas que reúnem empresas, centros de pesquisa, investidores, órgãos governamentais e comunidades de desenvolvedores. A capacidade de inovar passa a depender do posicionamento estratégico da organização nesses ecossistemas: quanto mais forte a rede de relacionamentos, maior o acesso a tecnologias emergentes de IA e a talentos multidisciplinares. Além disso, parcerias sólidas podem acelerar resultados e distribuir riscos entre os envolvidos.

Outro fator crucial é a capacidade absortiva da empresa, isto é, a habilidade de identificar, assimilar e aplicar conhecimento externo em seus projetos de IA. Em ecossistemas bem estruturados, circulam ideias que podem se transformar em produtos ou serviços disruptivos. No entanto, o aproveitamento dessas oportunidades depende da competência para capturar esse conhecimento e incorporá-lo de maneira eficaz à estratégia corporativa. Assim, não basta apenas firmar parcerias; é preciso desenvolver internamente as capacidades que convertam a inovação aberta em vantagens competitivas sustentáveis. A grande questão para conselhos e executivos é equilibrar a abertura e o fechamento dos processos de desenvolvimento de P&D e projetos de inovação, protegendo as competências essenciais da organização enquanto se exploram fontes externas de conhecimento.

Para facilitar essa escolha, pode-se recorrer a uma matriz que cruza o nível de conhecimento interno (eixo Y) com o nível de conhecimento externo (eixo X). Conforme ilustrado na Figura 4.7, essa matriz auxilia na definição de estratégias de gestão de projetos de IA: quando a companhia domina completamente o tema de um determinado projeto, tende a desenvolver as soluções internamente; se o conhecimento externo é mais avançado, parcerias ou aquisições tornam-se opções mais atraentes; e, em cenários intermediários, surgem modelos híbridos que combinam esforços internos com alianças estratégicas. Dessa forma, a matriz orienta a governança e a decisão sobre investir em P&D próprio, buscar colaborações ou adquirir tecnologias externas.

Figura 4.7 Inovação aberta torna-se fundamental para IA

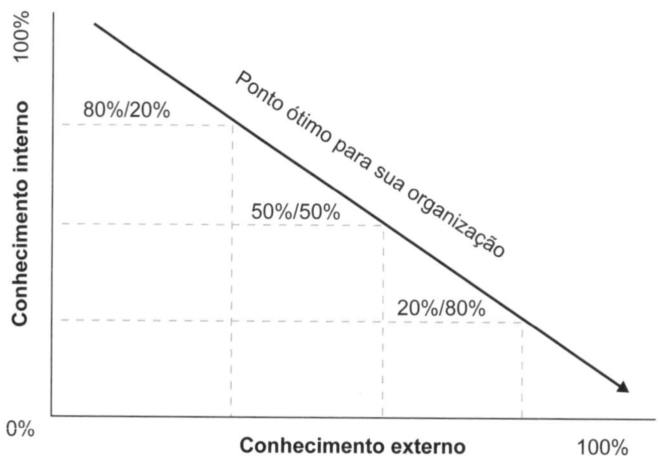

Fonte: adaptada de Chesbrough (2003).[7]

Historicamente, muitas empresas mantiveram laboratórios fechados, apostando na inovação interna. Porém, com a aceleração trazida pela IA, abrir-se a parcerias tornou-se, em muitos casos, essencial para acompanhar o mercado. Ainda assim, é importante lembrar que "inovação fechada" e "inovação aberta" não são termos antagônicos, mas pontos de um espectro contínuo. A decisão sobre maior ou menor abertura dependerá da importância estratégica do projeto, do grau de maturidade tecnológica interna, do nível de sigilo requerido e das possibilidades de acelerar resultados por meio de alianças.

Um exemplo prático é o do Tribunal de Justiça do Estado do Rio Grande do Sul (TJRS) que decidiu criar um agente de IA para auxiliar na geração de minutas de decisões judiciais. Em princípio, o projeto poderia ser desenvolvido internamente, mas a instituição optou pela colaboração com uma grande empresa de tecnologia (Amazon Web Services) e uma startup (jAI), formando um pool de expertises. Como resultado, o agente de IA, denominado "GAIA Minuta" foi criado em tempo recorde, com qualidade superior ao que seria obtido caso o TJRS tivesse desenvolvido somente com seus recursos internos. Esse é um exemplo prático de inovação aberta: ao integrar competências externas com as internas, o tribunal ganhou agilidade no desenvolvimento e garantiu uma solução tecnológica robusta, alinhada às demandas cada vez mais complexas do universo de IA.

Cabe ao conselho de administração e à alta liderança orientar sobre as estratégias de inovação aberta desejadas e monitorar constantemente as mudanças no mercado. Para isso, são estabelecidos processos de governança que protegem ativos estratégicos, definem acordos de parceria e criam mecanismos de aprovação para joint ventures ou aquisições, garantindo alinhamento com os objetivos de longo prazo.

Outro caso emblemático é o programa *Connect + Develop* da Procter & Gamble (P&G), em que a empresa busca soluções externas, estabelecendo parcerias que reduzem custos e riscos de P&D, além de acelerar a resposta ao mercado.[8] Muitas organizações seguem estratégias híbridas, mantendo equipes internas para projetos de IA considerados centrais e, ao mesmo tempo, investindo em *corporate venture* ou incubadoras para acessar tecnologias e soluções promissoras.

Por outro lado, esse modelo de abertura também cria novos riscos, como a exposição de informações estratégicas, a gestão de propriedade intelectual compartilhada e a complexidade de coordenar múltiplos stakeholders. Por isso, o conselho de administração precisa orientar políticas de proteção de ativos e processos de validação claros, buscando não apenas resultados de curto prazo, mas também o fortalecimento da posição futura da organização diante dos avanços tecnológicos.

A decisão entre desenvolver IA de modo fechado ou aberto é, portanto, um elemento-chave para a competitividade. Quanto mais rapidamente a empresa ajustar esse parâmetro, alinhando-o às oportunidades e ameaças, maior será sua capacidade de colher benefícios e adaptar-se às exigências do mercado.

A seguir apresento um guia prático para executivos e conselheiros de administração definirem estrategicamente quando adotar inovação aberta ou fechada em projetos de inteligência artificial, bem como os fatores-chave de sucesso para sua implementação efetiva.

Box 4.6 Seis passos para utilizar Inovação aberta ou fechada em projetos de IA

Inovação aberta *vs.* fechada para projetos de IA

Guia prático para executivos e conselheiros de administração

❶ PASSOS PARA AVALIAÇÃO ESTRATÉGICA

❶ Mapeamento de competências
Avalie o nível de conhecimento interno *vs.* externo disponível para o projeto de IA específico.

❷ Análise de criticidade
Defina a importância estratégica do projeto e o nível de sigilo requerido.

❸ Avaliação de urgência
Determine os prazos necessários e se parcerias podem acelerar os resultados.

❹ Capacidade absortiva
Verifique a habilidade interna de assimilar e aplicar conhecimento externo.

❺ Análise de riscos
Balanceie exposição de informações estratégicas *vs.* benefícios da colaboração.

❻ Definição da estratégia
Escolha o grau de abertura baseado na matriz conhecimento interno *vs.* externo.

(continua)

❷ MATRIZ DE CONHECIMENTO PARA TOMADA DE DECISÃO

Baseado no cruzamento: conhecimento interno (eixo Y) x conhecimento externo (eixo X)

Inovação fechada	Inovação híbrida	Inovação aberta
Cenário: alto conhecimento interno, baixo externo **Estratégia:** desenvolvimento interno com P&D próprio **Vantagem:** controle total e proteção de IP	**Cenário:** conhecimentos equilibrados **Estratégia:** combinação de esforços internos e parcerias seletivas **Vantagem:** flexibilidade e distribuição de riscos	**Cenário:** baixo conhecimento interno, alto externo **Estratégia:** parcerias, aquisições ou licenciamento **Vantagem:** acesso rápido a tecnologias avançadas

❸ FATORES-CHAVE DE SUCESSO

Gestão de ecossistemas

Construir e manter redes sólidas de relacionamento com parceiros estratégicos

- Mapear e cultivar parcerias com universidades e startups
- Participar ativamente de comunidades de IA
- Estabelecer canais formais de colaboração

Proteção de propriedade intelectual

Equilibrar abertura com proteção de ativos estratégicos e informações sensíveis

- Implementar acordos de confidencialidade robustos
- Definir claramente propriedade de desenvolvimentos conjuntos
- Criar processos de aprovação para compartilhamento

Capacidade absortiva organizacional

Desenvolver habilidades internas para identificar, assimilar e aplicar conhecimento externo

- Investir em capacitação contínua das equipes
- Criar estruturas para transferência de conhecimento
- Estabelecer processos de avaliação tecnológica

Cultura de inovação

Promover ambiente organizacional que estimule experimentação e colaboração

- Incentivar experimentação e tolerância ao erro
- Reconhecer e recompensar iniciativas inovadoras
- Facilitar colaboração entre áreas internas e externas

Após definir o grau de abertura e colaboração no processo de P&D, o passo seguinte é equilibrar as competências tecnológicas essenciais para os projetos de IA. Nesse contexto, a matriz *Make, Buy or Ally* (MBA) serve como guia estratégico para apoiar essa tomada de decisão.

Arquitetura de competências: matriz MBA no desenvolvimento de IA

A matriz Make, Buy or Ally (MBA) para decisões de P&D em IA pode ser entendida como uma estrutura que combina duas variáveis centrais: (1) a importância estratégica do projeto para o negócio e (2) a competência interna necessária para conduzi-lo. Com base nessa análise, ela sugere três caminhos básicos para desenvolver projetos de IA: desenvolver internamente (*Make*), contratar externamente (*Buy*) ou cooperar em parceria (*Ally*).

Conforme mostra a Figura 4.8, o eixo vertical representa a importância estratégica do projeto para o negócio (baixa, média ou alta). Já o eixo horizontal avalia o grau de competência interna (também em baixa, média ou alta). A partir desse posicionamento, é possível tomar decisões mais claras e coerentes com a capacidade organizacional:

- *Desenvolver internamente* (*Make*): quando a competência interna é alta e a importância estratégica do projeto também é fundamental, faz sentido a empresa manter o controle total, pois o desenvolvimento afeta o *core business* e pode gerar diferenciais competitivos que devem permanecer sob domínio interno.
- *Subcontratar* (*Buy*): quando a importância estratégica do projeto de IA é mais baixa e a empresa não tem (nem planeja adquirir) as competências necessárias, recorrer à contratação externa é mais rápido e menos oneroso, permitindo concentrar esforços em áreas realmente prioritárias.
- *Colaborar* (*Ally*): quando a inovação em IA tem relevância e elevado impacto para a organização, mas a empresa ainda não domina plenamente as competências necessárias, a cooperação (via joint ventures, consórcios de P&D, parcerias com startups ou centros de pesquisa) pode acelerar o aprendizado e diluir riscos e investimentos.

Figura 4.8 Matriz MBA no desenvolvimento de IA

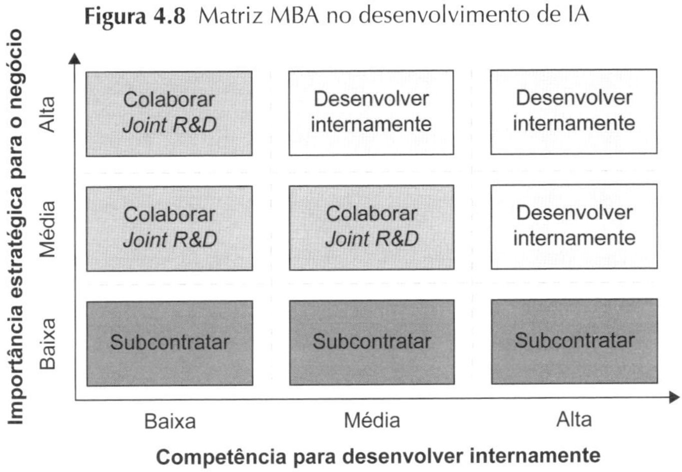

Fonte: adaptada de Child, Faulkner e Tallman (2005).[9]

Essas diretrizes alinham-se às propostas de inovação aberta de Henry Chesbrough e às reflexões dos pesquisadores John Child, David Faulkner e Stephen Tallman sobre construção de capacidades de inovação, descritas em seu livro *Cooperative Strategy*.[9] A matriz MBA não é definitiva ou universal, pois depende de inúmeras variáveis que se transformam na medida em que o mercado e a tecnologia evoluem. Assim, a cada novo projeto de IA, a empresa deve reavaliar essa matriz, considerando também custos de transação, como a possibilidade de comportamentos oportunistas e de níveis de incerteza no mercado.

Os conceitos de custos de transação, de Oliver Williamson, oferecem uma lente útil para a análise, indicando quando a internalização de uma certa atividade ou projeto faz sentido para evitar dependências e riscos e quando subcontratar ou colaborar pode reduzir custos e agilizar o *time-to-market*.[10] Em projetos de IA com alto grau de especificidade (*know-how* único, processos patenteáveis), a tendência é manter o desenvolvimento dentro de casa. Contudo, quando as soluções são facilmente acessíveis e consolidadas no mercado, a escolha *Buy* pode trazer velocidade e economia.

É relevante destacar, ainda, o papel intermediário do *Ally*. Especialmente em projetos que envolvam alta incerteza ou demandem competências complementares, a aliança estratégica mostra-se uma alternativa mais eficaz. Um exemplo marcante foi a parceria entre Pfizer e BioNTech no desenvolvimento de vacinas de mRNA, combinando a experiência da Pfizer em testes clínicos e fabricação em larga escala com a expertise de mRNA da BioNTech. Do ponto de vista da matriz MBA, a altíssima relevância estratégica, somada ao domínio tecnológico ainda inexplorado pelas grandes farmacêuticas, justificou plenamente essa cooperação.

Para executivos e conselheiros, esses casos ilustrativos reforçam a importância de avaliar não apenas as definições de cada eixo, mas também aspectos como riscos de dependência, governança de recursos compartilhados e gestão de propriedade intelectual. Em seu livro Managing Innovation, Joe Tidd e John Bessant lembram que gerir a inovação em um contexto de alta complexidade tecnológica requer, além de fazer ou comprar, a capacidade de coordenar relacionamentos com parceiros multidisciplinares.[11]

Em suma, a matriz MBA ajuda executivos e conselheiros a ponderar a importância de cada projeto de IA e a efetiva capacidade interna para desenvolvê-lo, mas ela só se torna verdadeiramente útil quando há uma análise contínua das condições de mercado e dos custos de transação envolvidos. Casos como o da Pfizer/BioNTech demonstram como o *Ally* pode ser mais que um arranjo intermediário, tornando-se um poderoso acelerador de inovação e competitividade. Diante de um ambiente em rápida transformação, é fundamental reexaminar periodicamente a matriz, assegurando que a empresa equilibre, de forma ágil, as vantagens de produzir internamente, comprar externamente ou estabelecer parcerias para seus projetos de IA.

O Box 4.7 apresenta um guia prático para executivos e conselheiros de administração aplicarem a matriz MBA em projetos de inteligência artificial, definindo estrategicamente quando desenvolver soluções internamente, adquirir tecnologias de terceiros ou estabelecer parcerias colaborativas. Ele também inclui os fatores-chave de sucesso para sua implementação efetiva.

Box 4.7 Seis passos para a aplicação eficaz da matriz MBA em projetos de IA

MATRIZ MBA PARA PROJETOS DE IA

Guia prático para executivos e conselheiros de administração

PASSOS PARA APLICAÇÃO DA MATRIZ

❶ Avalie a importância estratégica

- Impacto no core business
- Potencial de diferenciação competitiva
- Alinhamento com estratégia corporativa
- Urgência de implementação

❷ Mapeie as competências internas

- Conhecimento técnico em IA
- Capacidade de dados e infraestrutura
- Experiência em projetos similares
- Recursos humanos especializados

❸ Posicione na matriz

- Classifique cada eixo (Baixo/Médio/Alto)
- Identifique o quadrante correspondente
- Considere a estratégia recomendada
- Valide com stakeholders-chave

❹ Analise custos de transação

- Especificidade dos ativos
- Incerteza do projeto
- Frequência das transações
- Riscos de dependência externa

❺ Defina governança

- Estrutura de tomada de decisão
- Gestão de propriedade intelectual
- Métricas de acompanhamento
- Planos de contingência

❻ Execute e monitore

- Implemente a estratégia escolhida
- Monitore indicadores-chave
- Reavalie periodicamente
- Ajuste conforme necessário

FATORES-CHAVE DE SUCESSO

Agilidade decisória

Processos rápidos de avaliação e aprovação para capturar oportunidades em mercados dinâmicos

Análise contínua

Reavaliação periódica da matriz conforme evolução tecnológica e mudanças de mercado

Gestão de parcerias

Capacidade de estabelecer e gerenciar alianças estratégicas eficazes

Métricas claras

KPIs específicos para cada estratégia escolhida e acompanhamento rigoroso

Gestão de riscos

Identificação proativa de riscos e planos de mitigação estruturados

Capacitação interna

Desenvolvimento contínuo de competências internas em IA e gestão de inovação

Orquestrando o futuro da IA

No atual superciclo de inovação, as empresas são constantemente desafiadas a entregar resultados imediatos e, ao mesmo tempo, estruturar vantagens competitivas de longo prazo. Assim, conselheiros e executivos de alto nível tornam-se protagonistas na orquestração do portfólio de projetos de IA, garantindo a coerência de todas as iniciativas com os objetivos estratégicos e a preparação para as oportunidades futuras.

Com esse propósito, apresentei neste capítulo um conjunto de sete estratégias que, de forma integrada, permite analisar, priorizar e orquestrar o pipeline de projetos estratégicos de IA. Algumas, como o roadmap de IA, ajudam a construir uma perspectiva clara de médio e longo prazo; outras destacam a importância de focar nos projetos de maior retorno, a exemplo do princípio de Pareto (20:80); há, ainda, modelos para equilibrar recursos entre o presente e o futuro, como a matriz 70:20:10. Nesse cenário, o Stage-Gate 5.0 moderniza a gestão de projetos ao incorporar maior agilidade e flexibilidade, enquanto o Technology Readiness Levels (TRL) opera como termômetro de maturidade tecnológica, viabilizando decisões mais objetivas para projetos em diferentes estágios.

O processo decisório sobre como desenvolver os projetos de P&D em IA passa também pela escolha entre modelos de inovação mais fechados ou mais abertos, o que demanda uma visão ampla por parte de conselheiros e executivos. Em algumas ocasiões, o desenvolvimento interno é a via mais segura; em outras, vale a pena abrir caminho para parcerias, sejam startups, universidades ou outras organizações. Aqui, a matriz Make, Buy or Ally (MBA) oferece um direcionamento sobre quando é conveniente desenvolver competências internamente, quando adquirir soluções existentes e quando formar alianças para compartilhar riscos e acelerar resultados.

Na essência, essas ferramentas servem de base para uma governança mais robusta do portfólio de IA, permitindo que empresas equilibrem a eficiência operacional do presente com a capacidade de reinventar-se no futuro. Ao distribuir recursos entre diversos horizontes temporais, avaliar adequadamente a maturidade das soluções e escolher conscientemente o grau de abertura dos projetos, conselheiros e C-levels tornam seus portfólios mais resilientes, prontos para prosperar em ambientes voláteis e repletos de oportunidades. Assim, a organização não só se adapta às novas exigências tecnológicas, mas faz da IA o eixo central de sua estratégia de crescimento e competitividade.

5

Da obsolescência à oportunidade: a urgência da IA no Brasil

O avanço da IA e, especialmente, da IA generativa, acelerou a urgência da discussão sobre a defasagem tecnológica que paira em boa parte das organizações. Softwares criados há mais de dez anos, "fora de linha" e já sem suporte por parte do fornecedor, que acumulavam poeira e eram relegados a receber remendos pela área de TI, "de uma hora para outra", tornaram-se um dos grandes desafios empresariais. Em alguns casos, adotados no século passado, esses sistemas ainda apoiam a gestão de negócios globalmente, inclusive de grandes corporações.

Embora operem no dia a dia da empresa, tais sistemas reúnem tudo que uma organização não deseja de um profissional: são desatualizados, resistem à adoção de novas tecnologias, não interagem bem com a IA e com o *cloud computing*, além de precisarem de revisões periódicas para cumprirem suas tarefas apenas de forma mediana. Esse cenário está presente em metrópoles como Nova York, Londres e na Avenida Paulista: 70% dos softwares utilizados pelas empresas listadas na Fortune 500 foram desenvolvidos há vinte anos ou mais.

Diante dessa realidade, impõe-se um forte questionamento aos gestores e executivos: como a empresa pretende avançar em IA se permanece dependente de uma infraestrutura *on premise* e de sistemas obsoletos? Discutir IA implica abordar o núcleo digital (*digital core*) das organizações, o qual não se limita a um único elemento. Conforme a Figura 5.1, ele congrega a adoção de *cloud computing* (a tecnologia habilitadora), a ciência de dados (o insumo crítico), os sistemas de IA propriamente ditos e, fundamentalmente, especialistas em IA, *cloud* e *analytics*, capazes de integrar essas frentes de maneira sinérgica.

Figura 5.1 Núcleo digital de uma organização

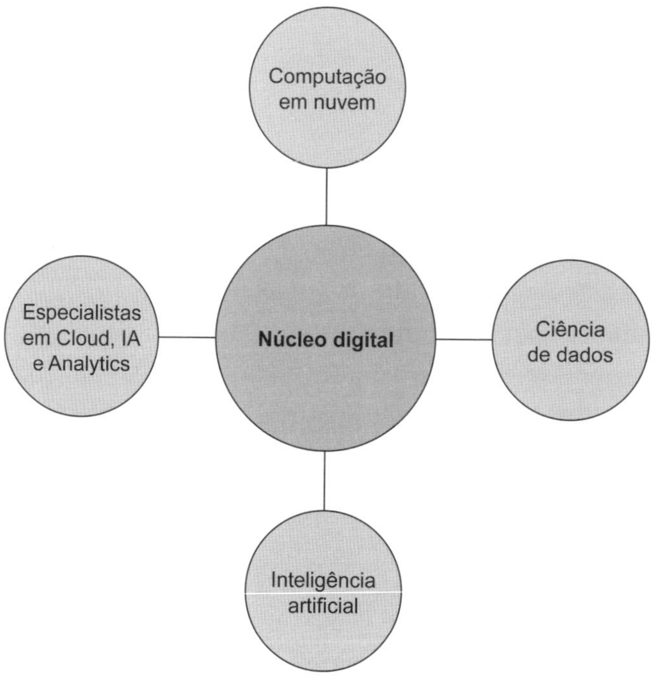

Esse é o ponto crucial: se a base tecnológica de uma companhia permanecer ancorada em plataformas legadas ou ultrapassadas, dificilmente obterá êxito no contexto da IA. Resta saber se as lideranças corporativas irão ignorar esse alerta, mantendo suas operações presas a tecnologias que já se tornaram obsoletas, ou se estarão dispostas a acelerar a modernização do núcleo digital de suas empresas e, assim, desbloquear todo o potencial que a IA pode oferecer.

A insistência de empresários e executivos em manter softwares defasados em operação mostra o quanto o tema foi relegado por diferentes "argumentos" ao longo do tempo. Os mais comuns são os custos financeiros e o tempo necessário para a transição a uma nova arquitetura digital, a adaptação dos colaboradores e a parada operacional necessária para a mudança. O Head de Soluções de Arquitetura da Amazon Web Services (AWS), Luis Liguori, entrevistado para este livro, ressalta que, apesar do atraso, entrar na corrida pela atualização da infraestrutura e dos sistemas ultrapassados e fazê-lo antes de seus concorrentes é a única forma de compensar essa defasagem.

"Jeff Bezos, fundador da Amazon, tem como premissa que não há mais uma vantagem competitiva permanente, nem mesmo contando com o melhor time, o melhor processo e mais recursos. Tudo vai ser copiado. A única ação e recurso que faz diferença é ser ágil. E, hoje, o foco não é mais ter uma gestão *data-driven*, mas uma *AI-driven*", recomenda Liguori.

Em artigo publicado no Quantum Break, especialistas da McKinsey & Company apontam que essa defasagem tem uma classificação específica para o mundo corporativo: *dívida tecnológica*.[1] A análise da companhia para explicar esse passivo surgiu na zona de conforto de líderes empresariais que "têm se contentado em mais ou menos adiar o problema", pois eles se escondem da questão com o seguinte conjunto de justificativas: frequentemente demanda milhões de dólares, demora muito (cinco a sete anos para sua implantação plena), é muito disruptivo, o retorno do investimento não é claro e os sistemas atuais basicamente funcionam.

No entanto, à medida que a tecnologia se infiltra em todos os cantos do negócio e se torna central para a capacidade de uma empresa gerar valor, a modernização dos sistemas de TI deve se tornar uma prioridade do CEO. As oportunidades e os riscos gerados pelos avanços na tecnologia – da IA generativa, à nuvem e à robótica – exigem bases tecnológicas modernas.

A ampla adoção de infraestruturas e softwares defasados revela outro cenário preocupante: operar com sistemas ultrapassados exige boa parte do tempo de trabalho das equipes de TI e dos recursos investidos. Um estudo promovido pela Dell demonstrou, estatisticamente, que uma equipe de TI que tem a tarefa prioritária de manter "vivo" um sistema "quase hospitalizado" é um gasto alto, que deveria ser investimento. A pesquisa identificou que as organizações alocam de 60% a 80% do seu orçamento de TI para manutenção de hardware e aplicativos defasados, o que deixa apenas entre 20% e 40% do orçamento para a parte fundamental e estratégica: pensar as tecnologias que ajudarão a empresa a crescer.[2]

Os estudos sobre esse tema são diversos e atuais – não por acaso, mas por urgência. Consultorias, empresas e analistas têm publicado dezenas de relatórios sobre o tema desde 2023, com mais ênfase. A consultoria Gartner publicou no ITForum que o trabalho de integração de sistemas absorve cerca de 50% dos recursos destinados para projetos de transformação digital nas empresas, sendo o desafio mais complexo relatado pelas áreas de TI.[3] Já o portal Astera publicou os valores que esse mercado movimenta.[4] A atualização de sistemas legados pode movimentar US$ 36,86 bilhões até 2027, o que sinaliza o quanto as empresas investem para permanecer com sistemas defasados. O custo para ficar desatualizado, de acordo com o estudo, é alto e incerto. O portal aponta que três em cada quatro organizações não conseguem modernizar os sistemas legados de forma eficaz.

Para quem resiste em avançar nesse processo de atualização, Marcio Aguiar, diretor da divisão Enterprise da NVIDIA, recomenda apenas olhar para o lado em busca de exemplos positivos. Em entrevista comigo, ele afirmou que o setor de saúde é hoje uma referência, como no uso de cirurgias à distância e, na indústria farmacêutica, no desenvolvimento de novos medicamentos apoiados pela IA. Segundo ele, até o setor público está mais à frente do que muitas empresas: "No judiciário, por exemplo, há sentenças que já têm como base a IA na consolidação da recorrência de uma decisão, por exemplo. Algumas pesquisas indicam que 11% das empresas globais se consideram *data driven,* e no Brasil entendo que esse número ainda é menor".

A determinação de altos executivos de seguir com infraestrutura defasada e, ao mesmo tempo, tentar conectar novas tecnologias ao passado pode ser fruto de uma espécie de miopia estratégica. Para muitos empresários, a tecnologia não faz parte do *core business*. É um setor da empresa que fala outro idioma e que tem como tarefa resolver problemas de conexão da internet, panes e sistemas que não conversam entre departamentos. A TI teria como função atuar como corpo de bombeiros: apagar incêndios. No entanto, ela deveria ser incluída na empresa em reuniões gerenciais e de planejamento. O momento atual deve recolocar o setor em sua função mais estratégica, como foi quando a internet surgiu e se popularizou – em uma corrida semelhante à atual, quando todas as empresas precisavam estar na rede mundial de computadores.

Nia Batten, consultora especializada no mercado de tecnologia e Head of Cloud and Platforms da consultoria Esynergy,* reuniu a mais ampla e didática análise encontrada sobre o tema. O primeiro alerta de Nia é derrubar a premissa de que se está economizando ao atualizar tecnologias legadas em vez de modernizar a empresa: "Manter a tecnologia legada pode ser tão caro quanto uma atualização digital". De acordo com ela, isso ocorre porque a equipe de TI precisa gastar tempo e dinheiro para manter o software obsoleto funcionando, o que desperdiça horas valiosas da equipe, as quais poderiam ser canalizadas para melhorar produtos, serviços ou sistemas da empresa. "Nenhuma empresa pode adiar indefinidamente a atualização da sua tecnologia:

* Em 2024, o artigo de Nia Batten, *The hidden costs of legacy technology*, foi publicado no SheCanCode, entre outros portais, tornando-se uma referência para o setor e replicado em diferentes estudos.

mais cedo ou mais tarde, o negócio vai fracassar à medida que seus rivais a ultrapassarem", alega Nia.

De acordo com essa análise, o custo de uma infraestrutura tecnológica ultrapassada insere na conta, por exemplo, deixar a empresa mais exposta a ataques de segurança cibernética. Como estratégia, a contabilidade deve subtrair dessa equação o quanto se perde de dados valiosos para uma melhor tomada de decisão e, assim, o impacto na redução da competitividade ante a concorrência.

Evolução do papel dos profissionais de TI nas organizações: de bombeiro a estrategista

Os profissionais de TI assumiram diferentes perfis ao longo do tempo: de "bombeiros", focados apenas em corrigir problemas pontuais (fase reativa), passando por "gestores", mais alinhados ao negócio (fase proativa), até chegarem ao status de "estrategistas de IA", com participação decisiva na transformação digital (fase estratégica). A evolução pode ser observada na Figura 5.2.

Essa transformação nem sempre aconteceu de forma suave. Em muitas empresas, o setor de TI foi demandado mais para fazer "remendos" em sistemas legados do que para liderar a implantação de novas tecnologias, resultando em soluções aquém do ideal. Uma pesquisa da Deloitte*, focada em compreender como CIOs (*Chief Information Officers*) enxergam seu papel e como eles são vistos internamente, reforça, ao mesmo tempo, essa posição secundária dada à TI e a relevância crescente desses profissionais no atual cenário.

* O estudo *Análise executivo de TI: desafios que impactam a carreira e a gestão do líder de tecnologia*, realizado pela Deloitte em 2023 e conduzido por Ronaldo Fragoso, teve como um dos focos entender as dificuldades dos CIOs em destacar a relevância de TI perante a alta administração e a área de negócios.

Figura 5.2 Evolução dos profissionais de TI na estrutura organizacional

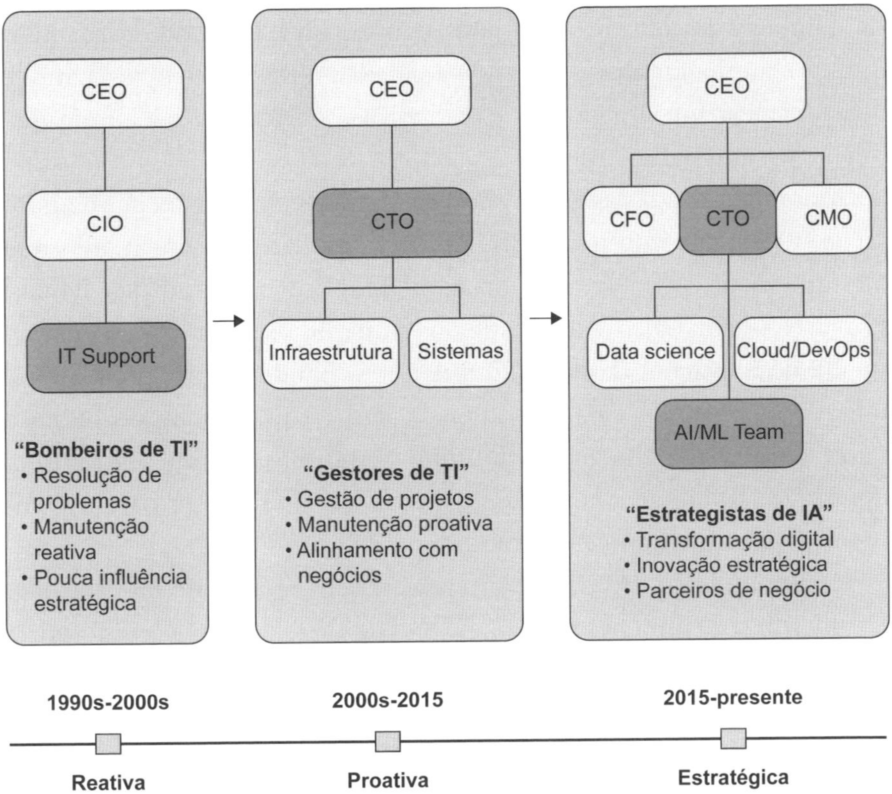

"O estudo deixa claro que há um ponto essencial para o líder de TI: ambidestria", afirma Ronaldo Fragoso, sócio-líder do CIO Program da Deloitte. "Ter uma visão holística sobre o negócio e a equipe, pois, ao ter uma visão geral do mercado e da situação atual de sua empresa, o líder de TI pode atuar de forma mais cirúrgica no negócio".[5]

Hoje, a principal questão para os CIOs é entender as demandas do negócio e quais tecnologias entregar para gerar resultados. Nesse contexto, a TI deixa de ser uma área de suporte para se tornar um centro de resultados, identificando exatamente o que a empresa precisa para se modernizar.

Contudo, o desafio agrava-se quando a empresa investe em novos sistemas sem abandonar ou atualizar os antigos, criando uma "colcha de retalhos" de softwares que não "conversam". Isso pode gerar mais atrasos e aumentar a resistência de gestores a novas tecnologias – afinal, a experiência fica aquém das expectativas, reforçando a ideia de que "não entregou o que prometia".

A popularização da IA ampliou ainda mais essa urgência de adaptação. O lançamento do ChatGPT 3.5, em 2022, foi um marco que alertou executivos sobre a importância de revisar as estratégias digitais. O passivo tecnológico – a falta de investimento ou a priorização inadequada de inovações desde 2020, quando a pandemia acelerou a digitalização – passou a ser cobrado pelos altos escalões. Sob pressão para não ficar atrás da concorrência, muitas empresas travam, agora, uma corrida de 100 metros com obstáculos, alocando recursos para investimentos que, antes, não estavam no topo da lista.

Essa corrida contra o tempo também gera receios no alto escalão. De acordo com uma pesquisa da ADN Digital feita com líderes empresariais nos Estados Unidos, Reino Unido e Holanda, 43% dos CEOs temem que, um dia, possam ser substituídos pela IA. Por outro lado, 45% usam dados e informações provenientes de ferramentas como o ChatGPT para tomar decisões.[6] E há razão para esse temor: pelo menos um quarto dos líderes de algumas das maiores empresas globais prevê a redução de seus quadros de funcionários em decorrência dos avanços da IA. Levantamento da consultoria PwC identificou que a IA já era adotada em um terço das empresas, em 2023, e analisou seus impactos a partir de entrevistas com mais de 4 mil executivos em todo o mundo.[7] Em 2025, por exemplo, a Meta anunciou novas rodadas de demissões para priorizar investimentos em IA, com a possibilidade de substituir parte desses cargos por agentes de IA.[8]

Paralelamente, levantamentos indicam que a adoção de arquiteturas de nuvem – princípio *cloud first* – será essencial para a maior parte das estratégias organizacionais até 2025.[9] No entanto, ainda há uma lacuna:

em uma pesquisa da TQI com cerca de cinquenta executivos, a migração de sistemas legados para a nuvem, considerada fundamental para a eficiência operacional, foi citada como prioridade por apenas 13,1% dos entrevistados, embora seja vista como um dos três maiores desafios (segurança; integração de sistemas e legado; agilidade e velocidade). Em outras palavras, os sistemas legados seguem sendo uma "prioridade não prioritária" na prática.

No cenário ilustrado pela Figura 5.2, em que o profissional de TI evolui de "bombeiro" para "gestor" e, finalmente, para "estrategista de IA", fica claro que a área de TI precisa equilibrar a manutenção do parque tecnológico existente com a implementação de inovações disruptivas. Essa "ambidestria" exige uma visão integral do negócio e a capacidade de traduzir tecnologias emergentes em resultados reais, contribuindo diretamente para a transformação digital e a competitividade da empresa.

Brasil em foco: contradições que geram oportunidades

O brasileiro é descrito em diversas pesquisas como um povo criativo e aberto a novas experiências – ou *early adopter*. Paradoxalmente, muitas empresas no país ainda convivem com um sistema tecnológico híbrido, em que softwares e hardwares antigos predominam, se conectam de modo precário ao presente e dificilmente enxergam o futuro. Esse cenário reflete as conhecidas contradições nacionais, que o economista Edmar Bacha, em 1974, definiu como "Belíndia" (uma mistura de Bélgica com Índia). A tecnologia, nesse contexto, funciona como mais um recorte que expõe a complexidade brasileira.

Apesar de ser um dos maiores produtores de alimentos do planeta – suficiente para alimentar 1,4 bilhão de pessoas, segundo a Organização das Nações Unidas para Alimentação e Agricultura (FAO) –, o Brasil ainda enfrenta índices significativos de fome. Também ostenta um dos melhores sistemas públicos de saúde do mundo (o SUS), mas convive com altas taxas de mortes por doenças tratáveis. Além disso, o país destina percentuais de investimento em educação acima de países desenvolvidos, embora os resultados não correspondam ao volume aplicado. Toda essa realidade, contudo, torna o Brasil um destino altamente atrativo para big techs e grandes multinacionais, pois reúne demandas diversas que as obrigam a buscar soluções inovadoras. Aqui, servimos tanto de mercado quanto de laboratório.

Entre as empresas que veem o país como prioridade está a AWS (Amazon Web Services), pioneira em popularizar a computação em nuvem no mundo. A trajetória da companhia se confunde com a persistência de seu fundador em vencer obstáculos. Quando a AWS criou seus serviços de nuvem para atender a própria operação de e-commerce, em 2006, a proposta de armazenamento ilimitado e descentralizado soou visionária – e extremamente desafiadora. Jeff Bezos abraçou um projeto ousado, ainda mais para quem vinha do varejo físico e comercializava livros de papel, algo considerado ultrapassado na era digital.

Essa cultura de transformar dificuldades em oportunidades fez do Brasil um espaço fértil de aprendizado. Atender ao mercado nacional deixou de ser apenas um negócio para se tornar uma forma de evoluir serviços por meio de feedbacks reais. Segundo Luis Liguori, head de Soluções de Arquitetura da AWS, a ideia de que "atualização tecnológica é cara" é fruto, sobretudo, de escolhas equivocadas e planejamento insuficiente: "Não é necessário criar nada do zero, nem comprar mais do que você precisa ou ter a versão mais recente de tudo. O primeiro passo é entender quais ferramentas são necessárias, qual a demanda de processamento e quantos usuários terão acesso".

Outra sugestão do executivo é começar testando ferramentas simples e gratuitas, aprendendo com erros e acertos para descobrir onde cada recurso pode ser útil. E o impacto dessas iniciativas já é visível: a AWS treinou mais de 2 milhões de pessoas em habilidades de nuvem na América Latina desde 2017, sendo 800 mil no Brasil, com foco em públicos diversos, que incluem jovens da periferia, desempregados e minorias. Na formação básica, o programa re/Start oferece desde aulas de operações em nuvem, programação e segurança até dicas de carreira, como elaboração de currículos e técnicas de entrevista.

Enquanto isso, no topo da pirâmide, a companhia investe no ensino superior por meio do AWS Academy, que possibilita aos estudantes obter certificações reconhecidas internacionalmente. Em parceria com diversas instituições de ensino, ONGs, Sebrae e cursos online, a AWS fortalece a educação tecnológica para o novo superciclo de inovação. Um exemplo dessa atuação é o treinamento em parceria com o Sebrae, voltado à IA generativa, cujo objetivo inicial era capacitar 25 mil empreendedores até 2024, mas que atingiu a marca de 33 mil participantes no final do mesmo ano.

A relevância do mercado brasileiro levou a AWS a se instalar fisicamente no país em 2011, investindo R$ 19,2 bilhões (US$ 3,8 bilhões). Em 2024, a empresa anunciou a injeção de mais R$ 10,1 bilhões (US$ 1,8 bilhão) até 2034 para a construção e manutenção de datacenters, visando atender à crescente demanda por serviços de nuvem e IA generativa.[10] Gigantes como Google e Microsoft seguem na mesma trilha, injetando recursos em infraestrutura, suporte local e qualificação de profissionais brasileiros.

O fato de o Brasil reunir problemas que vão além das barreiras tecnológicas, exigindo soluções criativas e altamente adaptáveis, faz com que essas companhias encontrem aqui desafios que não surgiriam em mercados mais estáveis, como Europa ou Estados Unidos. Assim, o país reforça seu papel de laboratório, onde as contradições são a matéria-prima para grandes transformações – e as oportunidades, um convite para inovar todos os dias.

O empreendedor conectado: potencializando negócios com IA

No instigante e desafiador mercado, dividem espaço empresas multinacionais e startups que atraem investidores de todos os continentes, bem como uma cultura empreendedora que se destaca mundialmente. A disposição do brasileiro para inovar, testar e desbravar alternativas até inusitadas no comércio, na prestação de serviços e em pequenas unidades produtivas une-se à curiosidade por novas tecnologias. Assim como pesquisas mostram tanto a adequação desses empreendedores ao atual momento quanto ao novo superciclo tecnológico, estudos também mostram certa desconexão, pelo custo financeiro, e medo de encarar novas tecnologias, pelo baixo nível educacional de boa parte da população. Resumidamente, o brasileiro quer experimentar novidades digitais, desde que sejam ferramentas com recursos úteis – inclusive para entretenimento –, mas com manuseio simples e intuitivo. Como esses pequenos negócios são extensão da casa e da vida pessoal, converter um aplicativo em ferramenta de trabalho depende apenas do "jeitinho brasileiro digital" entrar em campo. Um exemplo claro é o WhatsApp: de acordo com dados da própria Meta, o Brasil detém a segunda maior base global de usuários, que utilizam a ferramenta tanto para conversas triviais quanto para marketing, vendas e interação comercial.[11]

Entre mais de 200 milhões de habitantes, são 90 milhões de pessoas adultas, com 18 a 64 anos. Quase metade (42 milhões) tinham ou planejavam ter um negócio próprio em 2023. O desejo de ser dono do próprio negócio só perde para o desejo de "viajar pelo Brasil" e "comprar a casa própria". Os dados colocam o Brasil como a segunda maior nação empreendedora e na oitava posição em percentual de população adulta envolvida com o mundo dos negócios, de acordo com o Monitor Global de Empreendedorismo (GEM, *Global Entrepreneurship Monitor*). Pesquisa realizada pelo Sebrae e pela Associação Nacional de Estudos em Empreendedorismo e Gestão de Pequenas Empresas

(Anegepe) ressalta que os desafios de empreender no Brasil são grandes, mas justamente a tecnologia e a IA – aquela já disponível e de baixo custo, inclusive – têm ajudado a reduzir barreiras e a aumentar os lucros e/ou reduzir os custos.[12]

Para entender o nível de digitalização de empresários de pequeno porte, a fintech Conta Azul, em parceria com a plataforma de inteligência Futuros Possíveis, ouviu mais de quatrocentos empreendedores para entender a visão de pequenas e médias empresas sobre o tema.[13] A pesquisa mostrou que 75% dos entrevistados consideram que o avanço tecnológico traz benefícios aos seus negócios, mas apenas 31% já digitalizaram seus processos administrativos. Entre as barreiras, mais que o custo, o entrave maior é comportamental: 91% dos entrevistados consideraram uma ferramenta de gestão financeira essencial para o crescimento de suas empresas. No entanto, 60% dos entrevistados relatam não conseguir modernizar seus controles pela complexidade das soluções digitais e falta de familiaridade com novas tecnologias. "Os negócios brasileiros de menor porte têm um enorme potencial, mas a jornada de digitalização ainda enfrenta muitos desafios", declara o CEO da Conta Azul, Vinicius Roveda. "É fundamental que as soluções tecnológicas sejam simples, intuitivas e acessíveis para que os empreendedores possam adotá-las sem grandes dificuldades".

Outros estudos mostram que boa parte dos empreendedores já usa IA e não identifica essa ação como tal. Uma pesquisa realizada pela Microsoft indicou que sete de cada dez pequenos e médios empreendedores têm na IA uma parceira: assistentes virtuais para atendimento ao cliente estão entre elas (69%), assim como a geração de imagens e conteúdo (43%), como para abastecer redes sociais.[14]

A IA generativa, em especial, desafia gestores a pensar em como usar essa ferramenta multifacetada, que não serve a um propósito único – ela se encaixa, de alguma forma, em qualquer tarefa. Pode ser uma garota propaganda, pode apoiar o setor de marketing, atuar na área de saúde ou mesmo participar de reuniões e colaborar com ideias.

Muito além de um bot, a assistente virtual da Magazine Luiza se tornou uma referência de ineditismo no varejo brasileiro. No outro extremo, o uso da IA permite a detecção rápida de dados relevantes em resultados de exames, acelerando o diagnóstico – como fez a Dasa, maior empresa de diagnóstico médico do Brasil. Há até experiências de uso do ChatGPT para desenvolver peças publicitárias e comunicados a clientes, como propõe a solução da startup Take, e a Magnólia Papelaria, que utiliza o ChatGPT para criação de textos, anúncios e sessões de brainstorming.

Superando barreiras, destravando potenciais

O contraste do uso de tecnologia no Brasil é evidente: enquanto bancos 100% digitais, como o Nubank, conquistam milhões de clientes, cerca de 63% das instituições financeiras ainda rodam sistemas legados em infraestrutura física. Paradoxalmente, 89% dos executivos do setor bancário se identificam como inovadores.[15] A mesma contradição aparece em levantamentos sobre IA generativa. Segundo a Bain & Company, 67% dos executivos brasileiros a consideram prioridade de investimento para 2025, mas só 17% a colocam no topo de suas prioridades.[16] Já um estudo da Meta e da Fundação Dom Cabral aponta que 95% das empresas veem a IA como fundamental, embora apenas 14% tenham metas claras para o tema.[17]

É uma incoerência que reflete a complexidade brasileira. No agronegócio, por exemplo, produtores familiares utilizam celulares e drones para monitorar plantações, negociar safras ao preço da Bolsa de Chicago e decidir a hora exata de adubar o solo – práticas que, muitas vezes, superam o grau de digitalização de grandes empresas urbanas. No meio corporativo, ainda há gestões pouco sensíveis às vantagens competitivas da IA e de outras tecnologias. Curiosamente, setores como o Judiciário brasileiro já testam sistemas de deep learning para automatizar etapas de julgamentos, enquanto o mundo dos jogos impulsiona gigantes como a Nvidia a desenvolver GPUs de altíssima performance, prontas para atender a necessidades de processamento e análise de dados em escala global.

A Nvidia, por exemplo, nasceu focada em jogos eletrônicos, mas expandiu sua atuação para IA, deep learning e plataformas de computação programável, reunindo cerca de 22 mil startups no projeto Nvidia Inception. No Brasil, a empresa mantém iniciativas de capacitação que vão do nível mais básico até parcerias com grandes corporações, ajudando-as a explorar soluções de IA generativa em produtos e serviços. Ao mesmo tempo, pequenos negócios, muitas vezes criados por empreendedores jovens e digitais, demonstram maior abertura para integrar novas soluções tecnológicas, pois dependem de automação e inteligência de dados para sobreviver num ambiente competitivo.

Para Marcio Aguiar, diretor da divisão Enterprise da Nvidia no Brasil, um "colaborador virtual" que entrega relatórios ou insights críticos é um suporte de alto valor para a tomada de decisões. Não é preciso, porém, desenvolver tudo do zero: ferramentas customizáveis e, muitas vezes, gratuitas estão ao alcance de quem queira testar e adotar tecnologias modernas. O maior obstáculo, segundo Aguiar, não é o custo, mas a resistência à mudança. Empresas que não se atualizam correm o risco de perder espaço no mercado, ter queda na lucratividade e, ainda, enfrentar dificuldades para contratar profissionais qualificados.

Toda essa efervescência convive com um cenário educacional defasado e laboratórios de informática escolares que, na prática, estão sem manutenção ou conexão de qualidade. A discrepância entre a rápida adoção de algumas tecnologias e a relutância em atualizar estruturas antigas, sejam sistemas legados ou abordagens educacionais, exemplifica a famosa "Belíndia" de Edmar Bacha, em que convivem avanços impressionantes e deficiências crônicas.

Apesar dos desafios, existe um ecossistema de inovação que opera em paralelo, desenvolvendo soluções para as demandas atuais e futuras. Seja no campo, na cidade ou em startups de garagem, surgem alternativas embasadas em IA, *data analytics* e plataformas abertas. O Brasil não é totalmente refém das tecnologias importadas, mas ainda não aproveita todo o potencial disponível. Superar essa lacuna exige reformular padrões, modernizar processos e investir em capacitação, seja ela pública ou privada, a fim de garantir que todo o país avance em conjunto para o próximo superciclo de inovação.

6

Futuro do trabalho perante o avanço da IA

Ao longo da história, a humanidade guardou, geralmente, um olhar de desconfiança para as inovações tecnológicas que ameaçavam mudar drasticamente a maneira como se vive e trabalha. Quando a escrita surgiu, foi duramente criticada. No diálogo *Fedro*, Platão registra que o rei egípcio Thamus recusa a escrita, pois ela comprometeria a memória e a oralidade. Séculos depois, a prensa de Gutenberg foi condenada por permitir a livre circulação do conhecimento. Do ponto de vista filosófico, a ansiedade perante o desconhecido é parte inevitável da condição humana, segundo Sartre.* O próprio conceito de "desemprego tecnológico" não é novo. No início do século XIX, trabalhadores britânicos conhecidos como ludistas destruíram máquinas têxteis por temerem perder seus empregos, e não há dúvida de que, desde então, essas tensões evoluíram exponencialmente. Seja durante a Revolução

* Em *O ser e o nada*,[1] publicado em 1943, o filósofo francês Jean-Paul Sartre argumenta que a ansiedade é inerente à condição humana, resultado da liberdade radical que os indivíduos possuem para criar significado em um universo desprovido de valores preestabelecidos. Essa abordagem filosófica dialoga diretamente com o medo do novo, como no caso das transformações tecnológicas.

Industrial, com o surgimento das máquinas a vapor que substituíram diversos trabalhadores manuais, até o advento dos computadores que automatizaram inúmeros processos, ou mesmo a popularização das plataformas de streaming que transformaram a indústria fonográfica e cinematográfica, o receio de que a tecnologia pudesse suplantar o ser humano sempre esteve presente.

E, de fato, isso aconteceu: seja com as centenas de atividades mecânicas exercidas por trabalhadores braçais ao longo da história que foram automatizadas nas últimas décadas, seja com a implosão de setores que até o final dos anos 2010 pareciam indestrutíveis, a exemplo do mercado de locadoras de filmes. Com a ascensão da IA, tal temor social e corporativo de substituição da força de trabalho pela máquina passa também a ser compartilhado por atividades que tradicionalmente demandam competências intelectuais, como pensamento criativo e raciocínio lógico. Nos Estados Unidos, por exemplo, o GPT-4 superou a maioria dos estudantes de Direito em exames técnicos de proficiência, como o Bar Exam, equivalente ao exame da Ordem dos Advogados do Brasil (OAB). No teste realizado em 2023, o modelo de linguagem da OpenAI obteve uma nota que o colocou entre os 10% dos candidatos com os melhores resultados.[2]

A capacidade das redes neurais em criar, aprender e executar tarefas que antes pertenciam exclusivamente ao domínio humano está mudando as regras do jogo durante a partida. Até 2030, atividades que representam até 30% das horas trabalhadas atualmente na economia dos Estados Unidos poderão ser automatizadas,[3] uma tendência acelerada pela IA generativa, como mostra a Figura 6.1.

A verdade é que nunca antes uma inovação foi tão rápida e impactante quanto a IA generativa. Ao analisar ciclos de inovações anteriores, como o próprio advento dos microcomputadores ou da internet, houve um período de adaptação relativamente longo. O avanço da IA generativa está transformando setores inteiros em questão de meses, e as projeções sobre o futuro do trabalho são, ao mesmo tempo, alarmantes e promissoras.

Figura 6.1 Impacto da IA no futuro do trabalho

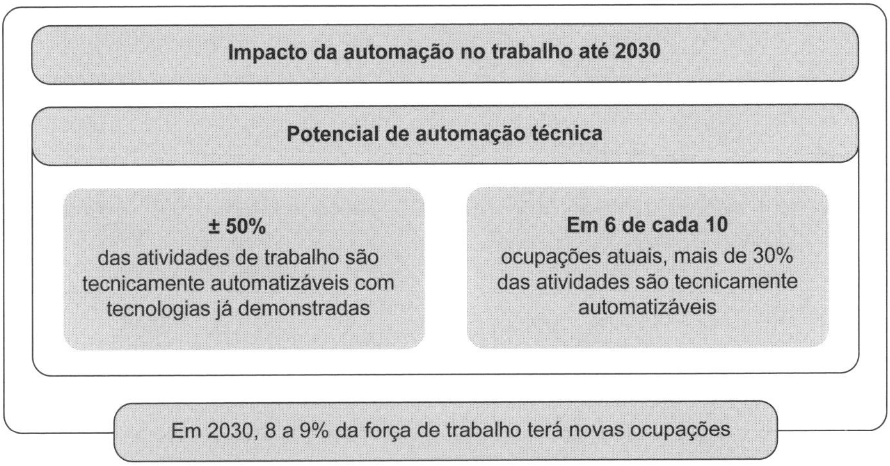

Fonte: McKinsey (2017).[3]

Essas reflexões trazem à tona a necessidade urgente de se revisar as competências e os diferenciais profissionais que são – e deverão continuar sendo – genuinamente humanos, uma vez que a sociedade se aproxima de um futuro do trabalho onde máquinas não apenas participarão das atividades operacionais, mas terão um papel ativo em processos intelectuais e criativos. Não se trata mais de tarefas meramente repetitivas que estão à mercê da evolução digital. Com a IA generativa, algoritmos e dados, combinados a sistemas preditivos, aventuram-se em campos tradicionalmente reservados ao ser humano. Torna-se urgente, então, uma análise minuciosa do fator "pessoas" enquanto agentes produtivos e quais habilidades essenciais – como a intuição, a empatia e o discernimento ético – resistirão à automação, mantendo-se relevantes no mercado de trabalho.

Como potencializar aquilo que distingue o indivíduo da máquina, mantendo a presença humana como algo indispensável para os modelos produtivos que estão sendo reconstruídos? Para avançar de maneira sustentável nesse novo superciclo de inovação, é essencial projetar novos tipos de interações, buscando uma relação de complementaridade que maximize o potencial de ambos os ativos, artificiais e sociais. Essa coexistência demanda mais que meramente "conviver com a tecnologia"; exige o interesse privado e público de fomentar processos colaborativos e, ao mesmo tempo, coibir a automação desenfreada, para se alcançar um estágio produtivo no qual as máquinas potencializam as análises e a velocidade de processamento de dados, enquanto os seres humanos assumem papéis estratégicos e analíticos, aplicando o discernimento, a criatividade e a visão crítica que permanecem fora do alcance das redes neurais artificiais.

Obviamente, tal anseio contempla uma visão positiva acerca do futuro da força de trabalho. De acordo com relatório do Fórum Econômico Mundial (FEM), a IA tem o potencial de automatizar cerca de 85 milhões de empregos até 2025.[4] Isso inclui não só tarefas repetitivas, trabalhos manuais e funções administrativas, como já citado, mas atividades intelectuais, como design gráfico e produção textual. Desde o surgimento da roda, passando pela máquina a vapor, pela tecnologia da linha de produção até o emprego da robotização em larga escala, a máquina substituía somente a força, ou seja, os "músculos" humanos. A questão central, agora, é que a IA generativa veio para substituir também parte das funções cognitivas, o "cérebro" humano, desenvolvendo atividades intelectuais que, até então, pertenciam ao *Homo sapiens*.

Conforme apuraram economistas do banco de investimento Goldman Sachs,[5] até 300 milhões de empregos em todo o mundo poderão ser totalmente automatizados com a adoção da IA.* Ao mesmo tempo, o relatório do FEM prevê a criação de 97 milhões de novos empregos, muitos deles em setores ainda emergentes e que exigirão novas competências dos profissionais.

Em síntese, o que difere esse superciclo de inovação dos anteriores é o achatamento do período de adaptação, pois a natureza do trabalho

* Analistas do Banco Goldman Sachs, em 2023, projetam que 18% do trabalho globalmente poderia ser informatizado, com os efeitos sentidos mais profundamente nas economias avançadas do que nos mercados emergentes.

esteve sempre em contínua transformação, e as empresas (e pessoas) sempre precisaram se moldar para sobreviver e prosperar. A mudança em voga é o novo ritmo, extremamente acelerado, com que a tecnologia incide sobre a força de trabalho global e redefine as estruturas organizacionais.

"Se antes as estruturas organizacionais eram rígidas, com departamentos isolados como marketing, finanças e recursos humanos, hoje elas precisam ser ágeis e flexíveis, moldadas pelas transformações impulsionadas pela IA", apontou a conselheira de administração Luiza Zequi em nossa entrevista. Seguindo o raciocínio da conselheira, especializada em Comitês de Pessoas, Cultura e Gestão de Talentos, com mais de 25 anos de atuação em empresas globais, a partir de uma maior maleabilidade organizacional, o mercado passa a demandar novos profissionais que possam contribuir não só com habilidades técnicas, mas também com competências generalistas no campo tecnológico e socioemocional. O profissional precisa transitar por diversas áreas do conhecimento e dominar habilidades híbridas, como as *soft* e *digital skills*. Isso vale para todas as castas: do chão da fábrica aos conselhos de administração.

Estudos recentes reforçam a importância das *soft skills* no mercado de trabalho atual. A consultoria Michael Page[6] aponta que nove em cada dez profissionais são contratados por suas habilidades técnicas, mas demitidos em razão da falta de habilidades comportamentais.* Já o relatório do Fórum Econômico Mundial** destaca o pensamento analítico e a criatividade como habilidades essenciais para a força de trabalho das organizações, conforme a Figura 6.2.

* Publicado em 2018, o estudo leva em conta as respostas de 1.400 executivos de recursos humanos de janeiro até agosto, de empresas dos setores de varejo, vendas, TI, propriedade e construção, marketing, finanças, engenharia e RH.

** A quarta edição da pesquisa do Fórum Econômico Mundial, publicada em 2023, apresentou a maior abrangência geográfica e setorial de sua história. O estudo reuniu as perspectivas de 803 empresas, que, juntas, representam mais de 11,3 milhões de trabalhadores em 45 economias, abrangendo todas as regiões do globo.

Figura 6.2 Habilidades mais valorizadas para o mercado de trabalho até 2027

Fonte: Fórum Econômico Mundial (2023).[4]

As mudanças na força de trabalho estão exigindo que empresas e instituições de ensino revisitem, com urgência, suas concepções do que significa estar preparado para o mercado. O que antes se sustentava no conhecimento técnico e na especialização, agora precisa incluir, de forma mais orgânica, habilidades que favoreçam a adaptabilidade, a criatividade e o domínio das ferramentas digitais. Um estudo da McKinsey revela que 87% das empresas já enfrentam lacunas de competências,* e esse cenário é reflexo de currículos que, por vezes, ainda respondem às demandas de um mercado que não existe mais.

Algumas instituições de ensino superior, pressionadas pela crescente desconexão entre formação e realidade, começam a experimentar novos formatos de ensino-aprendizagem, mas ainda esbarram em estruturas e mentalidades que resistem ao novo. Torna-se cristalino, diante do cenário contemporâneo, que os profissionais de hoje e de amanhã precisam ser mais que técnicos: devem ser aprendizes contínuos, capazes de transitar com naturalidade por ambientes híbridos e, sobretudo, preparados para as ambiguidades e complexidades que tecnologias como a IA introduzem no dia a dia.

Atualmente, Luiza Zequi também atua como voluntária da Outthinker Networks, uma rede global de estrategistas e líderes empresariais dedicada a promover a inovação e o pensamento estratégico para enfrentar os desafios das organizações no futuro. A executiva compartilhou comigo seis questionamentos-chave de autoavaliação para profissionais projetarem o papel da sua força de trabalho diante de tantas transformações exponenciais, segundo a cartilha do Outthinker Networks:

1. Considere o valor que você agrega no trabalho. E se esse valor pudesse ser totalmente automatizado e oferecido em qualquer lugar e a qualquer momento? Como você se ajustaria a essa mudança?

* Conforme observado no Global Survey 2020 da McKinsey, 87% dos executivos dizem enfrentar uma escassez de habilidades importantes, acrescentando que profissionais recém-formados, uma fonte tradicionalmente confiável de talentos, muitas vezes não dispõem do nível de competência necessário.

2. O que uma carreira de portfólio significaria para você? Como você poderia diversificar suas fontes de trabalho, desenvolvendo diferentes habilidades e explorando novos caminhos profissionais?
3. E se espaço e tempo deixassem de ser fatores para determinar como você trabalha? Como você mudaria a forma de atuar e de aproveitar as oportunidades?
4. Como você pode se tornar e continuar sendo especialista em algo? Como pode utilizar plataformas para compartilhar seu conhecimento e levar sua expertise a quem precisa, na hora certa, no lugar certo?
5. Quais tecnologias emergentes, modelos de negócios e tendências você deve acompanhar para se manter à frente em sua carreira? Como garantir que você tem tudo pronto para as mudanças?
6. Como você pode encarar a tecnologia como sua parceira profissional? De que forma a tecnologia pode complementar seu trabalho, tornando você mais eficiente e inovador?

Choque do futuro

Tais transformações no modelo de trabalho e nas competências do trabalhador não deveriam pegar ninguém de surpresa. Em 1970, o escritor e futurista Alvin Toffler já vislumbrava uma nova onda de inovações marcada pela aceleração no ritmo das mudanças, o que classificou como *future shock* (choque do futuro), ou seja, a dificuldade das pessoas em se adaptarem às transformações rápidas.[7]

Em *A terceira onda*,* Toffler projeta uma sociedade pós-industrial impulsionada pelo advento das tecnologias digitais, pela automação e pela

* Em *A terceira onda*, Alvin Toffler explora as transformações sociais, econômicas e culturais decorrentes de três grandes revoluções na história da humanidade: a agrícola, a industrial e a pós-industrial. No livro, Toffler prevê o impacto disruptivo das tecnologias digitais, automação e da ascensão da economia do conhecimento, projetando um futuro em que a informação se torna o recurso mais valioso.

crescente importância do conhecimento e da informação.[8] "Nós, seres humanos, somos consumidos pelo curto prazo. Não olhamos para o futuro com a atenção devida, mas o futuro que Toffler projetou há mais de quarenta anos, definitivamente, já chegou", afirma Luiza Zequi. Para ela, no curto prazo, a IA não vai substituir o ser humano, mas sim quem não souber usá-la. Além disso, haverá arranjos de trabalho muito mais flexíveis, "com pessoas trabalhando em projetos, meio período, ou até mesmo em múltiplas funções. Isso vai exigir que todos nós desenvolvamos uma consciência maior sobre nossas fortalezas".

A reconfiguração do trabalho humano não ocorre isoladamente, a partir da mera reflexão individual; ela exige que as organizações assumam um papel ativo na integração da IA em suas estratégias que contemplem o fator humano. O que acontecerá com as posições que deixarão de existir por causa da IA? Quais serão as novas funções e como será o arranjo do trabalho híbrido? Embora muitas empresas já estejam atentas às mudanças em vigor, o conselheiro de administração Wilson Carnevalli observa que essa preocupação ainda é tratada de forma tímida, com poucas iniciativas voltadas a incluir a IA nas estratégias de negócios e nas transformações culturais necessárias.

Enquanto alguns setores avançam rapidamente para adaptar-se a esse novo ambiente, outros permanecem presos a estruturas rígidas e lineares. A postura reativa ainda prevalece: "Nós precisamos de líderes preparados para essa transição. Líderes que sejam inspiradores, que tenham robustez emocional e que atuem como mentores, ajudando suas equipes a navegar neste período de grandes transformações", afirma Carnevalli.

A perspectiva positiva de que o fator humano permanecerá como o centro da engrenagem é respaldada por relatórios como o da Deloitte* sobre tendências globais de capital humano, que defende que a verdadeira inovação continuará vindo de pessoas que sabem como aproveitar

* Segundo o relatório *Tendências globais de capital humano*, de 2024, que contou com mais de 14.000 entrevistados de 95 países, priorizar o desempenho humano pode ajudar as organizações a dar o salto para um futuro sem fronteiras.

ferramentas digitais para criar algo novo e disruptivo.[9] Porém, tal interação harmoniosa dependerá de quanto as organizações irão garantir o equilíbrio entre a eficiência gerada pela IA e a profundidade das experiências humanas.

Aprendizado para toda a vida

A ideia de que a educação formal, adquirida na juventude, seria suficiente para uma carreira longa e estável já não se sustenta. Em vez disso, a rápida evolução tecnológica exige que os profissionais atualizem constantemente suas habilidades. Nesse contexto, a educação assume um papel fundamental em todas as fases da vida profissional. O conceito de *lifelong learning* – a aprendizagem contínua ao longo da vida – torna-se uma exigência.

"A liderança, no futuro, será muito mais sobre influência e inspiração do que sobre controle direto", ressalta Luiza Zequi, reforçando a necessidade de um novo tipo de liderança que saiba navegar nesses tempos incertos. "Precisamos de líderes que entendam como trabalhar com pessoas e com novas tecnologias, que saibam desenvolver equipes e que consigam fazer essa ponte entre o curto e o longo prazo".

Tal conexão entre novas tecnologias e liderança não é algo que pode ser resolvido apenas com treinamento técnico. Exige um novo mindset, uma cultura organizacional em que a inovação não seja apenas incentivada, mas integrada aos processos. A IA traz consigo a promessa de eficiência, mas também o desafio de preservar o valor humano em um cenário cada vez mais digital.

O papel dos conselhos de administração torna-se fundamental nesse processo de transformação, conforme aponta Wilson Carnevalli: "Urge que os conselheiros busquem qualificação e adotem uma abordagem de *lifelong learning*, conectada à tecnologia". Alguns conselhos já utilizam a IA para realizar análises externas e até para auxiliar no processo de tomada de decisão. No entanto, é preciso fomentar a criação de uma mentalidade estratégica que priorize o longo prazo: "Se você tem um conselho que olha o trabalho a longo prazo, isso vai ajudar na retenção de pessoas, pois é necessário um planejamento estratégico para entender qual a requalificação que teremos que fazer hoje para um modelo de trabalho sustentável na próxima década".

Não se trata mais apenas de fazer uma graduação e obter uma certificação. Como destaca o relatório da PwC,[10] a qualificação precisa se tornar uma prioridade para todas as organizações que desejam manter-se competitivas e preparar seus colaboradores para o futuro.*

Além de investir na capacitação contínua do time, as organizações precisam atrair e reter talentos em um mercado que nunca teve tantas gerações atuando simultaneamente.

O desafio da atração é crucial, pois os jovens que se formam hoje sabem que muitas corporações estão desatualizadas. "Se essa atração não for baseada no futuro do trabalho e nos novos modelos de trabalho, as empresas e os conselhos não irão atrair novas gerações". O conceito de oxigenação organizacional é chave: pensar em novos formatos de trabalho, mais ágeis, inovadores e conectados à realidade das novas gerações.

Cultura empreendedora

Outra transformação educacional necessária no futuro do trabalho é o fomento de uma cultura empreendedora dentro das empresas. A visão tradicional, na qual os funcionários esperam que as empresas planejem e guiem suas carreiras, está desaparecendo. Hoje, os trabalhadores precisam assumir um papel ativo no desenvolvimento de suas habilidades e carreiras. Como observou a conselheira Luiza Zequi: "Antes, quem fazia seu planejamento de carreira era a indústria, hoje é você. Então,

* De acordo com o estudo *Upskilling: caminho para a prosperidade comum*, de 2021, as empresas devem adotar a requalificação e o investimento na força de trabalho como princípios fundamentais de negócio e estabelecer prazos para cumprir suas promessas de ação.

precisamos ter uma autoconsciência maior para que a pessoa se empodere e lidere sua vida e sua carreira".

Essa mudança de mentalidade está sendo impulsionada pela própria IA, que não apenas transforma o trabalho, mas também as expectativas dos profissionais. Um artigo do MIT Sloan Management Review aponta que, no futuro, as empresas precisarão de colaboradores com uma mentalidade de intraempreendedorismo, isto é, que pensem e ajam como empreendedores dentro das organizações, identificando oportunidades de inovação e assumindo riscos calculados.[11] As organizações que adotarem uma cultura empreendedora serão aquelas que conseguirão reter os melhores talentos, principalmente as novas gerações, que já demonstram uma forte inclinação para modelos de trabalho mais flexíveis e autônomos. "Hoje, o grande desafio é atrair e reter novas gerações de profissionais, e as empresas precisam adaptar suas estratégias para isso", aponta Zequi.

O papel da educação superior na era da reinvenção profissional

A universidade, uma instituição há tempos reconhecida como o centro do saber e da formação profissional, enfrenta um momento crítico de redefinição. No atual cenário de avanços exponenciais da tecnologia, a transformação do trabalho e o surgimento de novas competências têm pressionado o ensino superior a revisitar seus métodos e propósitos. As estruturas tradicionais – currículos fixos, extensos e essencialmente teóricos – estão cada vez mais descoladas das demandas de um mercado que valoriza agilidade, adaptabilidade e domínio de competências digitais e socioemocionais.

Se as universidades desejam continuar sendo relevantes, precisam promover mudanças profundas em seus modelos pedagógicos, ampliando a flexibilidade dos programas e aproximando-se das novas plataformas educacionais que estão conquistando espaço. Com o crescimento de plataformas que oferecem cursos orientados à prática, microcertificações e aprendizado sob demanda, surgem desafios reais ao modelo universitário. Esse movimento disruptivo – liderado por instituições como Udacity e Coursera – traz ao estudante uma experiência dinâmica e objetiva, focada no desenvolvimento de habilidades específicas e diretamente aplicáveis. As microcertificações, oferecidas em parceria com instituições renomadas e empresas líderes, proporcionam não apenas rapidez na aquisição de competências, mas também maior alinhamento com o que o mercado de trabalho realmente espera dos profissionais.

Nesse novo contexto, a formação híbrida torna-se uma abordagem essencial para a universidade, integrando a flexibilidade do ambiente digital com a experiência de aprendizagem presencial. Um modelo que combina aulas online com práticas presenciais e desafios aplicados traz ao estudante a oportunidade de desenvolver suas habilidades técnicas ao mesmo tempo que aprimora as competências interpessoais e práticas.

As transformações necessárias para recuperar a relevância do ensino superior vão além de reformulações no currículo: requerem metodologias de ensino orientadas a projetos, resolução de problemas reais e maior integração com o mercado. Em vez de um diploma único, a universidade pode oferecer aos alunos uma trajetória de aprendizado flexível e personalizada, composta de certificações múltiplas, que vão ao encontro de suas aspirações profissionais e pessoais, enquanto constroem competências essenciais para o futuro. Além disso, a estruturação de currículos em módulos permite que o estudante escolha áreas de interesse, aprofundando habilidades específicas ou formando perfis multidisciplinares.

O futuro (presente) do trabalho

Nesse cenário de transformação acelerada, impulsionada pela IA, o futuro do trabalho exige uma reavaliação profunda não apenas da tecnologia em si, mas do papel singular das habilidades humanas em um mundo cada vez mais automatizado. À medida que as máquinas assumem funções cognitivas com precisão e eficiência, cabe aos indivíduos ampliar aquilo que os torna únicos: a capacidade de adaptação, a criatividade e a empatia. Não basta apenas coexistir com a IA; é essencial construir uma relação em que humanos e máquinas potencializem uns aos outros, encontrando equilíbrio entre eficiência operacional e profundidade emocional. O futuro, a partir da óptica construtiva, não será apenas uma corrida por produtividade, mas uma oportunidade de ressignificar o trabalho e o impacto humano.

Empresas que não investem em culturas de aprendizagem contínua e flexibilidade arriscam-se a tornar-se obsoletas em um mercado cada vez mais híbrido e complexo. Por outro lado, universidades têm um papel crucial: preparar profissionais para um mundo onde o aprendizado não é finito, mas contínuo e dinâmico. É fundamental ir além dos currículos tradicionais e integrar competências digitais, criatividade e pensamento crítico às bases do conhecimento, alinhando formação e mercado de maneira mais fluida e relevante.

Além disso, as lideranças precisam repensar seus papéis nesse novo paradigma. Em vez de apenas gerenciar processos, líderes do futuro precisarão inspirar e capacitar suas equipes a enxergar a IA não como concorrente, mas como uma aliada estratégica. Criar ambientes em que a inovação seja intrínseca à cultura organizacional será tão importante quanto dominar as tecnologias emergentes. A essência do trabalho humano nesse novo superciclo de inovação não será competir com as máquinas, mas ampliar as possibilidades que elas oferecem.

O futuro do trabalho, portanto, já chegou, e, com ele, um convite – ou um imperativo – para que a adaptação e a resiliência sejam constantes. A pergunta essencial para esse superciclo de inovação não é apenas "o que a IA pode fazer?", mas "o que você quer construir com a IA?". Transformar a incerteza em oportunidade será o grande diferencial dos próximos anos – e o caminho para um futuro em que humanos e máquinas coexistem em harmonia, cada qual com seu papel indispensável.

7

Cibersegurança e governança de dados: do Zero Trust à auditoria algorítmica

Dado que a capacidade de inovação digital e a integração de novas tecnologias estão, hoje, entre os diferenciais competitivos mais valorizados, a questão da cibersegurança deixa de ser uma responsabilidade meramente técnica, exclusiva de áreas como Tecnologia da Informação (TI), passando a demandar atenção de todos os níveis da empresa, especialmente de executivos do alto escalão e conselhos de administração. Isso ocorre porque os ciberataques, além de prejuízos financeiros e operacionais, resultam em um abalo significativo na reputação das organizações. Segundo artigo da *Harvard Business Review*, empresas de capital aberto que sofrem ataques bem-sucedidos em sua infraestrutura digital perdem, em média, 7,5% em seus valores de ações, juntamente com uma perda média de capitalização de mercado de US$ 5,4 bilhões.[1]

Como pode ser observado na Figura 7.1, o custo médio global de uma violação de dados em 2024 foi de US$ 4,88 milhões, aumento de 10% em relação ao ano anterior e o mais alto da linha histórica, conforme aponta relatório da IBM, em parceria com o Instituto Ponemon.[2]

Figura 7.1 Custo médio de uma violação de dados (em milhões de US$)

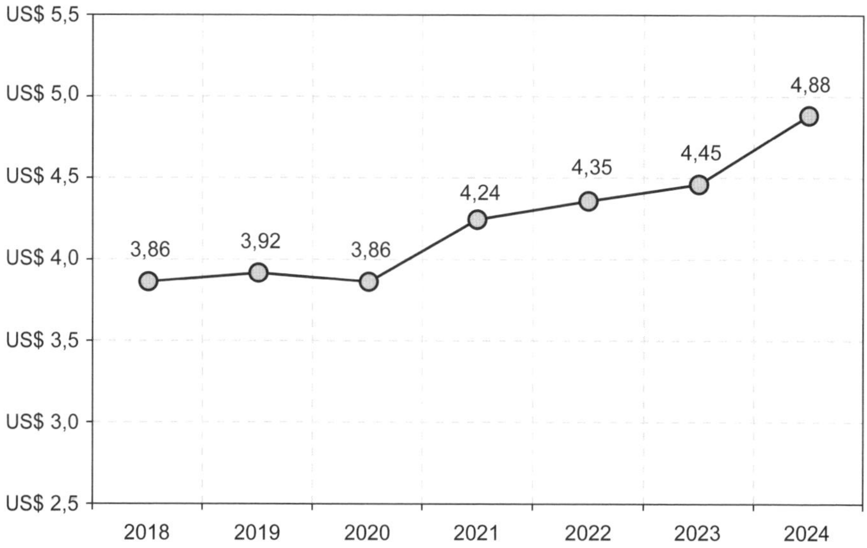

Fonte: IBM e Instituto Ponemon (2024).[2]

A governança corporativa, que envolve o conjunto de regras, práticas, objetivos e processos pelos quais uma empresa é dirigida e controlada, deve agora, mais que em qualquer outro ciclo tecnológico, absorver a capacidade de assegurar a segurança digital e o uso ético de dados das organizações, responsabilidade que engloba o escopo da governança da inovação, segundo o Instituto Brasileiro de Governança Corporativa (IBGC). A governança da inovação visa estruturar diretrizes, políticas e mecanismos que posicionem a inovação no centro da estratégia organizacional, ao mesmo tempo em que gerenciam os riscos e as implicações das tecnologias emergentes.[3] Em um cenário moldado pela IA generativa – e sua dependência por enormes quantidades de dados –, significa estabelecer práticas que promovam avanços tecnológicos alinhados à ética, à transparência e às infraestruturas robustas de proteção, permitindo às empresas navegarem com mais segurança diante do escalonamento de tecnologias emergentes.

Consequentemente, os conselhos de administração, enquanto guardiões da governança e da perenidade das organizações, assumem a responsabilidade direta ou indireta de desenhar – ou copiar – frameworks de controle e monitoramento sistemático. Tais frameworks, por sua vez, devem abranger aspectos como viés, eficiência, uso ético e transparência das inteligências artificiais implementadas. Embora, na teoria, isso esteja bastante claro, é na estruturação prática que estão os maiores desafios.

Wilson Carnevalli, conselheiro de administração independente e professor do IBGC, nota que muitos conselheiros com tradicional perfil de controle e auditoria estão se reprogramando para que, junto de suas habilidades atuais, dominem também práticas de cibersegurança e uso ético dos dados. Assim, se antes a auditoria estava exclusivamente ligada às questões financeiras, hoje passa a ter um apelo digital proporcionalmente importante. Para conselhos e líderes executivos, não significa que a diligência de dados demandará desses agentes o conhecimento técnico para tal controle, até porque um dos principais gargalos no campo é a falta de profissionais capacitados. No entanto, a total clareza de que os investimentos em tecnologia devem ser proporcionais aos de cibersegurança, com a criação de novas estruturas organizacionais e processos de controle robustos, é imprescindível.

Como Luiz Carlos Zancanella, fundador e chairman do Grupo Safepar S.A., observou na nossa entrevista, há caminhos viáveis para superar a falta de conhecimento técnico direto dentro do board: "Quando você não tem a expertise suficiente dentro do conselho, precisa montar comitês técnicos. Isso pode incluir profissionais internos de TI ou consultores externos. Esses comitês ajudam a entender o que está implementado e o que ainda precisa ser feito". A atuação do conselho, portanto, não precisa partir da premissa de domínio técnico pleno, mas da capacidade de ativar mecanismos de inteligência coletiva e auditoria especializada que embasem decisões estratégicas com precisão e responsabilidade.

É dentro desse espírito que os frameworks de governança em cibersegurança e IA devem ser desenhados. Mais que documentos normativos ou modelos genéricos importados de consultorias, esses frameworks precisam refletir a realidade tecnológica da organização, mapeando riscos específicos, vulnerabilidades potenciais e as camadas de proteção exigidas pelo tipo de dado ou sistema. Devem, sobretudo, ser capazes de diferenciar o que está em jogo em cada camada de segurança, o que exige um nível de maturidade conceitual que ainda está em formação em muitas empresas brasileiras.

De acordo com artigo da MIT Sloan Management Review publicado em 2024, a revisão de código-fonte das IAs, por exemplo, tem demandado equipes multidisciplinares, compostas por cientistas de dados, especialistas em ética, advogados e profissionais de TI. Esse processo, cunhado de auditoria algorítmica, exige das empresas recursos significativos, tanto em termos de pessoal quanto de ferramentas especializadas, como softwares que automatizam a auditoria.[4]

Os autores do artigo ressaltam que uma auditoria eficaz não se limita à expertise técnica, mas exige uma abordagem estruturada, baseada em frameworks que garantam a integridade e a equidade dos algoritmos. Entre eles, destaca-se a *ethical matrix* (matriz ética), que traça um mapa do impacto dos sistemas algorítmicos sobre diferentes stakeholders, classificando os riscos em graus de criticidade. Já a *explainable fairness* (justiça explicável) busca assegurar que as decisões algorítmicas sejam transparentes e livres de discriminação estrutural, enquanto o *red teaming* (equipe vermelha) opera como um exercício de antecipação estratégica, simulando ataques para revelar vulnerabilidades antes que possam ser exploradas. O artigo também enfatiza a necessidade de um monitoramento contínuo por meio de benchmarking e de ferramentas automatizadas de auditoria, essenciais para manter os modelos alinhados tanto aos padrões regulatórios quanto às diretrizes organizacionais, garantindo que a inovação tecnológica não comprometa a segurança e a confiabilidade dos sistemas.

Fica claro, portanto, que a segurança de sistemas algorítmicos não é um ponto fixo no tempo, mas um processo dinâmico, que se molda à medida que a própria IA evolui. No mundo analógico, auditorias eram procedimentos estanques, baseados em regras rígidas e protocolos previamente estabelecidos; neste novo superciclo de inovação, a realidade é outra. Os sistemas de IA são construídos sobre bases que estão em constante aprendizado e refinamento, exigindo que suas estruturas de controle e segurança acompanhem esse ritmo acelerado de transformação.

Nesse novo cenário, a clareza conceitual torna-se um ativo tão importante quanto a tecnologia em si. A distinção proposta por Luiz Carlos Zancanella entre segurança de barreira e segurança da informação é, nesse sentido, mais que semântica: é estrutural. Enquanto a segurança de barreira lida com a proteção dos sistemas e da infraestrutura contra ataques externos, como DDoS ou malwares, a segurança da informação ocupa-se diretamente da integridade, confidencialidade e rastreabilidade dos dados que realmente importam: os conteúdos sensíveis, estratégicos ou confidenciais das organizações. Ao não diferenciar essas duas camadas, muitas empresas acabam concentrando seus esforços em defesas periféricas, confiando excessivamente em firewalls, antivírus e soluções de rede, sem perceber que, mesmo com esses mecanismos ativos, os dados centrais podem estar expostos. Como alerta o conselheiro, "se alguém acessa um processo confidencial de um tribunal e extrai essa informação para se beneficiar, isso é um ataque à informação fim. Ele ultrapassou todas as barreiras e chegou na informação sensível".

O que está em jogo, portanto, não é apenas evitar a violação do sistema, mas garantir que, mesmo diante de falhas operacionais ou ataques bem-sucedidos, os dados protegidos não se tornem inteligíveis ou utilizáveis sem as devidas autorizações. Isso só é possível com a adoção de protocolos criptográficos robustos, modelos de autenticação refinados e um redesenho da arquitetura informacional que trate o dado como um ativo soberano e inviolável, independentemente do que ocorra ao seu redor.

Com o advento da IA, essa diferenciação entre segurança de barreira e segurança da informação torna-se ainda mais crítica e, paradoxalmente, mais frágil. Isso porque, ao mesmo tempo em que a IA pode ser uma poderosa aliada na detecção de padrões anômalos, vulnerabilidades e tentativas de ataque, ela também amplia significativamente a superfície de exposição das organizações. Como explica Zancanella, "a IA possibilita ações que não são predeterminadas, nem muitas vezes previstas, nem imaginadas. Isso coloca a informação de uma forma muito mais exposta". Em outras palavras, os sistemas inteligentes, ao operarem com graus de autonomia e aprendizagem contínua, podem gerar novos vetores de risco: seja por vulnerabilidades nos modelos, seja por sua interação com dados sensíveis sem mecanismos adequados de proteção, seja por acessos não autorizados, muitas vezes mascarados como comportamento legítimo.

Se, por um lado, a IA generativa facilita a programação intuitiva, a automação e a gestão eficiente de dados, por outro, ela também torna mais acessíveis ferramentas maliciosas para golpistas virtuais. Inclusive, o termo "golpista virtual" substitui o termo "hacker" porque, anteriormente, era necessário conhecimento avançado em programação para invadir sistemas. Hoje, com o avanço da IA e outras tecnologias emergentes, qualquer pessoa mal-intencionada pode utilizar, por exemplo, o modelo RaaS (*Ransomware-as-a-Service*), que permite a invasores, sem expertise, "alugar" ferramentas de ransomware e realizar ataques criminosos. Nesse modelo de negócios do cibercrime, desenvolvedores de ransomware vendem código de malware para outros golpistas virtuais, chamados de "afiliados".

Osvaldo Schirmer, conselheiro de administração em grandes empresas de capital aberto, me relatou que, atualmente, todas as empresas no ambiente digital estão expostas ao risco de ataques virtuais e resgate de dados mediante pagamento em criptomoedas. Para companhias com ações em bolsa, o risco é particularmente maior, assim como as consequências. Em 2021, a Renner, de cujo board Osvaldo é integrante, sofreu um ataque hacker que deixou o site e alguns sistemas da empresa indisponíveis por até três dias. No mesmo ano, grandes empresas nacionais também sofreram sequestros de dados via ransomware.

Entre 2020 e 2021, período marcado pelo *boom* da digitalização de pequenos negócios no Brasil em razão da pandemia, as tentativas de ciberataques no país saltaram de 8,4 bilhões para 88,5 bilhões, um aumento de 950%, segundo a empresa americana de segurança da informação Fortinet.[5] Em 2023, foram 60 bilhões de tentativas no Brasil, segundo a própria empresa.[6]

Os principais danos causados por ciberataques incluem:

- *Perda de dados*: ataques como ransomware podem criptografar dados críticos, tornando-os inacessíveis até que um resgate seja pago, o que pode ser devastador para a continuidade dos negócios.
- *Interrupção de operações*: ataques de negação de serviço (DDoS) podem paralisar operações, afetando a capacidade da empresa de fornecer serviços aos clientes.
- *Danos à reputação*: uma violação de dados pode prejudicar seriamente a confiança dos clientes e parceiros, resultando em perda de negócios e diminuição do valor da marca.
- *Impacto financeiro*: os custos associados a um ataque cibernético incluem pagamento de resgates, multas regulatórias, custos de remediação e perda de receita em decorrência da interrupção das operações.

Fica claro, portanto, que a cibersegurança não pode ser uma consideração secundária nos investimentos em tecnologias e estratégias de inovação. Sem uma estrutura robusta de proteção, empresas e entidades estão expostas a riscos financeiros e de compliance significativos. Nesse contexto, a postura ativa dos conselhos de administração torna-se crucial para apoiar e incentivar a direção executiva no fortalecimento das infraestruturas digitais das organizações e em uma rotina de testes de eficiência criptográfica nos sistemas de TI.

O papel dos conselhos de administração

Projeções do Gartner indicam que, até 2026, 70% dos conselhos de administração deverão incluir um membro especializado em cibersegurança.[7] Com isso, espera-se a implementação de métricas orientadas por resultados de segurança cibernética e práticas de design de segurança centradas no ser humano. Em 2023, a SEC (Comissão de Valores Mobiliários dos Estados Unidos) implementou novas regras que exigem que empresas de capital aberto divulguem incidentes significativos de cibersegurança e seus planos de gestão e governança desses riscos.[8] Essa medida aumentou a responsabilidade dos boards na supervisão da cibersegurança.

Dentre as novas atribuições dos conselhos de administração quanto à cibersegurança, destacam-se:

- *Definir a tolerância ao risco*: os boards devem estabelecer a tolerância ao risco cibernético da organização, considerando as expectativas dos clientes e as práticas dos concorrentes.
- *Focar em resultados*: os boards devem avaliar os resultados desejados em termos de segurança, alinhando-os com os objetivos estratégicos da organização.
- *Promover uma cultura de cibersegurança*: a segurança cibernética deve ser parte integrante da cultura organizacional. Os boards devem garantir que todos os funcionários estejam conscientes das políticas de segurança e da importância de seguir as melhores práticas.
- *Monitorar e revisar regularmente*: a cibersegurança é um campo dinâmico. Os boards devem revisar regularmente as políticas e procedimentos de segurança para garantir que sejam atualizados e eficazes.

Conforme me explicou Paulo Vasconcellos, conselheiro de administração independente e pioneiro em governança corporativa no Brasil, o conceito de Zero Trust em segurança cibernética é um paradigma que tem ganhado cada vez mais relevância. Diferente dos modelos tradicionais de segurança, que operam sob a premissa de que tudo dentro de uma rede é confiável, o modelo Zero Trust assume que as ameaças podem estar tanto dentro quanto fora da organização. Portanto, a confiança deve ser verificada continuamente, independentemente de onde o acesso esteja sendo solicitado. Cabe destacar que a concepção original do Zero Trust foi introduzida por John Kindervag, analista da Forrester Research, em 2010.[9]

Vasconcellos recomenda: "nunca confie, sempre verifique". Em vez de conceder acesso total a usuários ou a dispositivos baseados em sua localização na rede (como no modelo tradicional de perímetro), o Zero Trust exige a validação de cada solicitação de acesso a recursos da rede, independentemente de onde ela se origina. Isso é feito por meio de uma combinação de autenticação contínua, monitoramento em tempo real, segmentação de rede e aplicação de políticas rígidas que determinam quem pode acessar o quê e sob quais circunstâncias.

Para executivos e conselheiros, a adoção do modelo Zero Trust representa tanto um desafio quanto uma oportunidade. O desafio reside na necessidade de repensar e reestruturar as abordagens de segurança tradicionais, muitas vezes profundamente enraizadas na cultura organizacional e em sistemas legados defasados. Isso requer investimentos em novas tecnologias, treinamento contínuo de funcionários e uma mudança de mentalidade em todos os níveis da empresa. A oportunidade, por outro lado, consiste em reduzir drasticamente o risco de violações de segurança, mantendo incólumes dados sensíveis.

Estratégias de dados

Uma estratégia de dados bem delineada é um documento vivo, que deve ser continuamente atualizado para acompanhar a evolução da empresa e do ambiente de negócios. Essa estratégia não só define como a organização pretende gerenciar e alavancar seus dados, mas também como ela se prepara para enfrentar os riscos associados à cibersegurança.

Os conselhos de administração têm a responsabilidade de garantir que essa estratégia esteja alinhada com a visão e os objetivos de longo prazo da empresa. Isso envolve uma supervisão ativa sobre como os dados são coletados, armazenados, processados e protegidos. Mais que isso, é essencial que os conselhos compreendam as implicações de cibersegurança que emergem de uma estratégia de dados mal gerida, incluindo o risco de violações de dados e as consequências regulatórias associadas.

No contexto da estratégia de dados, é fundamental compreender a Hierarquia de Necessidades da Ciência de Dados, apresentada no livro *Business Models in Emerging Technology*.[10] A Figura 7.2 ilustra as etapas necessárias para que uma organização construa uma base sólida que permita o uso eficaz de IA e outras tecnologias avançadas.

Figura 7.2 Hierarquia de necessidades da ciência de dados

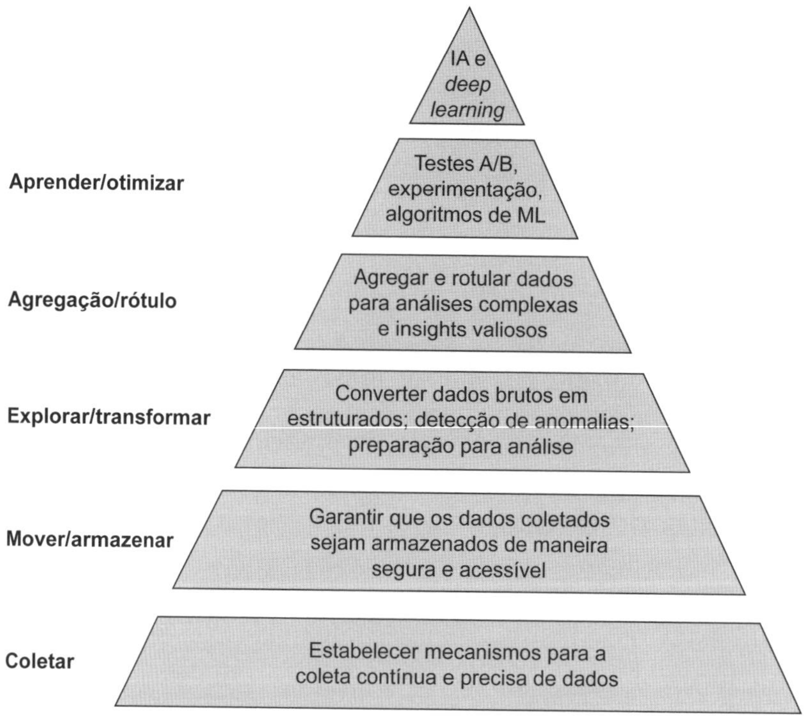

Fonte: Kampakis *et al.* (2023).[10]

A pirâmide começa com a coleta de dados na base e vai subindo até o uso de IA no topo, refletindo uma progressão lógica das necessidades mais básicas para as mais avançadas. Cada camada da pirâmide representa um estágio essencial que deve ser desenvolvido antes que a organização possa avançar para o próximo nível.

- *Coleta de dados*: na base da pirâmide, está a necessidade de coletar dados de forma consistente e confiável. Isso envolve a implementação de mecanismos de coleta de dados por meio de sensores, logs e outros meios, garantindo que esses dados sejam armazenados de forma segura e estruturada. Para as organizações, é crucial ter sistemas em vigor que garantam a integridade dos dados desde o momento da captura.
- *Movimentação e armazenamento de dados*: uma vez que os dados são coletados, eles precisam ser movidos e armazenados de maneira eficiente. Isso inclui a construção de pipelines de dados robustos, que permitem o fluxo contínuo de informações dentro da organização, bem como a utilização de soluções de armazenamento que deem suporte tanto aos dados estruturados quanto não estruturados.
- *Exploração e transformação de dados*: nesta etapa, os dados coletados são preparados para análise. Isso inclui processos de limpeza de dados, detecção de anomalias e outras formas de pré-processamento que garantem que os dados estejam prontos para serem analisados de forma significativa. A qualidade da transformação de dados nesta fase influencia diretamente os resultados das análises subsequentes.
- *Análise e métricas*: com os dados preparados, a próxima camada envolve a aplicação de análises para extrair insights. Isso pode incluir métricas básicas, segmentação, agregação de dados e até algoritmos simples de machine learning. Nessa fase, a organização começa a gerar valor a partir dos dados, criando relatórios e painéis de controle que informam a tomada de decisões.

- *Testes A/B e experimentação*: antes de implementar mudanças significativas com base em análises, é vital que a organização realize testes A/B – uma metodologia de experimentação usada para comparar duas versões de uma mesma variável (como um site, um e-mail ou um anúncio) e identificar qual delas gera melhores resultados – e outros experimentos para validar os resultados. Essa etapa ajuda a refinar os modelos de machine learning e a garantir que as decisões tomadas com base nos dados sejam, de fato, as mais eficazes.
- *Inteligência artificial e deep learning*: no topo da pirâmide, está o uso de IA e deep learning. Esse é o estágio mais avançado, em que a organização pode utilizar algoritmos complexos para automatizar processos, prever tendências e tomar decisões com base em grandes volumes de dados. Contudo, é importante notar que a eficácia da IA depende do cumprimento adequado de todas as camadas anteriores da pirâmide.

Bases da cibersegurança no ambiente corporativo

A cibersegurança é um campo complexo que envolve múltiplas camadas de defesa para proteger sistemas, redes e dados contra ataques cibernéticos. Conforme David D. Clark, pesquisador sênior do MIT em Ciência da Computação, e Nazli Choucri, professora do MIT especializada em relações internacionais, o ciberespaço pode ser compreendido por meio de quatro camadas principais: física, lógica, informacional e dos usuários. Essa estrutura propõe que a internet não deve ser vista apenas como infraestrutura técnica, mas como um espaço socioeconômico e político interconectado, onde cada camada interage com a outra de forma dinâmica e contínua.[11] Cada uma dessas camadas apresenta desafios específicos e requer estratégias diferenciadas para proteção.

- *Camada física*: inclui dispositivos como PCs, servidores, supercomputadores e redes de comunicação. A proteção desta camada envolve a segurança física dos equipamentos, bem como a implementação de firewalls e sistemas de detecção de intrusões.
- *Camada lógica*: esta camada diz respeito às plataformas e aos serviços que operam sobre a infraestrutura física. A segurança lógica foca na proteção de sistemas operacionais, aplicativos e protocolos de comunicação contra vulnerabilidades e ataques.
- *Camada de informação*: trata da criação, armazenamento e processamento de dados. Medidas de segurança nesta camada incluem criptografia, controle de acesso e políticas rigorosas de gerenciamento de dados.
- *Camada de pessoas*: envolve os usuários que interagem com o ciberespaço. A conscientização e o treinamento em cibersegurança são essenciais para prevenir erros humanos que possam levar a brechas de segurança. Estudos indicam que 95% dos incidentes de cibersegurança são causados por erro humano.

Embora a sociedade comemore o avanço da aplicação de novas tecnologias no mercado corporativo e na vida social, tais como a IA, a internet das coisas (IoT) e a computação em nuvem, assim como mudanças na estrutura de trabalho com o advento do trabalho remoto, todas essas inovações recentes ampliam a exposição a ataques virtuais. O uso de serviços em nuvem, por exemplo, pode expor dados sensíveis a acessos não autorizados se as configurações de segurança não forem adequadas, ao mesmo tempo em que permite habilitar muitas possibilidades de inovações. No caso da IoT, quanto mais dispositivos conectados à mesma rede, maior a superfície de ataque. Já a crescente tendência de trabalho remoto aumenta os riscos de acesso não seguro a redes corporativas, especialmente quando dispositivos pessoais são usados para acessar informações sensíveis.

Desta forma, é preciso definir a tolerância ao risco advindo das novas tecnologias versus o ganho competitivo e de performance que elas trazem à companhia.

Especificamente sobre a IA, conforme mencionado, de modo proporcional às oportunidades de novos negócios e ganho de produtividade para as organizações, a tecnologia também amplia e facilita a atuação de golpistas virtuais. Paralelamente, ela pode ser usada como mecanismo de aperfeiçoamento da segurança digital, identificando padrões e anomalias que passariam despercebidos por sistemas tradicionais. Por exemplo:

- *Detecção de malware*: técnicas de deep learning podem identificar malware em tráfego criptografado, permitindo que as defesas se adaptem rapidamente a novas ameaças.
- *Processamento de linguagem natural*: a IA pode detectar tentativas de phishing ao analisar e-mails e mensagens em busca de sinais de fraude, protegendo usuários contra ataques de engenharia social.
- *Aprendizado por reforço*: utilizado para a gestão dinâmica de políticas de segurança, o aprendizado por reforço pode otimizar respostas a incidentes e melhorar continuamente as defesas.
- *Generative Adversarial Networks (GANs)*: permitem simular cenários de ataques cibernéticos, ajudando a identificar e corrigir vulnerabilidades antes que sejam exploradas por atacantes reais.

Um novo horizonte para a criptografia de sistemas corporativos

A era da IA redefine o conceito de cibersegurança, colocando-a no epicentro das estratégias organizacionais. Mais que proteger sistemas, a segurança digital tornou-se um pilar indispensável para a inovação, a reputação e a perenidade dos negócios. Modelos como o Zero Trust, antes considerados avançados, agora emergem como padrões básicos, enquanto a auditoria algorítmica transforma-se em uma necessidade urgente para garantir a ética e a confiabilidade no uso da IA.

Nesse cenário, a governança corporativa desempenha um papel fundamental. Conselhos de administração, que outrora concentravam esforços na supervisão de resultados financeiros e compliance tradicional, agora enfrentam o desafio de integrar a cibersegurança como prioridade estratégica. O sucesso dessa integração não reside apenas em ferramentas, mas na capacidade das lideranças em fomentar uma cultura organizacional que valorize a diligência de dados, a aprendizagem contínua e a antecipação de riscos.

O futuro não promete a eliminação total das ameaças digitais, mas oferece a possibilidade de respostas mais sofisticadas, impulsionadas por tecnologias emergentes e uma governança mais robusta. A questão que se impõe não é apenas como proteger, mas como transformar a segurança digital em vantagem competitiva, pavimentando o caminho para um novo ciclo de confiança e inovação.

PARTE II

Como a IA redefine os negócios

A IA renova culturas organizacionais e estratégias de inovação em todos os setores de mercado, de bancos e varejistas a universidades, agronegócio, saúde e administração pública. Esta Parte II serve como um manual tático, mas também reflexivo, para quem deseja entender, na prática, o que está acontecendo dentro das grandes organizações.

Aqui, mais de 20 líderes que comandam ou aconselham companhias de destaque abrem suas agendas e compartilham depoimentos exclusivos. Além disso, você conhecerá mais de cinquenta agentes de IA que já atuam nesses setores, ilustrando o como e o porquê de cada ferramenta estar remodelando processos, gerando valor e redefinindo estratégias de mercado.

Por que é uma leitura essencial?

- *Visão de quem faz na prática*: não é só conceito; você terá acesso a entrevistas e depoimentos reais de executivos e conselheiros que estão liderando transformações profundas. Entenda como cada um superou desafios específicos, implantou inovações e consolidou resultados.
- *Panorama setorial abrangente*: descubra como a IA se encaixa nas realidades mais distintas – finanças, varejo, educação superior,

agronegócio, saúde e até mesmo a administração pública. Cada capítulo apresenta casos concretos, estratégias de adoção e destaques de mais de cinquenta agentes de IA aplicados em problemas reais.

- *Estratégia aliada à ação*: entenda por que inovar não é apenas adotar uma tecnologia; é repensar a forma de liderar, gerir equipes e responder às pressões competitivas do mercado. Quem vive a rotina da transformação explica o que funciona – e o que não funciona – em ritmo acelerado.
- *Governança e competitividade*: veja como conselhos de administração e altos executivos equilibram a busca por resultados imediatos com a construção de vantagens competitivas sustentáveis em IA. Saiba como eles integram riscos, cultura organizacional e objetivos de longo prazo.

Quais questões a Parte II busca responder?

- *Como a IA está redefinindo setores cruciais da economia a partir de histórias reais?* Compreenda como algoritmos e modelos generativos vêm impulsionando a competitividade e transformando o dia a dia em empresas de referência.
- *Por que a "pressão competitiva" torna-se inegociável?* Veja como organizações de capital aberto e focadas no consumidor final precisam inovar continuamente para manter a relevância – e como líderes lidam com essa pressão.
- *Como alinhar IA à governança corporativa e à cultura?* Descubra, em depoimentos diretos, por que implantar IA exige coragem para mudar processos e mentalidades, e como executivos superam resistências internas.
- *Quais desafios surgem em setores altamente regulados, como educação, saúde e a administração pública?* Entenda como equilibrar inovação com

exigências legais e por que, mesmo sob forte escrutínio público, líderes encontram oportunidades para reinventar serviços.

- *Como direcionar investimentos e priorizar projetos de IA em cenários de incerteza?* Conheça metodologias e critérios que ajudam executivos a identificar o retorno esperado e a definir o momento certo de escalar iniciativas.
- *O que executivos e conselhos podem aprender para acelerar ou moderar a adoção de IA?* Descubra, em primeira mão, as lições e dicas práticas compartilhadas pelos mais de vinte entrevistados, que vivenciam a necessidade de resultados sem descuidar da estratégia.

Mais do que nunca, quem lidera empresas ou conselhos deve entender como decisões acertadas, embasadas em exemplos e testemunhos reais, podem acelerar resultados e preparar o terreno para o futuro. Esta Parte II oferece relatos genuínos, conselhos práticos e uma lista robusta de ferramentas que podem guiar você rumo à inovação de forma segura e concreta.

Aproveite para aprender com quem está no campo de batalha, redefinindo modelos de negócio e estratégias de governança em tempo real.

8

Setor financeiro no superciclo de inovação: de sistemas legados para agentes de IA

Há dois aspectos centrais que estão conduzindo as organizações em suas estratégias de transformação digital e inovação, determinando seu grau de urgência, sobretudo no que diz respeito ao uso da IA generativa. Esses aspectos são a geração de valor em médio e longo prazos, bem como a pressão da concorrência e do mercado. Embora universais, esses fatores exercem influências distintas conforme o setor de atuação.

Mercados voltados ao consumidor final, como os setores financeiro e varejista, além de empresas de capital aberto, operam em um contexto de inovação constante. Para esses players, não inovar significa não sobreviver: o grau de atualização tecnológica não é opcional, mas imperativo. Segundo o conselheiro de administração Osvaldo Schirmer, que está no conselho de duas empresas listadas na bolsa de valores brasileira (B3), as companhias de capital aberto tendem a ser mais inovadoras que as de capital fechado, justamente em razão dessa pressão: "Atuo em empresas nos dois regimes e percebo uma diferença substancial no que se refere a investimentos em tecnologia entre elas". Enquanto as organizações de capital fechado conseguem operar com um horizonte mais prolongado de maturação tecnológica, as listadas enfrentam uma pressão implacável de acionistas para entregar resultados rápidos e, ao mesmo tempo, adaptarem-se a novas realidades.

Empresas de capital fechado, mesmo as mais adeptas às estratégias de inovação digital, têm no aspecto da geração de valor em médio e longo prazos a força que as conduz rumo à integração da IA generativa em suas operações. Assim, elas podem se dar ao luxo de ter mais tempo de maturação e curvas de aprendizado alongadas em seus projetos relacionados às tecnologias emergentes. Entretanto, nem mesmo as empresas com maior liberdade de planejamento estratégico podem ignorar a urgência que as novas tecnologias impõem. Nesse sentido, projetos relacionados à adoção de LLMs demandam, paralelamente, velocidade de execução e tempo para amadurecer. Essa dicotomia entre pressão e planejamento revela que, mais que uma simples corrida tecnológica, as organizações estão em meio a um processo de redefinição estrutural dos negócios.

Fica evidente que o momento ideal para as estratégias que tangem à IA generativa, seja entre os setores mais ou menos pressionados pelo mercado, não se define a partir de cálculos exatos. Diversas variáveis determinarão quem se posicionou para o novo superciclo de inovação em tempo hábil ou quem demorou demais. A única certeza é que todos precisarão identificar como e onde aplicar os novos modelos algorítmicos nos próximos cinco anos, independentemente do porte ou campo de atuação.

Um consenso entre as lideranças de mercado é que a integração da IA em estratégias organizacionais vai além dos investimentos; demanda uma mudança de mentalidade. Tal maturidade não ocorre de maneira uniforme. Enquanto alguns setores e empresas já se destacam como pioneiros, outros enfrentam barreiras culturais, estruturais e financeiras relevantes. Como enfatiza o executivo Marciano Testa, fundador e chairman do Agibank, "O gestor que pensar que o modelo de negócio que o trouxe até aqui é um modelo vencedor, por mais que esteja liderando alguma indústria, precisa entender que é sua capacidade de adaptação a força motriz que irá mover a organização daqui para frente. Hoje, não é o mais forte que sobrevive. É quem se adapta mais rápido".

A teoria de capacidades dinâmicas, desenvolvida pelos especialistas em negócios David Teece, Gary Pisano e Amy Shuen, sustenta que organizações bem-sucedidas são aquelas capazes de perceber, apreender e reconfigurar recursos para responder às demandas de um ambiente em constante evolução.[1] Nesse sentido, a fala do executivo Marciano Testa reforça a ideia de que a simples inércia de um modelo de negócio bem-sucedido no passado não garante competitividade futura. Em vez disso, a força motriz para prosperar nesse novo superciclo de inovação depende da habilidade de "sentir, compreender e transformar" oportunidades e ameaças de forma contínua e ágil. Esse alinhamento permanente entre oportunidades emergentes, competências internas e um modelo de gestão flexível é o fator-chave de competitividade em tempos de transformações exponenciais.

A executiva Andiara Petterle, conselheira de administração e professora de Transformação Digital do Instituto Brasileiro de Governança Corporativa (IBGC), também compartilha que, mais cedo ou mais tarde, todos os setores terão de se adaptar aos modelos baseados em algoritmos. Essas novas tecnologias não mudam os negócios apenas na lógica concorrencial e de gestão, mas também em dimensões-chave como comportamento do consumidor, sensibilidade ao risco e recrutamento de talentos, o que demanda dos gestores uma visão holística acerca da IA. Essa abordagem sistêmica reflete a necessidade de alinhar a tecnologia às estratégias de longo prazo, considerando não apenas os ganhos operacionais imediatos, mas também o impacto na cultura organizacional, nas relações de consumo e nas dinâmicas de mercado. Como diz Andiara, "Não dá para pensar a IA por uma única perspectiva. É preciso considerar sua aplicação sob diversas perspectivas em fusões e aquisições, cadeia de valor, gestão de pessoas, automação e assim por diante. Dessa forma, é possível priorizar e fatiar as demandas em projetos paralelos dentro de uma estratégia transformacional robusta".

De acordo com relatório da IDC, o Brasil tem a mais elevada taxa de aplicações de tecnologias de IA da América Latina.[2] As estatísticas mostram que 63% das empresas brasileiras usam aplicações relacionadas à IA, superando em muito a média latino-americana (47%). Ainda segundo o estudo, 70% das empresas brasileiras usam tecnologias de IA para melhorar a análise de históricos de dados e aprimorar processos decisórios. No entanto, a maioria dessas iniciativas ainda se concentra em soluções de dados e análises contratadas no modelo SaaS (*software-as-a-service*), o que deixa um vasto campo inexplorado para o desenvolvimento de aplicações de IA mais customizadas a realidade de cada organização. Além disso, o Gartner projeta que, até 2027, 70% das organizações considerarão a sustentabilidade e a soberania digital – isto é, a capacidade de controlar ativos digitais – como diferencial de mercado, ou seja, buscarão autonomia no controle de ativos digitais como critério fundamental para adotar serviços de IA em nuvem.[3]

Os números evidenciam o potencial inovador do Brasil, mas também destacam os desafios para ampliar o escopo e a profundidade da adoção de IA de forma mais abrangente pelo mercado. A oportunidade de liderar esse novo superciclo de inovação está ao alcance não só no desenvolvimento de modelos de linguagem, mas na aplicação efetiva dessas soluções, considerando que o Brasil é reconhecido como um *early adopter* de inovações. Essa evidência permite ao país destacar-se por meio do uso eficiente de uma regulamentação avançada e de capacidade energética de sediar datacenters que deem suporte às demandas da IA em escala global. No entanto, será necessário superar barreiras culturais, estratégicas, de formação de talentos e de infraestrutura para transformar esse potencial em liderança efetiva.

Em vista disso, meu objetivo com este livro é observar como a IA está reconfigurando setores essenciais da economia brasileira e de que forma essas transformações estão impactando o futuro do mercado e da sociedade.

No setor financeiro, por exemplo, a IA impacta tanto a experiência do cliente como também a gestão de riscos, a análise preditiva e a criação de novos modelos de negócio. Historicamente na vanguarda da inovação, esse setor lidera, novamente, uma das transformações digitais mais profundas que o mercado já viveu. Ao analisar a trajetória de evolução dos serviços bancários ao longo do século XXI, identificam-se marcos cruciais que moldaram a indústria e a conduziram ao cenário atual. A internet inaugurou o acesso remoto por meio do internet banking, seguida pela explosão dos smartphones, que levou essa conveniência às mãos dos consumidores com o mobile banking. A computação em nuvem, por sua vez, revolucionou a interação entre instituições e clientes, tornando-a mais ágil e colaborativa. Agora, com o avanço de tecnologias emergentes como IA generativa, machine learning e blockchain, o setor bancário precisa reavaliar como essas soluções podem redesenhar suas operações e abrir novos caminhos para oportunidades de criação de valor.

De acordo com o Global Tech Report 2023,[4] 60,8% dos líderes de tecnologia do setor bancário acreditam que IA e machine learning são essenciais para que suas organizações alcancem metas estratégicas de curto prazo, conforme mostra a Figura 8.1.

No Brasil, os investimentos em tecnologia pelo setor financeiro aumentaram de R$ 35 bilhões em 2022 para R$ 47 bilhões em 2023, com a IA representando a maior parcela dos aportes, de acordo com Ivo Mósca, diretor executivo de Inovações, Produtos e Serviços da Federação Brasileira de Bancos.[5]

Diferentemente de outros setores, o impacto da IA nos serviços bancários já pode ser mensurado de forma significativa, impulsionado pelo estágio maduro de digitalização do setor. Instituições financeiras, há décadas moldadas pela automação de processos e pela análise de dados, encontraram na IA não apenas uma ferramenta de suporte, mas uma força capaz de catalisar transformações profundas. Do processamento de crédito em tempo real à personalização de ofertas altamente segmentadas, a tecnologia entrelaça-se às operações diárias de bancos e fintechs, redefinindo a forma como o dinheiro circula, o risco é avaliado e as relações com clientes são conduzidas. Enquanto em muitos segmentos a IA ainda é um experimento, no setor financeiro ela já está consolidada como pilar estratégico e diferencial competitivo.

Figura 8.1 Tecnologias relevantes para alcançar resultados de curto prazo

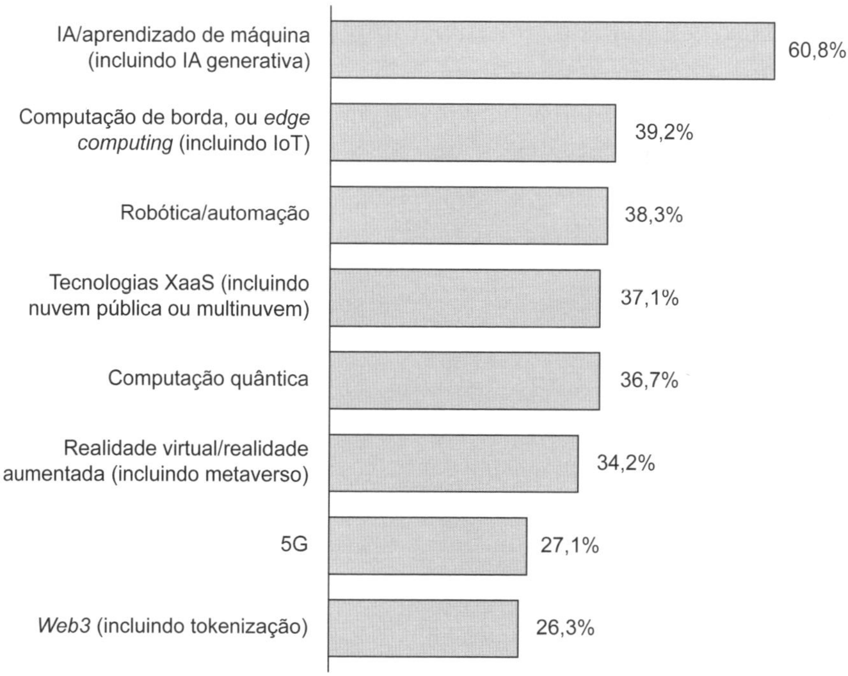

Fonte: KPMG (2023).[4]

Transformação digital na prática: da personalização aos agentes de IA

O conselheiro de administração Paulo Vasconcellos tem acompanhado de perto a sofisticação digital no setor bancário, particularmente em sua atuação como membro do conselho de uma instituição de crédito no

Brasil, posição que ocupa desde 2018. Ele descreve o desafio que a empresa enfrentou desde sua chegada, no sentido de "deixar de atuar como uma instituição tradicional para se tornar uma empresa de tecnologia que empresta dinheiro". A mudança de paradigma demandou mudanças operacionais, mas, principalmente, um esforço educacional significativo junto aos líderes da organização. De forma similar, o aculturamento contínuo para a gestão orientada por dados e o reposicionamento do capital humano para demandas mais estratégicas também estão no cerne da transformação contínua do Agibank. Marciano Testa, fundador do Agibank, reforça que a busca por integração de novas tecnologias tornou-se senso comum para instituições bancárias de todos os portes.

Vasconcellos considera que, em primeiro lugar, é essencial identificar as aplicações práticas da IA no negócio. Depois, questionar como gerar valor real utilizando IA, seja por meio de personalização de produtos, redução de riscos ou melhorias na experiência do cliente. Além disso, a governança da IA é indispensável, assegurando que a tecnologia seja aplicada de forma válida, confiável, segura, justa, resiliente e ética, além de ser responsável, explicável e interpretável. Por fim, as lideranças devem considerar as perspectivas futuras da IA, refletindo sobre como essas ferramentas evoluirão e moldarão o futuro do setor.

A realidade mostra que o setor financeiro passa por uma metamorfose que transcende a simples adoção de tecnologias; trata-se de uma redefinição identitária. Tal movimento não é exclusivo das grandes corporações; estende-se a todo o espectro de portes e modelos de negócio, exigindo que cada organização repense suas fundações. O processo demanda desde um trabalho educacional e estratégico de benchmarking até esforços em estágios extremamente avançados, como a substituição de sistemas legados e a criação de agentes de IA, como veremos a seguir.

Ao enfrentar o desafio comum às instituições financeiras de integrar sistemas legados com novas tecnologias preditivas, o Agibank não apenas superou essa barreira, como transformou o processo em uma oportunidade de estar à vanguarda no que diz respeito ao uso da IA generativa. Testa afirma que conectar os legados e os dados aos novos modelos preditivos foi o primeiro passo essencial para garantir eficiência, mas também o mais desafiador. "A partir deles, desenvolvemos agentes de IA,* que atuam de forma ainda mais sofisticada, automatizando ações baseadas nas previsões dos modelos, o que nos posiciona de forma competitiva em um mercado em rápida evolução". Segundo o executivo, o desafio atual da maioria das empresas que buscam integrar a IA generativa em suas operações é entender como lidar com seus sistemas legados neste novo superciclo de inovação. A Figura 8.2 destaca oito agentes de IA que já atuam no setor financeiro, em frentes que incluem análise contratual, modelagem de risco, atendimento automatizado e suporte a decisões de investimento. São ferramentas desenvolvidas por bancos, fintechs e big techs que, hoje, moldam o futuro da indústria financeira.

Figura 8.2 Agentes de IA que já atuam no setor financeiro

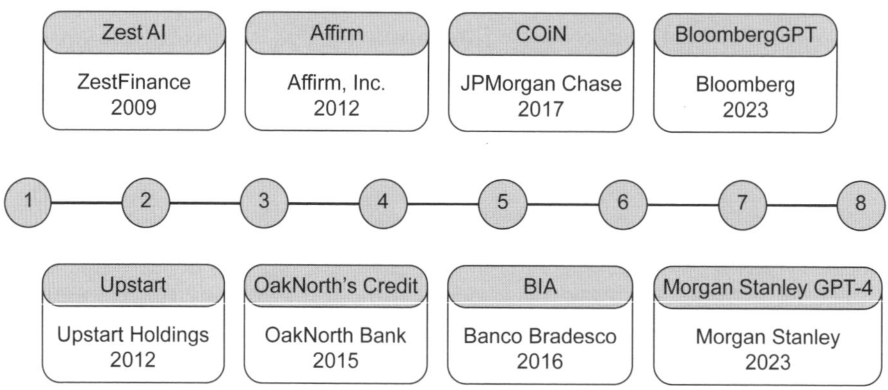

* Os agentes de IA são sistemas baseados em inteligência artificial que atuam de maneira proativa, executando tarefas específicas com base em insights fornecidos por modelos preditivos e outras análises automatizadas. Esses agentes são projetados para não apenas identificar padrões e prever eventos futuros, mas também tomar decisões ou implementar ações automaticamente, reduzindo o tempo de resposta e aumentando a eficiência operacional.

Entre os pioneiros, está a Zest AI, voltada à modelagem de risco de crédito. Ela utiliza machine learning e dados não tradicionais; a empresa cria modelos mais inclusivos e precisos que aqueles dos sistemas convencionais de scoring.[6]

Em 2012, a Upstart inovou ao considerar variáveis como formação acadêmica e histórico profissional na concessão de crédito. Essa abordagem expande o acesso ao financiamento e reduz a inadimplência.[7] No mesmo ano, a Affirm tornou popular o modelo *"buy now, pay later"* ("compre agora e pague depois") com análises de risco em tempo real no ponto de venda, simplificando compras e aumentando as conversões no varejo.[8]

A OakNorth, lançada em 2015, é referência em crédito para pequenas e médias empresas. Ela utiliza dados alternativos e IA para permitir decisões rápidas e assertivas e, hoje, é licenciada globalmente.[9]

A COiN, solução do JPMorgan Chase desenvolvida em 2017, usa processamento de linguagem natural (PLN) para automatizar a leitura de contratos jurídicos, reduzindo riscos de não conformidade.[10]

No Brasil, o Bradesco desenvolveu, em 2016, a BIA, assistente virtual baseada em IA que atende clientes e executa transações simples 24 horas por dia, aliviando a carga operacional e melhorando a experiência do usuário.[11]

Já em 2023, surgiram dois modelos, aplicando IA generativa, voltados ao mercado financeiro. O BloombergGPT foi treinado com dados proprietários para interpretar relatórios e indicadores de alta precisão.[12] Já o Morgan Stanley GPT-4 Assistant, em parceria com a OpenAI, oferece suporte a consultores na personalização de recomendações financeiras, com base nos dados internos do banco.[13]

Esses agentes representam mais que avanços pontuais: são exemplos de como a IA, quando aliada à estratégia e à boa governança, transforma o setor bancário de dentro para fora. A disrupção, portanto, não está na tecnologia em si, mas na capacidade de traduzi-la em soluções que geram valor, eficiência e confiança.

Modelos preditivos no setor financeiro

Para Marciano Testa, os modelos preditivos capturam dados e analisam comportamentos, permitindo prever potenciais problemas antes mesmo que eles surjam: "Os modelos preditivos indicam, por uma série de fatores capturados no comportamento do cliente, que esse cliente poderá ter um problema, mas ele ainda não tem. Então, temos um agente de IA que executa o que chamamos de 'vacinas', aplicando regras automaticamente", explica ele. Isso acontece milhares de vezes, todos os dias, no Agibank, prevenindo que o cliente venha a ter um problema de crédito porque o modelo preditivo apontou isso. Assim sendo, esses modelos e agentes de IA permitem intervenções antecipadas, tornando a gestão da rotatividade dos clientes muito mais eficiente. Essas ferramentas ajudam a identificar clientes com risco de abandono e aplicar ações preventivas, como ajustes de crédito ou ofertas personalizadas, antes que um possível abandono se concretize.

No caso da instituição de crédito em cujo conselho Paulo Vasconcellos atua, soluções práticas, como o Copilot e o ChatGPT, aplicadas ao atendimento via WhatsApp, além do Google Gemini para elaborar insights sobre carteiras de clientes, ganham tração: "Estamos usando a IA para geração e análise de documentação, desde a verificação de informações até a personalização de produtos voltados a diferentes faixas de renda". Recentemente, a instituição também começou a oferecer seguros atrelados ao crédito, ampliando seu portfólio de produtos e utilizando tecnologias emergentes para otimizar seus processos e atender melhor aos clientes.

Atualmente, os modelos preditivos figuram como ponto de partida dos bancos, permitindo a antecipação de comportamentos de clientes e riscos operacionais. Mais que ferramentas analíticas, esses modelos são combinados com agentes de IA que atuam de forma autônoma para executar ações preventivas, como mitigar inadimplências ou personalizar produtos financeiros. Por outro lado, essas ferramentas também redefinem o papel da gestão. Em vez de analisar apenas resultados passados, como o desempenho do último trimestre, os gestores podem usar os insights gerados pela IA para tomar decisões baseadas em projeções.

No caso do Agibank, modelos preditivos viabilizam capturar dados e fazer previsões futuras. Desta forma, segundo Marciano Testa, o gestor poderá trabalhar com base no que poderá acontecer no semestre seguinte, enquanto os agentes de IA executam tarefas para prevenir problemas apontados pelo modelo preditivo. "Acredito que esse será o futuro para o setor financeiro", afirma ele.

A relevância da transformação digital no setor financeiro é corroborada pela pesquisa *Global Tech Report*, que entrevistou 2.100 executivos de dezesseis países e nove setores.[14] O estudo revela que a maioria dos executivos de serviços financeiros notou melhorias no desempenho e na lucratividade de seus negócios nos últimos 24 meses, atribuídas diretamente à digitalização. No entanto, os desafios persistem, sobretudo em áreas críticas como custos e organização dos dados, essenciais para alcançar o estado da arte nos serviços financeiros baseados em IA.

Por outro lado, 40% das empresas entrevistadas ainda não observaram ganhos concretos de desempenho ou lucratividade a partir de seus investimentos em cibersegurança nos últimos dois anos. Tal percepção, porém, pode subestimar o papel das defesas implementadas: muitas empresas não sofreram ataques diretos ou não têm plena ciência de tentativas bloqueadas, o que pode levar à falsa impressão de falta de retorno. Assim, a ausência de incidentes gera uma sensação de segurança, desincentivando novos investimentos na área.

De forma semelhante, 43% das empresas também não viram retornos significativos em iniciativas de inovação baseadas em ferramentas *no-code* e *low-code* no mesmo período. Essa dificuldade de mensuração levanta um questionamento fundamental: até que ponto a falta de resultados tangíveis decorre de limitações das tecnologias ou da maneira como foram implementadas dentro das organizações?

"Vejo os custos de tecnologia e investimento de três maneiras", explica Karim Haji, sócio-líder global de Financial Services da KPMG, ao comentar que há custos de manutenção e atualização de sistemas legados, além de despesas relacionadas a atualizações específicas e mudanças estruturais.[15]

O setor que antecipou o futuro: como os bancos lideram a revolução algorítmica

A observação sobre o setor financeiro revela um ponto incontestável: a IA generativa e o machine learning não são mais promessas tecnológicas, mas alicerces da operação moderna. Ainda que muitas empresas de outros segmentos estejam apenas arranhando a superfície dessas inovações, no setor bancário, elas já são determinantes para a eficiência, a segurança e a personalização dos serviços. O aprendizado que emerge desse contexto vai além da simples adoção de novas ferramentas; trata-se de uma mudança estrutural na forma como as organizações pensam estratégia, risco e relacionamento com seus públicos.

Se no setor financeiro a IA assumiu um papel quase natural, impulsionado por um longo histórico de digitalização e análise de dados, outros setores enfrentam desafios distintos. O varejo, por exemplo, encontra na IA a chave para entender os padrões de consumo em tempo real, personalizar ofertas e otimizar estoques de maneira dinâmica. Já no setor de serviços em geral, a automação e o uso de dados para aprimorar a experiência do cliente tornaram-se diferenciais competitivos incontornáveis. O que esses setores compartilham com o financeiro não é apenas a tecnologia em si, mas a necessidade de uma mentalidade orientada para a experimentação e a adaptação contínua.

Olhando para o futuro, fica evidente que incorporar IA às operações não é suficiente: é necessário redefinir processos, capacitar equipes e preparar as lideranças para uma transformação que vai além da automação. Como demonstrou o estudo do setor financeiro, integrar IA à cultura organizacional e às práticas de gestão torna-se parte essencial da estratégia. Nos próximos capítulos, essa jornada será explorada a partir de diferentes indústrias, mostrando como a inovação e a resiliência tornam-se elementos indissociáveis para organizações que desejam prosperar na era digital.

9

Varejo no superciclo de inovação: capturando o pulso do consumidor

Se o setor financeiro é frequentemente reconhecido pela agilidade em adotar novas tecnologias para otimizar processos e mitigar riscos, o varejo, por outro lado, destaca-se pela capacidade de capturar o pulso das mudanças no comportamento do consumidor. Ao longo de décadas, o setor evoluiu por diferentes ciclos de transformação: primeiro, a expansão física, com a ampliação dos pontos de venda; depois, a transição para o e-commerce, que trouxe conveniência e alcance digital; e, mais recentemente, a integração de estratégias *omnichannel*, para unificar a experiência do cliente. Mas o que acontece quando ambos os setores, varejista e financeiro, enfrentam o mesmo desafio: integrar inteligência artificial de forma efetiva em suas operações? No capítulo anterior, foram analisados os impactos desse novo superciclo de inovação nos serviços bancários; agora, faz-se necessário promover uma imersão sobre o futuro das relações de consumo com a chegada de uma tecnologia de disrupções sem precedentes.

A transformação digital não é apenas uma questão de eficiência ou competitividade; ela redefine a própria relação entre marcas e consumidores, criando experiências que, até há pouco tempo, pareciam ficção científica. A IA se torna ponto de partida para os novos rearranjos do setor varejista, atuando como força capaz de moldar interações e personalizar jornadas de compra em níveis inéditos. Ao lado da realidade aumentada, que permite ao consumidor "experimentar" produtos em ambientes virtuais, e do metaverso, que projeta novas formas de engajamento em espaços imersivos, a IA promove um tecido tecnológico que transcende o comércio convencional. Para além de transformar a maneira como se consome produtos e serviços, essa convergência de inovações também levanta questionamentos mais amplos sobre como tecnologia e humanidade podem coexistir em um equilíbrio que consolida o consumo como experiência social, e não apenas como transação.

Em teleconferência com analistas, o presidente do Magazine Luiza, Frederico Trajano, declarou: "Já vi muitas trends, mas entendo que, como a IA, só vi em 2000 e 2010, com o avanço do digital e depois com a mobilidade, e os smartphones".[1] A fala do executivo antecedeu o anúncio de que o uso da IA terá peso significativo no ciclo estratégico de cinco anos da companhia listada no mercado de ações. O movimento, no entanto, já começou a ser delineado com a implementação do chatbot de IA generativa lançado pelo Magazine Luiza em 2023. A solução tecnológica está no núcleo da operação da Lu, influenciadora virtual da marca, e foi concebida para aprimorar a experiência do cliente, oferecendo recomendações de produtos personalizadas e respostas detalhadas às dúvidas dos consumidores. Esse é apenas um entre centenas de exemplos nacionais e globais que refletem as projeções sobre o futuro do setor: um ecossistema no qual a tecnologia, além de facilitar o consumo, reforça a conexão entre marca e consumidor por meio de diálogos humanizados entre pessoa e máquina. Um relatório da Accenture aponta que 75% dos executivos do varejo no mundo consideram a IA generativa fundamental para o crescimento da receita[2] – afirmação que pode parecer repetitiva, mas que vale ser reforçada, visto que se tornou consenso entre os diversos estudos de mercado, dos mais variados setores, que foram abordados neste livro.

Tais aspirações indicam o recrudescimento na corrida por inovação digital e competitividade entre os grandes players varejistas, assim como a entrada de pequenas redes de varejo na era da IA. Fica claro, portanto, que a estratégia do Magazine Luiza, exemplo que abre este capítulo, não é um esforço isolado, mas parte de um movimento coordenado que reflete uma tendência global no setor varejista.

A pesquisa da Accenture revela que 93% dos líderes de varejo planejam escalar investimentos em IA nos próximos cinco anos, com foco em transformar operações e experiências de consumo. Assim como se observa na maioria dos setores econômicos globais, a IA está impondo um novo ciclo de inovações às empresas varejistas, com transformações, mesmo que já impactantes, ainda em fase inicial. Ao longo deste capítulo, vamos explorar diversas aplicações que estão transformando a dinâmica do setor em escala mundial e local. Mais que uma análise técnica, o capítulo é um convite para refletir sobre como o varejo está reimaginando sua função em um mundo onde dados, algoritmos e pessoas coexistem em uma dinâmica profundamente transformadora.

Do algoritmo às compras

Diferente do setor financeiro, o varejo não lida apenas com transações; ele é uma interseção entre a emoção e a funcionalidade, entre o que o cliente quer e o que ele nem sabe que precisa. Nesse superciclo de inovação, a inteligência artificial, sobretudo a IA generativa, passa a ser um componente catalisador dessa relação, permitindo que as empresas analisem, em tempo real, as preferências de seus consumidores e, também, antecipem suas necessidades e as personalizem em escala antes inimaginável. Nos bastidores, a IA oferece aos varejistas uma poderosa ferramenta para otimizar decisões relacionadas a estoque, ajudando a determinar quais itens manter em cada loja e em que quantidades. Esse tipo de análise é feito com base em tendências históricas de vendas e dados externos, como previsões meteorológicas, clima e eventos locais futuros, tais como Dia das Mães e dos Namorados. Antes do advento da IA, nessas previsões do comportamento de consumo, ainda havia resquícios da era analógica, como pesquisas de campo.

Outro ganho a partir dos modelos de linguagem é a personalização das vendas cruzadas, utilizando o histórico de compras do cliente para sugerir combinações relevantes. Por exemplo, ao identificar que um cliente adquiriu sandálias, a tecnologia pode sugerir meias infantis, não porque sejam um complemento direto, mas porque o mesmo cliente já comprou tênis infantis anteriormente, revelando um padrão de consumo.

Entretanto, enquanto o setor financeiro já consolidou estratégias robustas baseadas em IA, o varejo nacional segue dividido, com larga margem de novas aplicações em horizonte próximo. Essas aplicações variam desde automações simples, como o uso de chatbots no WhatsApp para atendimento – uma prática já amplamente adotada por empresas de todos os tamanhos – até implementações mais complexas, como análises preditivas para planejar coleções, que requerem um nível de integração tecnológica mais elevado. "O varejo é muito mais fragmentado e dependente de um alinhamento preciso entre logística, dados e atendimento ao cliente", observa Osvaldo Schirmer, conselheiro de administração nas Lojas Renner S.A. Hoje, são mais de 650 lojas em operação pelo grupo, considerando todos os negócios do ecossistema. Além de estar presente no Brasil com todas as suas marcas, a companhia iniciou seu processo de internacionalização no Uruguai em 2017 e na Argentina em 2019. "As barreiras não são apenas técnicas, mas também organizacionais", alega Schirmer. "Adotar IA implica rever modelos de operação, infraestrutura e o próprio perfil da força de trabalho".

A visão do conselheiro é corroborada por dados da Central do Varejo: entre as principais barreiras para a adoção da IA no varejo brasileiro, destacam-se a falta de conhecimento (52%) e de infraestrutura (26%), além das dúvidas sobre o retorno do investimento (25%).[3] Em relação ao último aspecto, de fato, um dos principais entraves à lucratividade no setor é a margem de lucro reduzida: aproximadamente 2,5% para o varejo em geral, mas ainda menor para redes de supermercados.[4] Diante do contexto imposto, a IA chega com a missão de aumentar essas margens, aprimorando a eficácia de campanhas de marketing, planejamento de portfólio, entre outras estratégias voltadas ao crescimento de vendas. Um exemplo notável de aplicação da IA no setor varejista brasileiro é a estratégia da Via Varejo, que administra marcas como Casas Bahia e Ponto Frio. A empresa implementou um avançado sistema de IA voltado à gestão de estoques e ao planejamento do portfólio de produtos. A solução executa análises de históricos de vendas, tendências de mercado e até fatores externos, como sazonalidade e comportamento regional dos consumidores, para prever a demanda por produtos em suas lojas físicas e canais digitais.

Para além das otimizações direcionadas à relação com o consumidor final, abre-se também um horizonte amplo de automação e robotização na força de trabalho. O Walmart, por exemplo, que é uma das maiores redes de varejo do mundo, anunciou a expectativa de automatizar processos em cerca de 65% das suas lojas até 2026. Em 2023, a varejista americana demitiu mais de 2 mil funcionários responsáveis pela área de comércio eletrônico.

O relatório da Accenture que mencionei agora há pouco indica que 50% das horas de trabalho no varejo têm potencial de transformação por IA generativa, com 36% suscetíveis à automação e 28% à melhoria por tecnologia. Ao confrontar esses dados com o que mostra a Figura 9.1, fica claro que o impacto da IA no setor difere bastante de acordo com a função. Recursos Humanos apresenta um potencial de melhoria pela IA de 48%, enquanto Finanças e Operações destacam-se no potencial de automação de 46% e 45%, respectivamente. Já Marketing e Jurídico exibem um equilíbrio interessante: ambas têm elevado potencial de melhoria e de automação, sugerindo que a IA tende a atuar mais como suporte do que como substituta nessas áreas. Em contrapartida, as áreas operacionais e financeiras devem sofrer transformações mais profundas via automação total, potencialmente resultando em reestruturações significativas nessas funções dentro do varejo.

Figura 9.1 Potencial de impacto da IA no setor do varejo

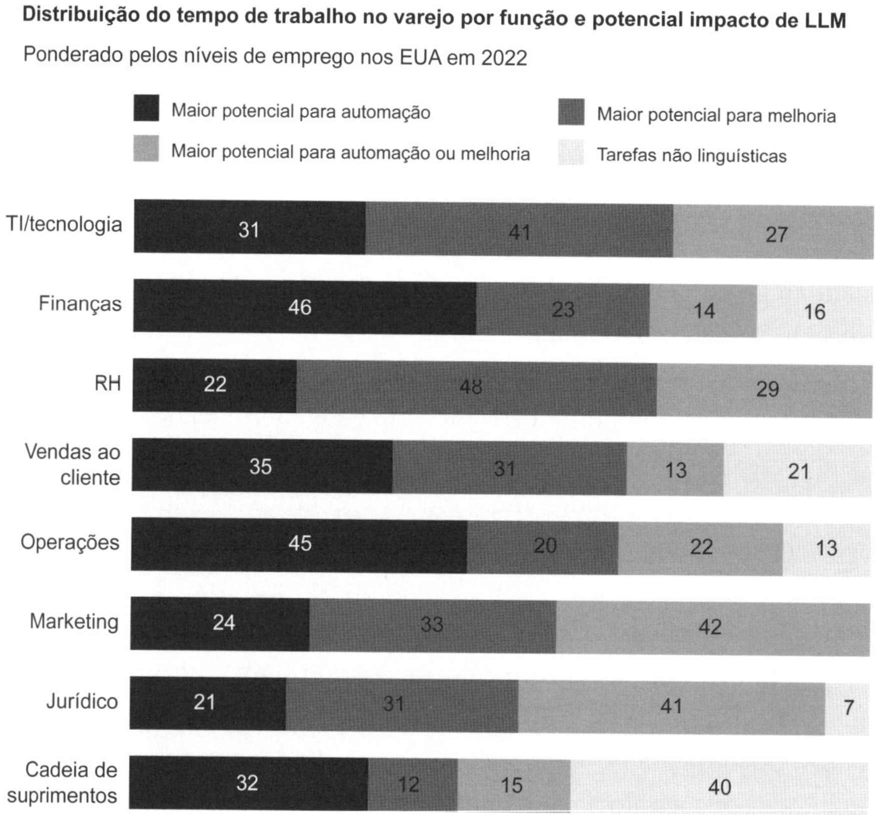

Fonte: Accenture (2024).[2]

Embora algumas funções possam ser substituídas pela máquina, Osvaldo Schirmer destaca que, por outro lado, a IA oferece uma oportunidade única para redefinir o papel dos profissionais no varejo, promovendo maior acesso a ferramentas que potencializam as entregas e decisões estratégicas da equipe: "Vendedores, gestores de estoques e profissionais de marketing passam a contar com acesso em tempo real a insights e informações estratégicas que otimizam suas entregas e decisões".

De acordo com a Central do Varejo, 58% das varejistas brasileiras que utilizam IA fazem isso diariamente, aplicando-a em áreas de atendimento ao cliente, marketing e análise de tendências. Um exemplo prático está na identificação de agrupamentos de produtos nas gôndolas do supermercado. Embora varejistas tradicionalmente associem itens complementares, como manteiga de amendoim e geleia, a IA é capaz de identificar combinações inesperadas de produtos, sugerindo disposições que podem estimular novas conexões de consumo e reduzir desperdícios. Por exemplo, a rede St. Marche, com mais de trinta lojas em São Paulo, firmou uma parceria com a startup de IA Aravita para melhorar a gestão de produtos frescos, como frutas, legumes e hortaliças.

Nas Lojas Renner S.A., a IA se tornou indispensável para a previsão de demandas e a personalização das operações: "Utilizamos métodos preditivos para determinar a quantidade de produtos e para quais lojas devem ser enviados", afirma Osvaldo Schirmer, que está no board da empresa há doze anos, sendo oito deles na posição de chairman. "Em um país do tamanho do Brasil, as demandas variam. Produtos que são vendidos em Manaus não têm a mesma saída em Caxias do Sul, por exemplo. A IA nos ajuda a identificar essas diferenças com menos esforço".

Soluções de IA com destaque no varejo

No varejo contemporâneo, cada decisão, do sortimento à entrega, é atravessada por dados. A IA deixou de ser um experimento em laboratórios de inovação para se tornar infraestrutura invisível, mas decisiva, na operação de gigantes globais. E, talvez mais importante, passou a ser também uma provocação contínua à cultura de gestão. Vou agora destacar oito agentes de IA. Embora alguns deles já existam há algum tempo, ganharam força graças aos recentes avanços desta tecnologia, conforme mostra a Figura 9.2.

Figura 9.2 Agentes de IA que já atuam no setor do varejo

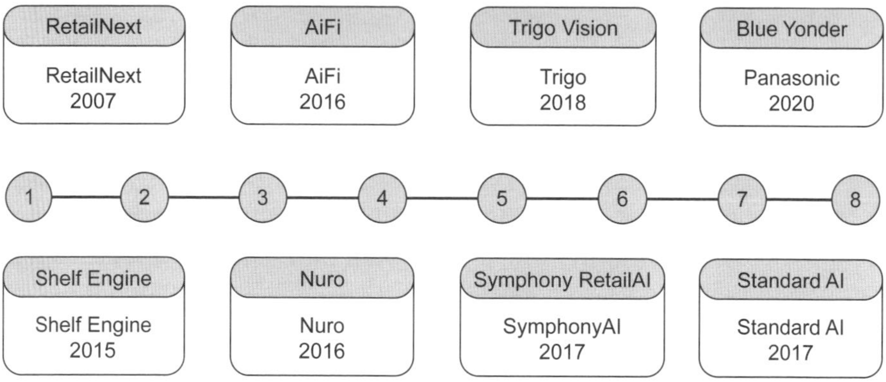

A trajetória do Blue Yonder expressa bem esse movimento. Nascido como JDA Software em 1985 e incorporado pela Panasonic em 2020, o sistema se transformou em um dos maiores orquestradores algorítmicos da cadeia de suprimentos global. Ele antecipa demandas, ajusta estoques e sincroniza fluxos logísticos entre departamentos e países. Empresas como Walmart e Carrefour o utilizam não apenas para reduzir rupturas, mas para reconceituar o tempo na logística: menos reação, mais antecipação.[5]

Em outro ponto da cadeia, o Symphony RetailAI opera onde o varejo encontra o cliente: na escolha do que expor, a que preço e para quem. Fundado em 2017, o sistema adapta sortimento e precificação com base em algoritmos que absorvem histórico de vendas, tendências de consumo e especificidades locais.[6]

O RetailNext, por sua vez, coloca sensores e câmeras a serviço da escuta. Desde 2007, sua tecnologia de visão computacional transforma o movimento humano em dados interpretáveis: mapas de calor, taxas de conversão, zonas de atrito e de engajamento. A experiência física passa a ser monitorada, interpretada e adaptada com precisão cirúrgica.[7]

Na fronteira do checkout, duas soluções definem o novo gesto de comprar sem parar: AiFi e Trigo. Ambas eliminam a fricção do pagamento, substituindo leitores e caixas por sensores e algoritmos. Em mercados como Tesco e REWE, o cliente simplesmente entra, escolhe e sai. O invisível opera: a IA registra, cobra e aprende. A loja deixa de ser um ponto de venda e passa a ser um espaço de coleta inteligente de dados.[8,9]

O Standard AI, lançado em 2017, amplia essa lógica para lojas já existentes. Converte espaços tradicionais em ambientes autônomos sem grandes reformas. Câmeras e modelos de visão computacional identificam comportamentos, registram escolhas e automatizam pagamentos. Contudo, seu diferencial está além da automação: ele entrega aos gestores relatórios que revelam padrões e sugerem reorganizações operacionais baseadas em evidência.[10]

No setor mais sensível do abastecimento, os produtos perecíveis, o Shelf Engine, fundado em 2015, atua como um cérebro preditivo. Ele cruza histórico de vendas, clima e calendário para propor quantidades ideais. Ao reduzir desperdícios e evitar que prateleiras esvaziem cedo demais, a solução cria uma nova métrica de sucesso: frescor com precisão.[11]

E quando a compra sai da loja, a IA, ainda, continua guiando o processo. O Nuro, criado em 2016, aposta em veículos autônomos para realizar entregas de curta distância. Walmart, Kroger e Domino's já testam a solução. Mais que logística, o Nuro propõe um novo código urbano: sem motoristas, com menos emissão e sob a vigilância de reguladores que tentam acompanhar a inovação.[12]

Ainda que muitas dessas plataformas já existam há quase uma década, a convergência entre maturidade tecnológica, popularização da IA e cultura de dados fez com que seu impacto se tornasse incontornável.

Impactos visíveis

Um relatório da Deloitte apontou que empresas que adotaram a IA de forma estratégica registraram crescimento médio de 12% em receita, impulsionado pela personalização de experiências e pela eficiência na cadeia de suprimentos. A partir do uso de IA generativa no impulsionamento de recomendações preditivas, preços dinâmicos e assistentes virtuais para personalização da jornada do consumidor, houve uma redução média de 18% no custo de aquisição de clientes, 20% de aumento no gasto do cliente e 30% de aumento na satisfação do cliente, entre os varejistas entrevistados. Não à toa, 91% dos executivos consideram a IA a tecnologia mais transformadora para o varejo nos próximos três anos. Espera-se que a adoção generalizada da IA no varejo ocorra em 5 a 10 anos, com benefícios transformacionais.[13]

O Quadro 9.1 mostra a lista com dez maneiras pelas quais os varejistas aplicam a tecnologia de IA para melhorar a eficiência e as experiências de seus clientes, segundo Michael Hickins, diretor de comunicação estratégica da Oracle.[14]

Quadro 9.1 Dez maneiras como a IA impacta o varejo

1. Personalize o atendimento ao cliente.
2. Melhore as vendas cruzadas e as vendas adicionais.
3. Gerencie estoques.
4. Preveja a demanda.
5. Simplifique as compras.
6. Otimize os preços.
7. Recomende produtos.
8. Livre-se das tarefas monótonas.
9. Encontre a ação.
10. Preveja o fornecimento.

Fonte: Hickins (2024).[4]

Um caso emblemático é o *Just Walk Out*, da Amazon, lançado em 2020, que combina sensores e algoritmos de visão computacional para permitir compras sem a necessidade de passar pelo caixa. Ao registrar, em tempo real, o que cada cliente retira das prateleiras, o sistema faz a cobrança diretamente na conta do usuário, assim que ele sai da loja.[15] Esse modelo reforça como a IA pode transformar a experiência de compra e reduzir filas, ao mesmo tempo em que fornece dados valiosos sobre o comportamento de consumo.

O caso das Lojas Renner S.A.

De forma geral, a partir de uma análise empírica, é possível observar que as principais redes varejistas – no caso, as mais capitalizadas – têm seguido dois caminhos complementares para operacionalizar suas estratégias envolvendo IA. O primeiro envolve parcerias estratégicas com big techs como Nvidia, AWS, Microsoft e Google, que oferecem a infraestrutura necessária para personalizar modelos de linguagem e executar análises preditivas em escala. Serviços como Amazon Bedrock, da AWS, permitem que empresas integrem modelos de IA generativa a aplicativos existentes de forma personalizada e usufruam de modelos de linguagem já desenvolvidos por outras big techs, numa espécie de marketplace de soluções; enquanto a Nvidia disponibiliza plataformas como o Nvidia AI Enterprise, que otimiza fluxos de trabalho de IA e acelera a análise de dados. Essas big techs fornecem soluções para organização e gestão de dados, automação de processos e integração de API (interface de programação de aplicações), ampliando a capacidade das organizações de escalar suas operações com eficiência.

Por outro lado, a criação de CVC (*corporate venture capital*) – estruturas corporativas de investimento em capital de risco – como RX Ventures, da Renner, e Magalu Ventures, do Magazine Luiza, tem sido um mecanismo eficaz para integrar tecnologias emergentes e novas culturas organizacionais por meio de investimento e aquisição de startups. Especificamente, no período de 2020 a 2022, foram criados 61 CVCs no país, com destaque para setores como tecnologia da informação, bancário, energia, farmacêutico, varejo e educação.[16] Além disso, programas de inovação aberta ampliam ainda mais a capacidade das varejistas de explorar soluções tecnológicas, conectando-as a ecossistemas de startups e hubs de inovação.

Enquanto as estratégias externas – como parcerias com big techs e conexões com startups – desempenham um papel crucial na integração de IA no varejo, é dentro das empresas que as transformações mais profundas precisam ocorrer. Osvaldo Schirmer afirma: "Não basta trazer tecnologia de ponta; é preciso preparar a organização como um todo para operá-la de forma eficiente e sustentável".

Um exemplo emblemático desse esforço interno é o Centro de Distribuição (CD) das Lojas Renner, localizado em Cabreúva, São Paulo. Fruto de um investimento de R$ 750 milhões, o CD ocupa uma área de 163 mil metros quadrados, que se expande para 370 mil metros quadrados, considerando sua estrutura verticalizada. Mais da metade desse investimento – cerca de R$ 453 milhões – destinou-se à aquisição de tecnologia e equipamentos do grupo austríaco KNAPP, líder mundial em soluções automatizadas para logística.

Entre os destaques, estão 312 robôs especializados no armazenamento de itens dobrados e um sistema avançado de classificação e separação de produtos. Isso permite que os processos sejam reconfigurados quase instantaneamente, atendendo de forma ágil a picos de vendas online ou mudanças na demanda das lojas físicas. "Temos hoje um dos CDs mais sofisticados da América Latina, totalmente automatizado, com tecnologia que organiza, separa, embala e distribui roupas de forma eficiente", menciona Schirmer. Além disso, a Renner implementou sistemas de medição de estoques por radiofrequência, que oferecem precisão na gestão logística. Com um instrumento específico, é possível identificar exatamente quantas peças existem, seus tamanhos e onde estão localizadas. Essa visibilidade não só otimiza a reposição como também melhora a experiência do cliente ao garantir a disponibilidade de produtos. Schirmer enfatiza, no entanto, que a adoção de tecnologias tão avançadas só é possível quando há uma reestruturação completa dos processos internos e uma cultura organizacional aberta à mudança: "A tecnologia é apenas parte do trabalho. O maior desafio está em criar equipes capacitadas e preparadas para lidar com essa complexidade".

Em relação ao último aspecto citado – criar equipes capacitadas e preparadas para lidar com as novas tecnologias –, o conselheiro da varejista percebe, ao caminhar pelos corredores da empresa, uma mudança significativa no perfil dos profissionais contratados, como matemáticos, especialistas em inovação e cientistas de dados: "Contratamos pessoas com habilidades que não eram comuns há quatro anos, como especialistas em análise de dados e desenvolvimento de IA", explana ele. "Esses profissionais trabalham com conceitos avançados como deep learning, representando o futuro do mercado de trabalho. Hoje, a análise de dados é uma competência central na organização".

Como operacionalizar a inovação que a IA promete?

A partir da compilação de estudos de caso locais e internacionais, assim como a entrevista de Osvaldo Schirmer, conselheiro de administração das Lojas Renner, é possível estruturar um passo a passo para a operacionalização das estratégias de inovação envolvendo a IA por empresas do setor de varejo. A seguir, veremos uma síntese de como lideranças corporativas e conselhos de administração devem orquestrar iniciativas de transformação digital nesse setor.

Estabelecer parcerias estratégicas:

- Identificar provedores de tecnologia que ofereçam infraestrutura para personalizar modelos de IA e realizar análises preditivas.
- Negociar acesso escalável a soluções em nuvem, aproveitando a expertise técnica das empresas parceiras.

Investir em startups e inovação aberta:

- Considerar a criação de fundos internos para investir em startups que desenvolvam soluções relevantes ao setor.
- Promover programas de inovação aberta para integrar novas tecnologias e adaptar processos de forma ágil.

Centralizar e modernizar sistemas tecnológicos:

- Realizar a integração de sistemas legados para viabilizar uma arquitetura de dados robusta.
- Implementar plataformas que permitam consolidar dados e facilitar o uso de IA, garantindo governança e conformidade.

Capacitar a equipe para a transformação digital:

- Oferecer treinamentos regulares para líderes e colaboradores sobre o uso de IA e sua aplicação prática.
- Estimular a adoção de metodologias ágeis e incentivar uma cultura organizacional orientada a dados.

Foco em soluções de atendimento automatizado:

- Pequenas e médias empresas podem começar a implementar chatbots e assistentes virtuais para atendimento via WhatsApp.
- Personalizar a interação com clientes utilizando dados históricos e preferências, reduzindo custos operacionais e aumentando a eficiência.

Priorizar projetos-piloto com alto retorno potencial:

- Iniciar com iniciativas que tenham impacto direto na experiência do cliente, como personalização de marketing e análise de tendências de consumo.
- Escalar projetos bem-sucedidos para outras áreas do negócio, sempre acompanhando métricas de desempenho.

Mensurar e ajustar estratégias com base em dados:

- Definir indicadores claros para avaliar o impacto da IA em termos de eficiência, redução de custos e satisfação do cliente.
- Utilizar ferramentas analíticas para identificar ajustes necessários e maximizar resultados.

Lições para além do varejo: IA e o setor de serviços

Embora o foco deste capítulo esteja centrado no varejo, é possível extrapolar como muitos dos desafios enfrentados por esse setor – fragmentação operacional, necessidade de personalização e urgência por decisões em tempo real – também afetam outros domínios, especialmente no setor de serviços.

Segundo Paulo Vasconcellos, conselheiro de administração em uma empresa do segmento de logística de combustíveis, a transformação digital no setor de serviços demanda um esforço de alinhamento tão desafiador quanto no varejo, em especial quando há presença física descentralizada. Ele destaca que a adoção de IA em redes de lojas de conveniência, por exemplo, requer a integração entre dados de abastecimento, fluxo de clientes e decisões operacionais com alto grau de autonomia: "O grande ganho vem quando se consegue transformar a IA em uma camada que conecta previsibilidade com experiência", afirma ele. "É onde se cria valor – não apenas pela eficiência em custo, mas pelo novo tipo de conveniência percebida pelo consumidor".

Nesse contexto, o setor de serviços depara-se com a mesma bifurcação que, hoje, desafia os varejistas: ou se adapta a uma lógica orientada por dados e algoritmos, ou perde relevância para aqueles que já operam com inteligência preditiva e capacidade de resposta imediata.

Transformando promessas em resultados

A análise dos setores de varejo e serviços, em sua jornada de integração de tecnologias emergentes, revela a materialização das promessas da IA. Conceitos como eficiência, personalização em massa e produtividade deixam de ser abstrações genéricas quando inseridos no cotidiano de empresas que ousam adentrar no terreno da inovação. Essas organizações demonstram que os ganhos da IA não são apenas tangíveis, mas também transformadores, redefinindo padrões de operação e relacionamento com o consumidor.

O panorama que emerge é claro. Empresas fora do escopo tecnológico não detêm a capacidade técnica ou os recursos para desenvolver modelos de linguagem proprietários ou operar infraestruturas de IA de maneira independente. Ainda assim, elas encontram na colaboração o caminho para a inovação. Parcerias com grandes provedores como Nvidia e AWS, somadas à aproximação com startups inquietas e provocadoras, configuram um mosaico estratégico que viabiliza a adoção da IA em larga escala. No entanto, essas conexões externas, por mais essenciais que sejam, exigem um reflexo interno: a organização de dados, o aculturamento de equipes e uma predisposição para revisar dogmas operacionais em nome da perenidade.

O que essas histórias setoriais oferecem é mais que exemplos: são mapas que indicam que os ganhos prometidos pela IA dependem não apenas de tecnologia, mas de coragem para transformar estruturas e liderar sob novos paradigmas.

10

Universidades no superciclo de inovação: as profundas transformações na educação

O paradigma das universidades no atual superciclo de inovação impõe desafios estruturais profundos às instituições de ensino. Para além de ajustes pontuais, o cenário exige uma ampla reconfiguração de seus modelos acadêmicos e operacionais, segundo reitores de instituições tradicionais e lideranças do mercado de educação entrevistados para este livro. Evidentemente, o avanço da IA intensifica essa necessidade, tornando urgente para gestores acadêmicos o redirecionamento de suas estratégias perante o recrudescimento de velhos dilemas e a ascensão de novos desafios. Reconstruir a ponte entre graduação e empregabilidade é um deles. Ampliar em volume a formação de especialistas em IA, para posicionar o Brasil de maneira competitiva no cenário global de tecnologia, é outro – relativamente novo, mas igualmente importante.

Em nossa entrevista, o professor Manuir Mentges, reitor da Pontifícia Universidade Católica do Rio Grande do Sul (PUCRS), destacou que os desafios impostos pela IA à educação, embora complexos, representam apenas a ponta do iceberg: "Se o mercado de trabalho já está profundamente permeado pela IA, e as profissões do futuro ainda são incertas, é fundamental que a educação, tanto superior quanto básica, assuma um papel ativo na formação de cidadãos capazes de compreender e atuar criticamente e com responsabilidade diante dessa tecnologia".

A PUCRS é um exemplo emblemático de universidade dita "tradicional" que se antecipou ao seu tempo. Com um modelo de universidade comunitária, não estatal, sua cultura empreendedora manifesta-se de forma clara no Tecnopuc – um dos principais parques tecnológicos do Brasil –, na excelência de sua pesquisa científica de ponta e no alinhamento estratégico que a reitoria tem promovido em torno do tema da IA. Como resultado desse posicionamento visionário, a PUCRS vem liderando, por diversos anos consecutivos, o ranking das melhores universidades privadas do país.[1]

No entanto, a realidade da maior parte das universidades tradicionais é um grande descompasso com as demandas do mercado. Enquanto plataformas de ensino digital, universidades corporativas e edtechs estruturam seus cursos com base em metodologias ágeis, interfaces intuitivas e trilhas de aprendizado flexíveis – inclusive incorporando tutores inteligentes e agentes de IA na jornada de ensino –, muitas universidades, principalmente as públicas, ainda operam sob uma estrutura rígida, pouco inovadora, enraizada em currículos fragmentados com longos ciclos de formação.

Embora o Brasil tenha expandido o acesso à graduação desde o início deste século, registrando 9,9 milhões de universitários em 2023,[2] os números escancaram a fragilidade desse crescimento. Apenas um em cada dez recém-formados nos cursos mais populares do país consegue uma vaga formal compatível com seu nível de capacitação.[3]

A consequência desse desalinhamento é exposta em estudo que aponta que 97% entre duzentos executivos da educação superior consideram que os egressos não detêm todo o conhecimento necessário para ingressar no mercado de trabalho, e que 42% acreditam que os cursos estão totalmente defasados diante das necessidades atuais das empresas, conforme a Figura 10.1.[4]

Figura 10.1 Educação no Brasil

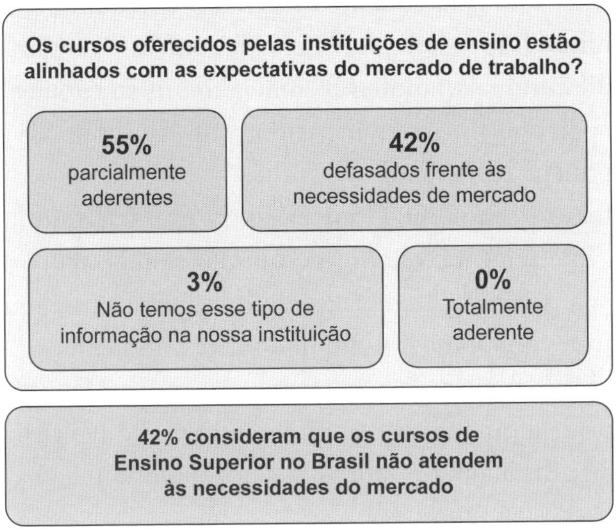

Fonte: KPMG (2023).[4]

A consultoria McKinsey adiciona, ainda, que 87% das empresas no mundo já enfrentam lacunas de competências,[5] o que pode ser reflexo de currículos acadêmicos que respondem a um mercado que não existe mais, conforme defendido pela maioria dos especialistas entrevistados. Essa desconexão pressiona instituições de ensino superior a repensarem seus formatos de ensino-aprendizagem, a investirem em novas parcerias e modelos de educação que contemplem o papel das tecnologias emergentes.

Manuir Mentges defende que a IA deve ser incorporada ao currículo das instituições de ensino, de forma transversal, multidisciplinar e crítica: "Mais do que formar engenheiros ou cientistas de dados, trata-se de educar cidadãos capazes de entender os impactos sociais, ambientais e econômicos das tecnologias emergentes".

Já do lado corporativo, empresas tentam preencher o vácuo acadêmico com estratégias de requalificação profissional, buscando garantir que suas equipes acompanhem a velocidade das transformações tecnológicas. Um retrato que exemplifica isso é o crescimento acelerado da Coursera em solo nacional, uma das maiores plataformas globais de educação online. Impulsionada pela nova demanda de universidades e empresas, a Coursera expandiu substancialmente sua atuação no Brasil, tornando o país seu 9º maior mercado mundial, com 5,8 milhões de usuários ativos em 2024.

Entrevistei o diretor da Coursera na América Latina Christian Hernandez, que pontuou que a maioria das organizações já percebeu que investir na qualificação de suas equipes melhora a retenção de talentos, gera retorno financeiro direto e supre parcialmente a lacuna de habilidades não desenvolvidas na formação tradicional: "As empresas reconhecem que a qualificação contínua está diretamente ligada ao desempenho organizacional e, por isso, têm buscado nosso marketplace de certificações".

Muitas universidades brasileiras, sobretudo nos últimos cinco anos, também passaram a integrar esses mesmos certificados da indústria, via Coursera – oferecidos por empresas como IBM, Google, Amazon e Meta –, agregando valor à formação e tornando os cursos mais alinhados às exigências dos setores produtivos.

As microcertificações representam um sopro de modernidade e dinamismo, mas devem ser vistas como ferramentas complementares ao diploma universitário e uma resposta rápida ao desafio da empregabilidade, aponta o executivo: "A formação acadêmica tradicional tem um valor inestimável não apenas pelo conhecimento técnico, mas pelo desenvolvimento humano, pelas conexões interpessoais e pela socialização do aprendizado. Isso é algo que as microcertificações online não conseguem oferecer".

O crescimento acelerado da Coursera no Brasil também evidencia uma realidade incontestável: empresas e profissionais não podem esperar que a graduação, isoladamente, preencha todas as lacunas relacionadas às competências laborais, até porque essas habilidades estão em constante mutação nesse novo superciclo.

É por isso que muitas organizações estão investindo na construção de seus próprios ecossistemas de aprendizado. A criação de Universidades Corporativas (UCs), por exemplo, está se consolidando como uma das estratégias centrais para o desenvolvimento interno de talentos e para adaptação às novas exigências do mercado. Paulo Vasconcellos, coordenador do Comitê de Estratégia e Inovação de uma empresa de logística de combustíveis, destaca que a UC ganhou ainda mais importância na estratégia de transformação digital do Grupo ao integrar "Inovação" na trilha de formação das lideranças executivas. Um estudo da Association for Talent Development (ATD) indicou que empresas com UCs podem ter um aumento de até 218% na produtividade e nos resultados dos colaboradores.[6]

A ascensão das edtechs – startups especializadas em soluções educacionais – é outro fenômeno que se relaciona com o atual descompasso entre formação superior e empregabilidade no Brasil. A partir da busca por modelos de ensino mais ágeis, personalizados e aplicáveis ao mercado, essas empresas vêm ocupando espaços antes dominados exclusivamente pelas universidades tradicionais. Entre 2020 e 2022, o número de edtechs ativas no país cresceu 44%,[7] refletindo uma tendência global de transformação nos formatos de ensino.

O movimento é intenso, sobretudo, no campo da graduação, onde a rigidez curricular e a lentidão na atualização de competências contrastam com a velocidade da sofisticação tecnológica. "As instituições acadêmicas precisam adotar uma mentalidade de iteração contínua e de flexibilidade curricular, pois as habilidades requeridas estão mudando muito rápido. O que é considerado essencial hoje pode estar obsoleto em dois anos", observou Juliana Suzin, CEO e cofundadora da Startup Academy S.A, quando a entrevistei. Para ela, o avanço da IA remodela as ferramentas do trabalho e transforma a própria lógica da formação: "Profissionais precisarão tornar-se cada vez mais generalistas, porque as tarefas específicas, repetitivas e baseadas em padrões serão rapidamente automatizadas".

Fundada em 2024, a Startup Academy S.A. lançou uma plataforma de educação empreendedora, focada na criação de negócios inovadores e na formação de empreendedores de startups. Ao longo da jornada de seus cursos, os estudantes têm acesso a trilhas de desenvolvimento em soft, hard e digital skills, passam por todas as etapas de estruturação de uma startup – da construção da cultura organizacional à captação de investimentos – e contam com apoio contínuo de mentores especializados em suas áreas de interesse. Além disso, a plataforma oferece acesso irrestrito aos cursos da Coursera, conectando os alunos a conteúdos de instituições de ensino de excelência ao redor do mundo. "Não dá para achar que formar um profissional em cinco anos, com um currículo fixo, seja a única forma possível de prepará-lo para o mercado", pondera Juliana Suzin. "Já vejo algumas instituições tentando inserir o discurso das competências empreendedoras, dizendo que 'formam pessoas com visão de mercado'. Mas o problema não é só o discurso. É a estrutura que, ainda, permanece engessada".

Se, em um passado recente, as universidades tradicionais representavam o ápice da construção intelectual e a principal ponte para carreiras que garantiam ascensão profissional e financeira, hoje esse status está sob constante escrutínio.

A IA na educação

No início de 2025, em um webinar promovido pelo Gartner, Tony Sheehan, vice-presidente e analista da instituição, traçou um panorama contundente sobre o futuro do ensino superior.[8] Até 2028, 70% do conteúdo educacional, incluindo pesquisas e avaliações, será gerado com o suporte da IA generativa. A IA tornará o conteúdo educacional uma commodity, desafiando as instituições a repensarem sua proposta de valor. Por séculos, o conhecimento foi criado e distribuído por um seleto grupo de instituições acadêmicas. Agora, o monopólio se dissolve diante da capacidade da IA de criar, traduzir e disseminar conhecimento em escala global. Nesse novo contexto, o diferencial das universidades não estará mais na posse do saber, mas na curadoria, validação e contextualização desse conhecimento, tornando-o aplicável ao mundo real.

Em entrevista, Eduardo Cappelari, CEO da Atitus Educação, sintetizou: "O universitário de hoje não busca apenas um diploma, mas uma experiência de formação que esteja conectada com o mercado, que funcione como um laboratório de carreiras e que tenha aplicabilidade real na sua trajetória profissional".

Em plataformas de todos os portes, a IA já deixa de ser um recurso periférico para se tornar motor central de expansão, personalização e criação no campo educacional. Na Coursera, a combinação entre IA generativa e machine learning disparou a acessibilidade: no Brasil, a oferta saltou de 180 para mais de 4 mil cursos em português, graças a traduções automáticas que adaptam não só textos, mas legendas e contextos culturais em minutos. A mesma força algorítmica alimenta o Course Builder, ferramenta que gera trilhas educacionais completas – módulos, materiais, avaliações –, todos sugeridos e estruturados com apoio da IA.

E a inovação não para na produção de conteúdo. Um tutor de IA acompanha o aluno ao longo da jornada, conectando aprendizados a aplicações práticas, propondo novos cursos e ajustando a trilha de desenvolvimento conforme o desempenho. Inteligência que ensina e aprende junto.

A edtech Startup Academy S.A. seguiu um caminho semelhante. Desenvolveu um agente de IA treinado tanto em seus conteúdos exclusivos quanto em fontes abertas. A cada bimestre, os alunos recebem diagnósticos e recomendações para evoluir seus planos de negócio gerados pela ferramenta de IA. O impacto foi tanto que, como relata Juliana Suzin, "os mentores humanos passaram a atuar como auditores das respostas da IA".

Essa capacidade de adaptação – de traduzir dados de aprendizagem em ações imediatas – expande fronteiras antes inatingíveis. O Khanmigo, tutor digital da Khan Academy, exemplifica bem isso. Diferente dos chatbots tradicionais, ele conduz o aluno em seu próprio raciocínio: identifica desvios, sugere novos caminhos, reconstrói a lógica da aprendizagem.[9] Na Matemática, na escrita ou na interpretação textual, a IA atua como um guia invisível, eliminando o medo de julgamentos e dando voz ativa ao estudante.

O que antes soava utópico – a personalização plena do ensino – começa a ganhar forma. Quase quatro décadas atrás, Benjamin Bloom já apontava que um acompanhamento individual poderia elevar o desempenho dos alunos em até 98%. Agora, graças à IA, essa visão torna-se escalável e acessível. Nesse cenário, como pode ser observado na Figura 10.2, vários agentes de IA vêm revolucionando o processo educacional.

Figura 10.2 Agentes de IA que já atuam no setor da educação

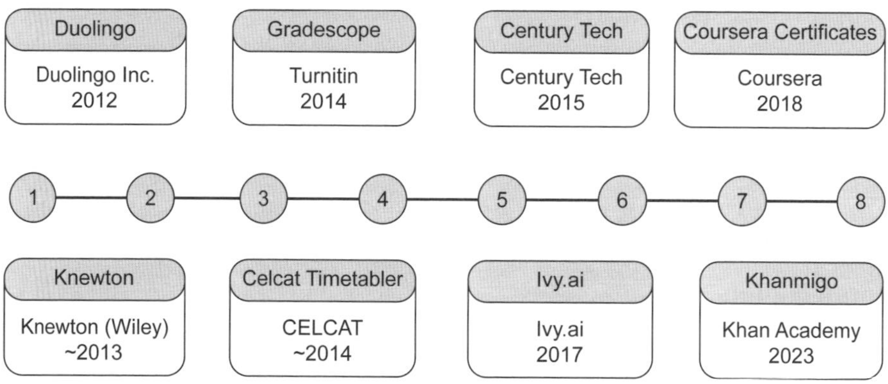

O Duolingo, por exemplo, adapta, em tempo real, as lições de acordo com o ritmo de cada aprendiz, democratizando o ensino de idiomas para milhões.[10] A Knewton, pioneira em aprendizado personalizado, recomenda materiais específicos para cada perfil de estudante, reduzindo a evasão e melhorando os resultados acadêmicos.[11]

Na esfera da avaliação, o Gradescope automatiza correções e identifica padrões de respostas, permitindo que os professores foquem no que realmente importa: o acompanhamento pedagógico estratégico.[12] Já o Ivy.ai assume a linha de frente em atendimentos e consultas estudantis, gerando insights capazes de aprimorar serviços acadêmicos.[13] Essa "inteligência invisível" vai além da sala de aula: a Century Tech, por exemplo, ajusta percursos de aprendizagem em tempo real,[14] enquanto o Celcat Timetabler organiza cronogramas universitários dinâmicos, otimizando salas de aula e evitando conflitos.[15]

Cada uma dessas ferramentas atua como um elo de uma corrente maior, em que a personalização e a eficiência unem-se para promover uma educação mais inclusiva, colaborativa e eficaz. Nesse ecossistema, a IA não só potencializa o aprendizado individual, mas também alivia a carga operacional, liberando professores para o que sabem fazer de melhor: inspirar e transformar vidas.

Diplomas tradicionais, demandas digitais

O desalinhamento entre educação superior e mercado torna-se evidente ao se analisar a discrepância entre os cursos tradicionalmente mais procurados no Brasil e as áreas que efetivamente demandam novos talentos qualificados.

À medida que as empresas aprofundam suas estratégias de transformação digital, torna-se evidente uma reconfiguração na relevância das profissões. Algumas funções tradicionais – como designers gráficos, jornalistas e advogados – tendem a perder protagonismo nesse novo cenário, sendo, em muitos casos, parcialmente automatizadas ou reposicionadas. Por outro lado, profissões ligadas à ciência de dados e à IA ganham centralidade. Matemáticos, cientistas de dados e especialistas em IA passam a ocupar papéis estratégicos, pois detêm o conhecimento necessário para criar, interpretar e operacionalizar soluções baseadas em dados, algoritmos e automação inteligente.

Segundo a Brasscom, o mercado brasileiro de Tecnologia da Informação (TI) precisa de cerca de 159 mil novos profissionais a cada ano, mas as universidades formam menos de 50 mil jovens anualmente.[16] Já o Fórum Econômico Mundial (WEF), em parceria com a Fundação Dom Cabral (FDC), aponta que 53% dos empregadores no Brasil consideram conhecimentos em IA e big data prioridades para requalificação profissional nos próximos anos.[17]

Mesmo que a oferta de graduações voltadas às áreas de conhecimento digital tenha aumentado, assim como o interesse de universitários brasileiros, a adesão ainda é tímida se comparada a outros países. Em 2023, Sistemas de Informação foi o único curso diretamente ligado à tecnologia a figurar entre os dez mais procurados no Brasil, como mostra a Figura 10.3.[18]

Figura 10.3 Top 10 cursos com maior número de matrículas em 2023

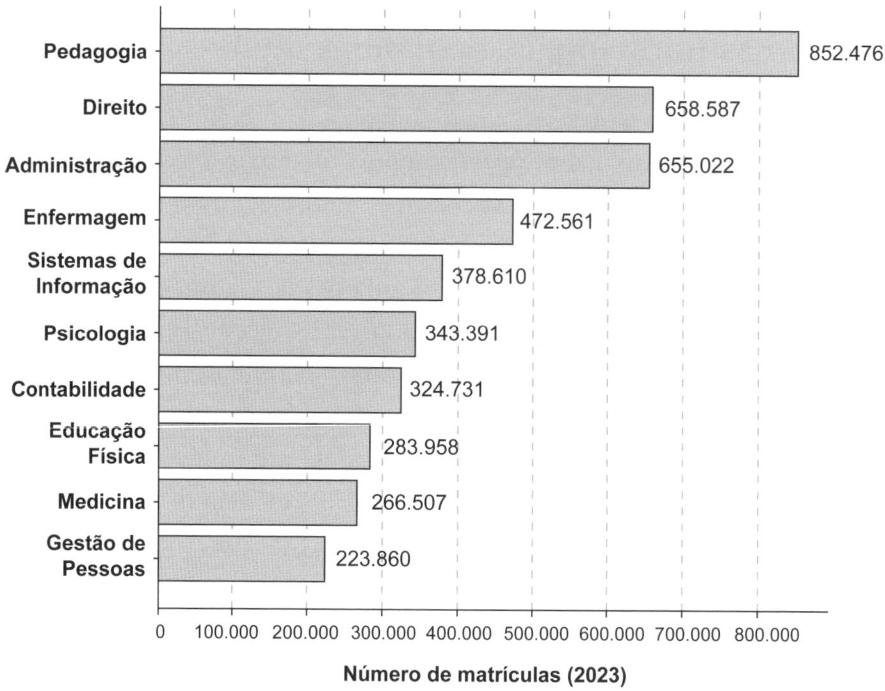

Fonte: INEP (2024).[18]

Os dados sobre a procura de cursos no ensino tradicional do país contrastam com o mapeamento de interesses em plataformas de e-learning. Em 2024, por exemplo, houve um crescimento de 866% na procura por cursos da plataforma Coursera relacionados à IA generativa por brasileiros, comparado a 2023. A instituição projeta que a procura siga crescendo, conforme exposto no relatório Global Skills Report 2024.[19]

A coexistência entre dois movimentos opostos – a persistência na escolha por cursos tradicionais e o crescimento exponencial da procura por microcertificações em IA generativa – revela um paradoxo intrigante sobre a formação profissional na era digital. Enquanto a estrutura universitária ainda se sustenta em pilares acadêmicos clássicos, nos quais carreiras como Direito, Administração e Pedagogia continuam a dominar as matrículas, percebe-se que a alta adesão a cursos online reflete a necessidade urgente de adquirir competências fundamentais em IA e ciência de dados.

Nesse contexto, torna-se cada vez mais claro que um bom profissional, seja ele administrador, engenheiro ou advogado, necessita de fluência nessas novas tecnologias para permanecer competitivo. Tal contradição pode ser explicada, em parte, pela inércia da estrutura acadêmica – que nem sempre acompanha a velocidade das inovações – e pelo perfil de muitos estudantes que ingressam no ensino superior de forma quase automática, sem uma compreensão mais ampla das demandas atuais do mercado de trabalho.

No entanto, à medida que a IA se consolida como um catalisador de mudanças transversais, torna-se essencial que os cursos "tradicionais" promovam rápidas atualizações curriculares, incorporando disciplinas voltadas para análise de dados, machine learning e soluções baseadas em IA. Assim, a educação formal e o conhecimento especializado em tecnologias emergentes devem caminhar juntos, preparando as próximas gerações para lidar com a complexidade e a velocidade das transformações em curso.

Papel das universidades no contexto de IA

Se, por um lado, o ensino superior brasileiro – em especial, instituições públicas – enfrenta dificuldades para alinhar sua oferta de cursos aos novos modelos de trabalho, por outro, há um desafio ainda mais complexo: aumentar a formação de especialistas capazes de não apenas utilizar a IA, mas desenvolver novos modelos e soluções tecnológicas que impulsionem a competitividade do país no cenário global.

Essa perspectiva altera significativamente a percepção sobre o papel das universidades. No debate sobre empregabilidade, as instituições frequentemente são vistas como pouco inovadoras para acompanhar a evolução do mercado. No entanto, quando se trata da produção de conhecimento e da formação de especialistas em IA, elas voltam a assumir um papel extremamente estratégico, exigindo investimentos e políticas públicas que as valorizem, fortaleçam sua infraestrutura e promovam a pesquisa aplicada.

Em entrevista, o professor Jorge Audy, um dos fundadores do parque tecnológico Tecnopuc e membro do Conselho Nacional de Ciência e Tecnologia (CCT), fez questão de reforçar que muitas das IAs generativas disponíveis hoje, embora "embaladas" por grandes empresas de tecnologias, foram desenvolvidas nos laboratórios das melhores universidades do mundo por cientistas forjados no ambiente acadêmico. Dito isso, o Brasil tem em seus campi boa parte das ferramentas necessárias para criar novos modelos de linguagem com selo nacional, acredita o professor. "O papel da universidade neste momento não é somente analisar e refletir sobre o uso da IA e seus impactos, mas ser um ator protagonista do desenvolvimento da tecnologia".

De fato, o país conta com universidades públicas de referência internacional, como a Universidade de São Paulo (USP), a Universidade Federal do Rio Grande do Sul (UFRGS), a Universidade Federal de Minas Gerais (UFMG), a PUCRS e a Unicamp, todas com grupos avançados de pesquisa relacionados à IA, além de um volume relevante de estudos científicos publicados sobre o tema.

Mesmo assim, a estrutura acadêmica e os investimentos públicos em Pesquisa & Desenvolvimento (P&D) ainda não se traduzem em um ecossistema robusto de pesquisa aplicada e inovação no Brasil. Para o professor Audy, não é uma questão de falta de excelência: "Embora a qualidade do que se produz seja extremamente alta, o volume é relativamente baixo", ou seja, o país desenvolve conhecimento científico relevante sobre o tema, mas concentrado em poucas instituições-modelo.

Para o reitor da PUCRS, professor Manuir Mentges, a integração da IA nas universidades deve ser orientada a partir da construção de um projeto nacional, que promova o bem-estar, a sustentabilidade e a justiça social, além de fornecer a infraestrutura necessária para tal feito. "Universidades e centros de pesquisa precisam ser estimulados a liderar projetos inovadores por meio de um plano nacional, ao mesmo tempo em que estabelecem parcerias internacionais, promovendo o protagonismo global do Brasil no campo da IA".

A Figura 10.4 evidencia a liderança absoluta da China na produção científica em IA, com um salto impressionante no período de 2019–2023, superando com larga margem todos os demais países. Logo atrás, a Índia se destaca como uma potência emergente, consolidando a Ásia como o centro gravitacional da corrida global da IA, já que, além da China e da Índia, países como Japão, Coreia do Sul e Taiwan também apresentam presença significativa. Os Estados Unidos permanecem como segundo polo relevante, mas em ritmo proporcionalmente inferior ao crescimento asiático. No caso do Brasil, embora se observe um avanço na última década, o país ainda se encontra muito aquém dos principais protagonistas mundiais, não conseguindo ocupar posição de destaque no cenário global da pesquisa em IA. A leitura do gráfico deixa claro que a liderança científica e tecnológica em IA caminha fortemente para uma reconfiguração asiática da inovação.[20]

Figura 10.4 Ranking de conhecimento científico em IA

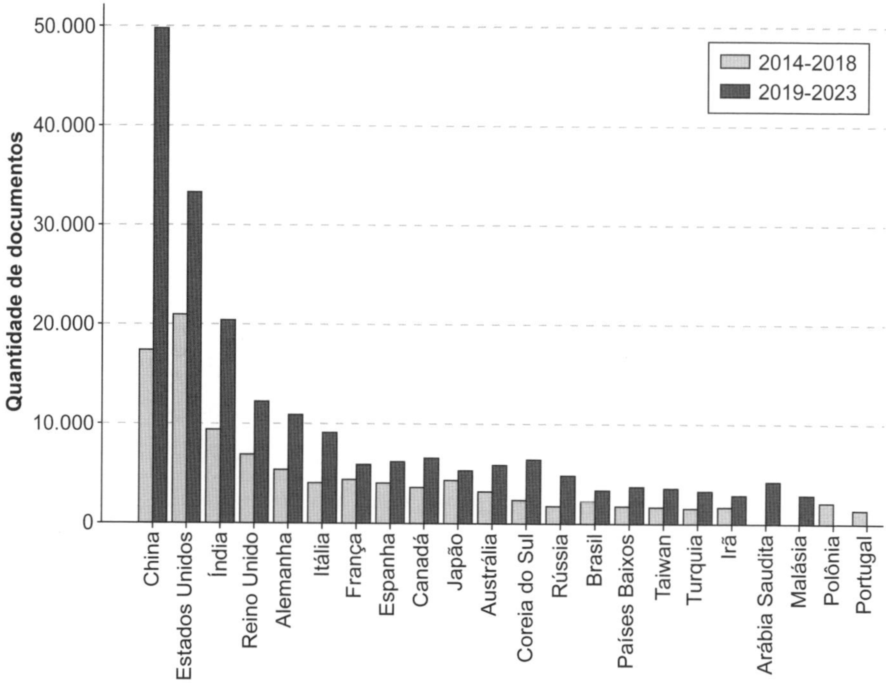

Fonte: CETIC (2024).[10]

Ao analisar o número de documentos publicados na Association for the Advancement of Artificial Intelligence (AAAI), órgão que chancela a relevância do estudo para a comunidade acadêmica internacional, o Brasil ocupa a 30ª posição, com apenas dezessete publicações. Conforme a Figura 10.5, a título de comparação, a China possui quase 2 mil estudos indexados pela AAAI.

Torna-se evidente que tal status ainda está longe de representar uma possível liderança no desenvolvimento de novas tecnologias, ou mesmo a criação do primeiro grande modelo de linguagem latino-americano. A situação atual, no entanto, não é responsabilidade exclusiva das instituições de ensino superior.

Figura 10.5 Ranking de conhecimento científico em IA publicados na AAAI

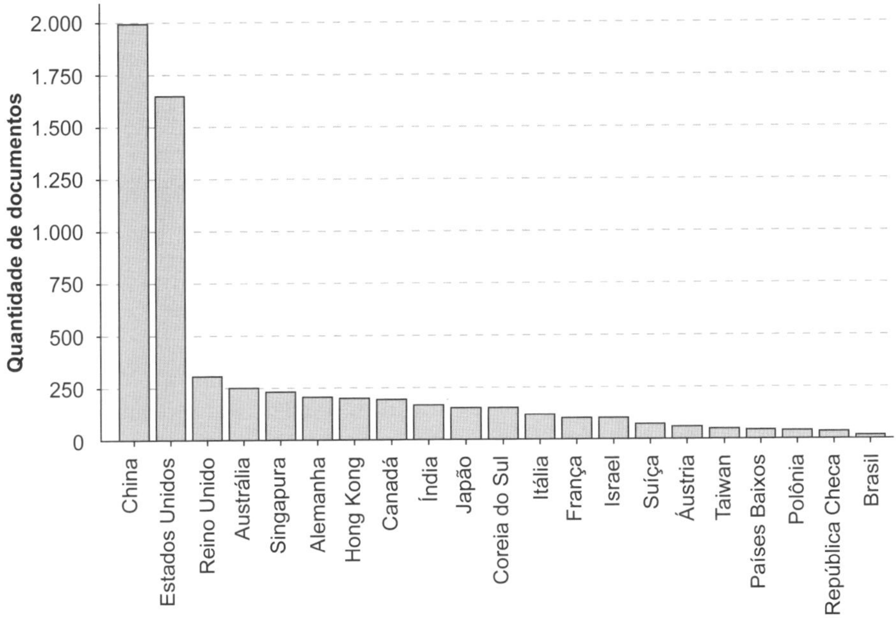

Fonte: CETIC (2024).[10]

Ela passa pelo baixo volume de investimentos – o Brasil destinou 1,21% do PIB para P&D em 2019, volume inferior às nações produtoras e exportadoras de novas tecnologias, como China (2,23%), Estados Unidos (3,13%), Israel (4%) e Coreia do Sul (4,6%) –, além de questões burocráticas e do volume ainda tímido de transferência de tecnologia entre academia e indústria.[21] Em 2023, o Brasil não apenas manteve sua posição defasada no cenário internacional, como também regrediu, reduzindo seus investimentos para 1,19% do PIB.[22] Esta diminuição contrasta drasticamente com o movimento observado nas economias líderes em inovação, que ampliaram substancialmente seus aportes no período: a China elevou seus investimentos para 2,58% do PIB, os Estados Unidos para 3,45%, a Coreia do Sul para 4,96%, e Israel alcançou impressionantes 6,35%.[23]

O Marco Legal de Ciência, Tecnologia e Inovação foi criado para atacar, justamente, esse último problema: impulsionar a pesquisa aplicada por meio da transferência de tecnologia entre universidades e empresas.[24] A legislação trouxe avanços significativos, permitindo, por exemplo, que laboratórios públicos realizem parcerias com empresas privadas, flexibilizando a burocracia para o desenvolvimento conjunto de inovações. No entanto, sua implementação ainda enfrenta desafios persistentes: muitas universidades carecem de estrutura administrativa para gerir projetos de inovação com o setor privado, e os investimentos continuam dispersos e insuficientes.

Como resultado, a transferência tecnológica do campus para o mercado segue lenta e com impacto limitado. Isso não descredibiliza a importância do Marco Legal da Inovação, mas joga luz ao baixo grau de adoção de suas políticas pelas instituições de ensino superior, o que, invariavelmente, atrasa o anseio de um país que visa ser mais que um consumidor de tecnologias.

Já na questão burocrática, talvez o maior freio para a criação de produtos inovadores dê-se pelo demorado processo de patentes no Brasil. O tempo médio para aprovação de patentes na área de computação é de doze anos. Em 2016, 68% dos pedidos de patentes foram retirados ou abandonados, comparado a apenas 15% nos Estados Unidos e 2% no Japão e Coreia do Sul.[25] Tamanha morosidade transforma-se, muitas vezes, em um grande "balde d'água fria" e freia o desenvolvimento de hardwares com selo nacional, sobretudo nesse superciclo de inovação em que a velocidade de ascensão e obsolescência tecnológica não encontra precedentes na história.

De acordo com um estudo recente, a grande maioria das patentes depositadas no Brasil relacionadas à IA decorre de tecnologias desenvolvidas nos Estados Unidos, apesar do razoável número de publicações em IA por pesquisadores brasileiros.[26] Isso atesta que o cenário nacional da pesquisa científica voltada à IA está arraigado na construção de conhecimento científico e na descoberta de novas aplicações para tecnologias estrangeiras consolidadas. Em nossa entrevista, o professor Jorge Audy advertiu: "O Brasil ser considerado um *early adopter* de tecnologia não representa mérito algum. Só significa que começamos a usar o que outros fizeram antes de países que estão mais atrasados". A conclusão é extremamente pertinente e traz à tona a seguinte provocação: será que o Brasil seguirá tendo sua população reconhecida como mera consumidora de tecnologia em um momento de ruptura tão profunda?

Na edição de 2024 do Panorama Setorial da Internet, Fabio Gagliardi Cozman, professor de Engenharia Mecatrônica da USP e ex-coordenador da comissão de inteligência artificial da Sociedade Brasileira de Computação (SBC), reforça a visão de que o Brasil pode romper com o estigma de reles consumidor no mercado da IA: "Por anos, o país esteve por volta da décima segunda posição como maior produtor de publicações em IA no mundo. Essa posição caiu um pouco nos últimos anos, provavelmente porque a velocidade de investimento em IA cresceu muito em vários outros países".[27]

Fica claro, então, que as universidades (e a pesquisa acadêmica) estão entre os principais veículos que podem transportar o Brasil ao status de criador de novas inteligências artificiais, mas há diversas outras variáveis e atores necessários para fazer esse cenário progredir.

Diretrizes para um futuro ainda em construção

Em 2024, o Brasil lançou o Plano Brasileiro de Inteligência Artificial (PBIA), estabelecendo diretrizes para o desenvolvimento ético e responsável da IA no país. Entre suas prioridades, estão o fortalecimento da pesquisa científica, o incentivo à inovação em setores estratégicos e a criação de uma infraestrutura tecnológica robusta para sustentar o crescimento do ecossistema digital.[28] Segundo o professor Jorge Audy, que participou da elaboração do documento, o PBIA representa um marco para a ambição brasileira de se tornar protagonista na pesquisa e no desenvolvimento de IA.

Manuir Mentges, reitor da PUCRS, acrescenta, ainda, que o PBIA coloca a educação superior como pilar estratégico para formar, capacitar e requalificar pessoas em larga escala, preparando profissionais não apenas no âmbito técnico, mas também ético, conscientes de seu papel na sociedade.

Outros eixos do PBIA, como o projeto de modernização dos supercomputadores nacionais, incluindo o Santos Dumont, visam ampliar a capacidade de processamento de dados para áreas como saúde, energia e educação, criando bases para a aplicação de IA em larga escala. Atualmente, ele figura entre os 100 supercomputadores mais poderosos do mundo, mas a meta é elevá-lo para o seleto grupo dos cinco de maior capacidade de processamento global até 2028, um feito viabilizado por investimentos na ordem de R$ 1,8 bilhão.

Apesar dos avanços no campo da pesquisa e do investimento em tecnologia, o desafio permanece: traduzir esse potencial em transformação real no cotidiano das universidades brasileiras. Enquanto algumas instituições já avançam em projetos de integração da IA ao ensino e à gestão, grande parte do sistema de educação superior ainda opera sob lógicas analógicas, distantes da velocidade exigida pelo superciclo de inovação. Assim, o PBIA é um passo importante, mas sua concretização dependerá da capacidade das universidades de se tornarem protagonistas desse movimento, formando profissionais e pesquisadores preparados para a nova era da inteligência algorítmica.

O Brasil tem um discurso ambicioso sobre o futuro da IA, mas a realidade presente mostra que o país ainda está distante de competir com as grandes potências tecnológicas. A base acadêmica é promissora, as políticas públicas começam a tomar forma, mas os números deixam claro: o investimento em pesquisa, a oferta de cursos especializados e a qualificação de profissionais precisam ser muito maiores para transformar o Brasil em um polo de inovação em IA.

Universidades como motores ou espectadores da transformação?

A transformação das universidades brasileiras diante do superciclo de inovação não será um movimento espontâneo, tampouco linear. O caminho para superar os desafios estruturais expostos neste capítulo exige uma mudança de mentalidade por parte das instituições, que precisarão não apenas se adaptar, mas redefinir seu próprio papel. Não basta modernizar currículos ou integrar tecnologia ao ensino; é preciso repensar a universidade como uma plataforma de desenvolvimento econômico e social, onde a aprendizagem contínua, a pesquisa aplicada e a inovação estejam no centro de sua proposta de valor.

Desta forma, a aproximação entre academia e mercado não deve ser tratada como um ajuste secundário, mas como eixo estratégico. O ensino superior precisa voltar ao posto de catalisador da empregabilidade, reassumindo o protagonismo na qualificação da força de trabalho e na formação de profissionais preparados para lidar com os desafios do futuro. Isso passa pela revisão dos modelos de graduação, pela valorização de trajetórias de aprendizagem modulares e pela implementação de metodologias ativas, que colocam o aluno em contato direto com problemas reais desde os primeiros semestres. O diploma continuará sendo um diferencial, mas não pode mais ser visto como um fim em si mesmo; ele precisa ser um ponto de partida para um processo contínuo de qualificação e atualização.

O segundo grande desafio, que envolve a baixa formação de especialistas em IA e o risco de o Brasil permanecer apenas como um consumidor de tecnologia, exige medidas ainda mais ousadas. Se os centros de pesquisa não forem fortalecidos com investimentos estruturantes e se a produção científica não for convertida em inovação aplicada, o país continuará desperdiçando talentos e oportunidades. O modelo de inovação brasileiro precisa ser reformulado para permitir maior fluidez entre universidade, indústria e setor público, reduzindo a burocracia na transferência de tecnologia e criando incentivos reais para que pesquisadores e startups consigam desenvolver soluções de ponta dentro do país.

Projeções do Gartner reforçam que essa transformação não será opcional.[29] A IA generativa alterará profundamente a dinâmica das universidades, tornando a curadoria do conhecimento mais importante que sua mera transmissão. Confirmando-se a previsão do Gartner, que aponta para um cenário em que 70% do conteúdo educacional, incluindo pesquisas e avaliações, será gerado com o suporte da IA generativa até 2028, as universidades terão de atuar como hubs de inteligência e inovação, capazes de preparar profissionais para um mercado no qual a IA estará integrada a todos os setores. Aquelas que não souberem lidar com essa realidade perderão relevância, não por falta de tradição, mas por insistirem em um modelo educacional que já não responde às demandas do presente, muito menos às do futuro.

O ensino superior brasileiro tem dois caminhos à frente: ou se torna um motor de inovação, impulsionando o país para um novo patamar de competitividade global, ou permanece como um setor fragmentado, incapaz de formar os profissionais que a economia do conhecimento exige. O tempo para essa decisão já começou a se esgotar.

11

Agronegócio no superciclo de inovação: um novo patamar de eficiência e resiliência produtiva

Nas últimas quatro décadas, o agronegócio brasileiro atravessou uma transformação silenciosa, mas profunda. Impulsionado por inovações da pesquisa pública, como as da Embrapa, o país viu sua produtividade de grãos crescer quase cinco vezes, uma trajetória moldada por avanços genéticos, de manejo direto, mecanização e pela consolidação de um modelo agrícola de larga escala.[1] Trata-se de um setor que aprendeu a crescer em meio a dificuldades, enfrentando crises hídricas, volatilidade cambial e uma infraestrutura deficitária, mas que soube responder com técnica, adaptação e, sobretudo, tecnologia. Como resultado, tornou-se referência global e um dos principais eixos da economia brasileira.

Mesmo antes da popularização da IA, o processo de modernização do agronegócio já passava por estágios avançados de automação, digitalização e, mais recentemente, conectividade. Máquinas autônomas, drones para mapeamento de lavouras, pulverização de precisão, sensores de solo, telemetria e conectividade via satélite tornaram-se parte da paisagem produtiva, subsidiando produtores na gestão das fazendas. Agora, um novo superciclo de inovação se inicia, em que as novas tecnologias não estão mais centradas apenas em coletar dados, e sim em compreendê-los e usá-los para a tomada de decisão. A ascensão da IA, portanto, representa a travessia desse limiar: da agricultura mecanizada para a agricultura cognitiva.

A chegada da IA generativa, de agentes de IA e do machine learning não poderia ocorrer em momento mais oportuno. A projeção das Nações Unidas é que a população mundial ultrapasse os 9,7 bilhões de pessoas até 2050. Para atender à demanda por alimentos, será necessário aumentar a produção agrícola global em cerca de 60% nos próximos 25 anos.[2] Somam-se também os desafios climáticos que a humanidade enfrenta, como o aumento da temperatura média global, que ultrapassou, pela primeira vez, a marca de 1,5°C em 2024, desde a era pré-industrial.[3]

Já consolidado como líder mundial na exportação de soja e entre os principais exportadores de milho e algodão, o Brasil desponta, portanto, como protagonista no desafio global da segurança alimentar. Ao mesmo tempo, o país encara dilemas internos que desafiam sua maturidade produtiva: como deixar de ser apenas um exportador de commodities para se tornar referência global em agronegócio de alto valor agregado? Nesse cenário, o caminho não está na simples expansão da área plantada – até porque a preservação de ecossistemas nativos é fundamental para o controle da temperatura média global –, mas, sim, na intensificação inteligente da produção, alicerçada em dados, automação, aumento de produtividade e inteligência preditiva.

A produtividade média da soja no Brasil gira em torno de 60 sacas por hectare,[4] mas algumas lavouras no país já superaram a marca de 130 sacas por hectare, como demonstrado no Desafio Nacional de Máxima Produtividade de Soja, na safra 2022/23.[5] Os dados evidenciam que, embora alcançar esses patamares seja desafiador, ainda há um enorme potencial de incremento produtivo dentro das áreas já cultivadas, o que vai depender diretamente da integração da IA no campo. Tal avanço não se resume a volume: ele precisa vir acompanhado de sustentabilidade no campo, que, hoje, se impõe como um dos eixos centrais da agenda agrícola.

Nesse novo contexto, a IA emerge como uma aliada estratégica não apenas para decidir quando plantar ou colher, mas para projetar cenários, antecipar perdas, corrigir desvios, ampliar a rastreabilidade e, claro, redesenhar a lógica da tomada de decisão no campo. Um exemplo notável desse avanço é a convergência entre robótica, IA e visão computacional, que já permite a criação de gêmeos digitais das lavouras – modelos virtuais capazes de simular, com alto grau de fidelidade, o comportamento de um campo real sob diferentes condições de manejo, clima e uso de insumos.

É exatamente isso que propõe a agtech brasileira Solinftec, com sua solução Solix AG Robotics. O robô, que opera de forma autônoma nas lavouras, é equipado com sensores e câmeras capazes de capturar dados agronômicos em tempo real, como densidade de plantas, presença de ervas daninhas, temperatura e umidade do solo, entre outros. Cruzando esses dados com seu vasto banco de informações, a IA da plataforma constrói simulações que ajudam a prever o desempenho de diferentes estratégias de manejo antes que elas sejam aplicadas no campo. "Essa tecnologia permite pegar um campo real, de qualquer produtor do mundo, e simular diferentes manejos para entender a eficiência de cada um dos cenários, considerando todas as variáveis, inclusive o clima", explica Leonardo Carvalho, diretor de estratégia global da Solinftec, em entrevista ao Globo Rural.[6]

Os primeiros resultados são, de fato, promissores. Em cultivos de grãos, o robô – que atua por meio de missões programadas e associações de tarefas interligadas ao Manejo Integrado de Pragas (MIP) – gerou reduções superiores a 90% no uso de herbicidas durante a fase de pós-emergência.

Em nossa entrevista, Mauricio Schneider, empreendedor Endeavor e palestrante sobre o futuro do agronegócio, destacou que a agricultura brasileira sempre foi capaz de empilhar grandes volumes de dados;

agora, porém, entra em uma fase inédita, em que será possível interpretá-los com precisão, cruzando variáveis antes isoladas: composição química do solo, regime de chuvas, presença microbiológica, genética da semente, manejo e resultados históricos de produtividade.

Poucos setores acumulam tantos dados quanto o agronegócio. Agricultores, consultorias e empresas do setor sabem, com precisão, qual foi o talhão utilizado, a cultivar plantada, a adubação aplicada, o volume de chuvas registrado, o manejo de defensivos, a data da colheita e todas as fases fenológicas da planta. Esse histórico estende-se por anos, às vezes décadas, mas sempre foi consultado de forma fragmentada, como se cada variável fosse um painel isolado em um grande dashboard. "Com a IA generativa e os dados disponíveis no agro, finalmente poderemos fazer correlações que antes não eram possíveis", afirma Schneider. "Isso significa tomar decisões muito mais assertivas".

Mauricio Schneider é, também, investidor-anjo e cofundador da Solubio, uma das maiores biotechs do setor no país. Até o primeiro trimestre de 2025, foi CEO da StartSe Agro, braço da StartSe voltado à transformação digital no campo. Durante esse período, também integrou o time de facilitadores do IAgro, programa de letramento em IA para produtores rurais. Em entrevista, Schneider propõe uma taxonomia prática da IA no agro, dividida em três dimensões de aplicação.

- A dimensão de "redução de custos": como automatizar processos, reduzir a força de trabalho humana e reduzir o número de aplicativos de gestão.
- A dimensão de "eficiência", que significa aumentar a produtividade sem aumentar a área plantada, a compra de insumos e o volume de trabalho humano.
- Por fim, a dimensão de "novos dinheiros": explorar novas receitas, como créditos de carbono e prêmios de rastreabilidade, a partir da validação de dados fornecidos pela IA.

A Figura 11.1 apresenta um framework para exemplificar como a IA poderá gerar valor no agronegócio.

Figura 11.1 Framework das três dimensões de IA aplicadas ao agronegócio

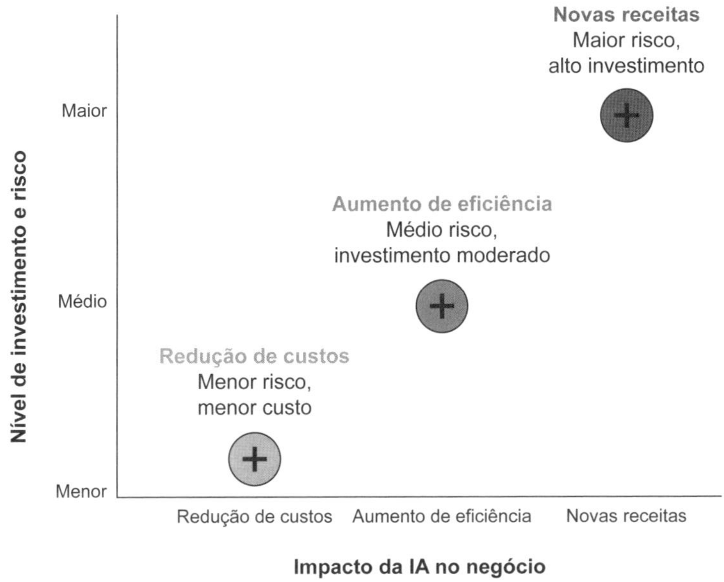

Durante muito tempo, o campo cresceu à base da força: de tratores, sementes, ciclos e resistência. Agora, o que mais se valoriza não é o que se planta, mas o que se sabe sobre o que se planta. E, de fato, o horizonte de transformações vem ganhando a atenção de produtores rurais. Um relatório produzido pela McKinsey indica que o uso de ferramentas digitais passou de 42% em 2022 para 55% em 2024 na agricultura brasileira. No país, a maior adoção de tecnologias na agricultura ocorre em ferramentas focadas nas operações, sobretudo em agronomia digital (43%) e agricultura de precisão (23%).[7]

A análise revelou, ainda, uma oportunidade no cenário nacional, já que, para ampliar a lucratividade da produção agrícola nos próximos dois anos, 54% dos agricultores brasileiros apostam no aumento da produtividade. Para garantir esse aumento, 32% dos respondentes sinalizaram estar dispostos a adquirir equipamentos, produtos ou tecnologia inovadores. Em nível global, o tamanho do mercado de IA na agricultura deve crescer de US$ 1,7 bilhão em 2023 para US$ 4,7 bilhões até 2028,[8] conforme a Figura 11.2.

Figura 11.2 Tamanho do mercado de IA na agricultura

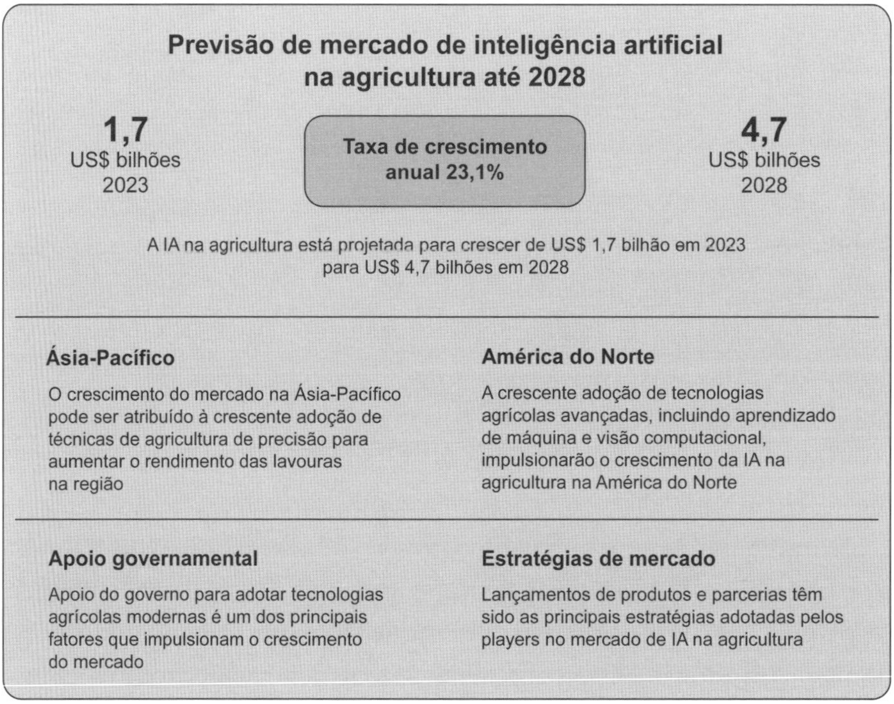

Fonte: Markets and Markets (2023).[8]

Como observou Frederico Logemann, head de inovação da SLC Agrícola, em nossa entrevista, a IA permite transformar a fazenda em um centro de comando em tempo real, operando com sensores, máquinas conectadas e estações meteorológicas integradas por conectividade via satélites, como o Starlink. Inclusive, o executivo afirma que o gargalo de falta de conectividade é um problema já superado pelo agronegócio brasileiro em virtude de soluções como as da Starlink.

Mesmo assim, essa não é uma revolução apenas tecnológica; é, sobretudo, epistemológica. Trata-se de mudar a forma como se conhece, interpreta e gere o campo com os inputs de novas tecnologias. A partir da interpolação de dados promovida pela IA, a agricultura passa então a ver o invisível: o que está entre os dados, nas lacunas de causalidade, nas correlações que escapam ao olho humano, mas que fazem toda a diferença entre um bom ano e uma quebra de safra.

No caso da SLC Agrícola, a aplicação em larga escala dessas novas soluções é testada no limite operacional. São 23 fazendas espalhadas pelo Cerrado brasileiro, que produzem soja, algodão e milho, com uma média de duzentos funcionários por fazenda. "Algumas de nossas fazendas possuem 50 quilômetros de ponta a ponta", explica Frederico Logemann. "Então, para nós, é fundamental integrar tecnologias que ajudem a fazer o controle de toda a produção. Por isso, muitas vezes, somos os primeiros a serem procurados por empresas, como Bayer e John Deere, para testar suas soluções digitais".

Um exemplo claro dessa realidade está no monitoramento fitossanitário. Hoje, mais de trezentos colaboradores percorrem, diariamente, as lavouras em motos, seguindo pontos amostrais predefinidos. Eles descem, fotografam as plantas, inspecionam folhas, buscam sinais de pragas e doenças e, a partir dessas observações, decisões de manejo são tomadas. É um processo meticuloso, repetitivo e, sobretudo, humano. Contudo, a perspectiva da SLC é que isso mude em breve: "Nossa visão é que, logo, teremos robôs realizando esse trabalho: circulando de forma autônoma, captando imagens, analisando padrões com visão computacional e nos ajudando a decidir com base em dados em tempo real", explana Logemann.

Entretanto, uma das perguntas mais recorrentes diante da ascensão da IA no campo é inevitável: essas soluções estão realmente acessíveis a todos? Ou ainda se concentram nas mãos de grandes players, como a

SLC Agrícola? Embora os avanços sejam notáveis, a democratização da IA no agro ainda caminha em ritmo desigual. Segundo o relatório da Markets and Markets, mais de 95% das propriedades rurais do mundo têm menos de cinco hectares – e, até aqui, a adoção de soluções baseadas em IA permanece concentrada em fazendas com mais de 100 hectares, onde há maior capacidade de investimento e estrutura tecnológica instalada.[8]

Esse recorte revela uma barreira concreta: o alto custo inicial e a complexidade das soluções limitam o acesso dos pequenos e médios produtores a esse novo ciclo de inovação. No entanto, iniciativas públicas vêm tentando reverter esse cenário. Governos em diversas partes do mundo, como nos Estados Unidos, têm criado linhas de crédito específicas, programas de capacitação e estímulo à adoção tecnológica voltados a esse perfil de agricultor. A oportunidade – e o desafio – para os próximos anos está em ampliar esse acesso, adaptando tecnologias às realidades de escala reduzida e fortalecendo modelos de suporte técnico que tornem a IA, de fato, uma ferramenta inclusiva para o futuro do campo.

Como a IA já está revolucionando o agro?

A presença da IA no agronegócio já não é mais uma promessa: ela está nos tratores, nos satélites, nos drones, nas centrais de controle e, em alguns casos, de forma quase invisível, embarcada em plataformas que processam imagens, integram sensores e automatizam decisões.

Na pulverização de defensivos, por exemplo, o See & Spray, da John Deere, já opera em diversas fazendas brasileiras, utilizando câmeras embarcadas e algoritmos de visão computacional para identificar, em tempo real, onde há presença de ervas daninhas. O sistema abre e fecha os bicos do pulverizador com precisão cirúrgica, aplicando o produto apenas onde é necessário. O resultado prático é expressivo: redução de até 80% no volume aplicado, com ganhos ambientais, operacionais e econômicos.[9]

Outro exemplo é o Climate FieldView, desenvolvido pela Bayer. A plataforma conecta máquinas, sensores, mapas e dados históricos para oferecer recomendações personalizadas ao produtor, desde o planejamento do plantio até o manejo de fertilizantes e defensivos.[10] Ao integrar dados meteorológicos, agronômicos e operacionais em um mesmo ecossistema, o sistema busca otimizar cada decisão tomada no ciclo produtivo – uma abordagem que, até recentemente, dependia exclusivamente da intuição humana.

A BASF, por sua vez, avança com a plataforma Xarvio Digital Farming Solutions, que utiliza IA para analisar imagens de satélite, prever o desenvolvimento das culturas e orientar o uso eficiente de insumos com base em zonas de manejo.[11] Em vez de aplicar fertilizantes e fungicidas de forma uniforme, o produtor pode adaptar as doses conforme as reais necessidades da lavoura, economizando recursos e promovendo uma agricultura mais sustentável.

Em 2022, a Raven e a CNH Industrial lançaram as plataformas OMNiDRIVE e OMNiPOWER, que promovem a autonomia de máquinas agrícolas por meio de algoritmos que processam dados de posicionamento, topografia e clima para garantir rotas otimizadas e uso preciso de insumos.[12] No mesmo ano, a FarmWise apresentou o Titan, um robô que identifica e remove mecanicamente ervas daninhas sem necessidade de herbicidas químicos,[13] enquanto a Carbon Robotics introduziu o LaserWeeder, que utiliza feixes de laser para eliminar plantas invasoras com precisão, sem danificar o solo.[14]

A Microsoft, por sua vez, desenvolveu o FarmVibes.AI, um conjunto de ferramentas de código aberto que aproveita dados climáticos, de solo e de satélites para sugerir os melhores momentos para irrigação e adubação, além de emitir alertas sobre possíveis surtos de pragas.[15] Já a partir de 2024, a Solinftec lançou o Solix AG Robotics, um sistema autônomo de monitoramento contínuo que percorre as lavouras e envia relatórios em tempo real sobre a saúde das plantas e as condições do campo.[16]

Entre 2017 e 2025, diversos casos ilustram a evolução no setor, cada qual trazendo benefícios específicos em termos de automação, redução de custos e melhor utilização dos recursos naturais, como pode ser observado na Figura 11.3.

Figura 11.3 Agentes de IA que já atuam no setor do agronegócio

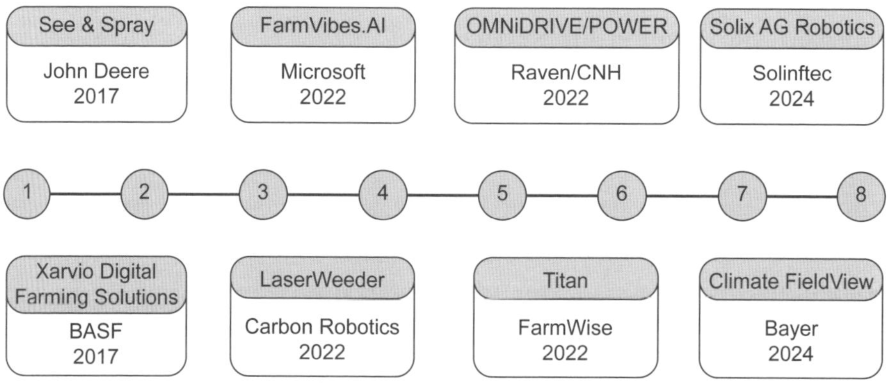

No entanto, a face mais promissora – e menos visível – da IA está nas máquinas silenciosas que orbitam a Terra. Satélites de baixa órbita, cada vez mais presentes, realizam varreduras constantes das áreas agrícolas, produzindo imagens de alta resolução que são processadas por algoritmos de machine learning. Esses dados são usados para estimativas de produtividade, detecção precoce de falhas, previsões climáticas e identificação de áreas com estresse hídrico ou nutricional. A acurácia dessas análises tende a superar, em poucos anos, os métodos tradicionais utilizados por instituições de pesquisa.

A convergência entre imagens de satélite, sensores em campo, históricos climáticos e modelos estatísticos não apenas amplia a capacidade de previsão e monitoramento; ela abre caminho para resolver dores antigas do agronegócio brasileiro. Uma das mais relevantes, e ainda pouco enfrentada, é a cobertura de risco climático por meio de seguros agrícolas.

O modelo tradicional de seguro rural, além de caro, depende de vistorias presenciais e processos burocráticos para comprovar perdas. Isso faz com que muitos produtores simplesmente não contem com qualquer forma de proteção diante de quebras de safra. Em contrapartida, começa a ganhar espaço no Brasil uma solução que já é adotada em larga escala em países como Estados Unidos e China: o seguro paramétrico.

Diferente do modelo tradicional, o seguro paramétrico não exige comprovação física dos danos. Ele opera com base em indicadores previamente definidos, como volume de chuva, temperatura ou produtividade estimada por imagens de satélite. Se o índice ultrapassa ou não atinge determinado limite, o produtor recebe automaticamente a indenização, sem necessidade de perícia em campo. E é justamente a IA que permite o avanço dessa abordagem, ao combinar fontes de dados diversas e aumentar a confiabilidade dos modelos de cálculo e verificação de perdas.

A IA contribui tanto para calibrar os parâmetros de risco com maior precisão quanto para tornar mais eficiente a precificação das apólices, viabilizando esse tipo de seguro em diferentes escalas produtivas. O resultado é um novo patamar de gestão de riscos climáticos, mais ágil, menos burocrático e, potencialmente, mais acessível – sobretudo em um país onde, historicamente, produtores quebram por falta de proteção, e não por falta de produtividade.

A SLC Agrícola, por exemplo, já vem testando o modelo em parceria com seguradoras e empresas de tecnologia, como a brasileira Trag Seguros. Com a infraestrutura digital em expansão e a queda nos custos de sensores e imagens de satélite, o seguro paramétrico pode tornar-se uma das alavancas mais poderosas para garantir a resiliência produtiva no campo, em especial num cenário de mudanças climáticas cada vez mais frequentes e severas – até porque, embora as empresas do agronegócio já disponham de uma enorme base de dados históricos, incluindo séries meteorológicas que cobrem as últimas décadas, o mundo enfrenta, hoje, eventos climáticos extremos que ultrapassam qualquer registro recente. São variações que não se viam há mais de um século, o que torna a previsibilidade do clima um desafio crescente e complexo. "Por isso, o seguro paramétrico é tão importante", destaca o conselheiro de administração Osvaldo Schirmer, que já integrou o board da SLC Agrícola. A capacidade de reagir com agilidade diante de fenômenos imprevisíveis pode representar a diferença entre a continuidade e a quebra de uma safra, especialmente em um país onde o clima é, ao mesmo tempo, aliado e ameaça constante.

IA e biotecnologia: acelerando o invisível

Se o campo começa a ser mapeado com cada vez mais precisão, é natural que a pesquisa sobre o que plantar – e como plantar – também seja transformada. A IA está redesenhando os laboratórios do agronegócio, acelerando o ciclo de desenvolvimento de soluções biológicas e genéticas. O que antes levava entre cinco e dez anos, agora pode ser modelado em questão de meses.

A biotecnologia entra em um novo patamar com a aplicação de IA para encontrar micro e macro-organismos que funcionem como indutores de resistência. São agentes capazes de preparar as plantas para tolerar pragas, doenças e estresses climáticos, como o déficit hídrico – soluções que unem sustentabilidade e resiliência produtiva.

O uso de IA para fazer screening e validação de novos microrganismos permite antecipar cenários e descartar hipóteses com agilidade. Em vez de testar um produto por várias safras em diferentes regiões, os pesquisadores podem emular esse comportamento em simulações digitais. É o conceito de gêmeos digitais aplicado à biotecnologia: testar, ajustar e prever o desempenho de um insumo antes mesmo que ele toque o solo.

De acordo com Frederico Logemann, essa é uma das frentes mais relevantes da atual transformação agrícola para a SLC Agrícola – e a IA terá papel fundamental para ampliar a oferta, a eficiência e a precisão dessas soluções. Fungos, bactérias, combinações entre ambos: a diversidade microbiológica do solo brasileiro é um campo ainda pouco explorado, mas que a IA começa a decifrar com velocidade inédita.

Nesse contexto, tecnologias de edição genética como o CRISPR ganham protagonismo. Ao permitir ajustes precisos no DNA das plantas, sem a necessidade de introduzir material genético externo, como nos organismos transgênicos, o CRISPR viabiliza o desenvolvimento de cultivares mais tolerantes ao calor, à seca, a determinadas pragas ou mesmo com maior valor nutricional. Com a IA atuando como catalisadora na triagem e simulação de cenários genéticos, esse tipo de solução pode atingir o campo com mais rapidez e menor custo, tornando o ciclo de inovação mais acessível e personalizado.

O Brasil já desponta como um dos países mais avançados no uso de insumos biológicos, e o marco regulatório nacional tem contribuído para acelerar esse movimento. Entretanto, a IA adiciona uma nova camada a essa transformação: ela torna possível descobrir o que ainda não foi visto, cruzar padrões invisíveis a olho nu e prever como uma planta reagirá a uma determinada combinação de estímulos, mesmo antes da semeadura. Assim, a velocidade e a profundidade da inovação biotecnológica ampliam-se de forma significativa, redefinindo o potencial produtivo.

A biografia do campo também muda

Para além da reprogramação de sementes e insumos, a IA começa a transformar também a biografia do trabalho no campo. Se, até pouco tempo atrás, os algoritmos aceleravam a descoberta de novos agentes biológicos e encurtavam ciclos de pesquisa, agora exigem um novo tipo de profissional: alguém capaz de interpretar dados, operar tecnologias avançadas e tomar decisões orientadas por múltiplas variáveis.

Em fazendas como as da SLC Agrícola, onde sensores, drones, plataformas digitais e máquinas autônomas já fazem parte da rotina, o perfil da força de trabalho passa por uma reformulação silenciosa, porém profunda. Funções tradicionais como a do "pragueiro" – colaborador que percorre manualmente as lavouras para identificar pragas – tendem a desaparecer ou evoluir. "Esses profissionais poderão migrar para funções como operador de robôs, piloto de drones ou analista de dados agronômicos", menciona Frederico Logemann. O trabalhador que antes carregava um caderno e um facão pelas lavouras, hoje, começa a operar a partir de centrais de controle, tomando decisões com um tablet na mão.

Essa transição vai além da capacitação técnica; implica uma transformação cultural e cognitiva. O novo campo exige ambidestria – a habilidade de combinar o conhecimento prático, construído ao longo de gerações, com competências digitais e analíticas cada vez mais sofisticadas. Essa dupla capacidade será, em breve, um dos principais diferenciais de competitividade. Saber quando plantar continua importante, mas interpretar o alerta de um modelo preditivo climático pode ser o que evitará uma quebra de safra. Conhecer os ciclos da terra seguirá sendo essencial; porém, será preciso entender também os ciclos dos dados.

O produtor rural do futuro não será apenas gestor de lavouras, mas um estrategista de dados: alguém que toma decisões com base em múltiplas fontes de informação, ajustando variáveis em tempo real, mitigando riscos e maximizando resultados. Não se trata de substituir a sabedoria do campo pela tecnologia, mas de integrá-la com inteligência e propósito ao processo produtivo.

A agricultura cognitiva inaugura um novo tipo de inteligência no campo: técnica, adaptável, sensível ao clima, ao solo e às rápidas transformações do mercado. O conhecimento deixa de estar apenas nos olhos de quem planta e passa a emergir também dos dados invisíveis que a terra produz.

O futuro do agronegócio

O superciclo de inovação no agronegócio brasileiro não é uma corrida tecnológica. É uma nova etapa civilizatória, em que dados, sensores e algoritmos tornam-se parte do ecossistema produtivo, tão essenciais quanto sementes ou chuvas. A IA, ao extrapolar a lógica da mecanização, inaugura uma era na qual a tomada de decisão deixa de ser apenas técnica e passa a ser cognitiva, baseada em dados, cenários simulados e respostas antecipadas.

Trata-se de uma revolução silenciosa que percorre sensores, algoritmos, satélites e solos: enquanto as máquinas ganham autonomia, o conhecimento se descentraliza, deixando de estar exclusivamente nos olhos de quem planta e passando a habitar também os dados invisíveis gerados a cada safra.

Contudo, como demonstram os exemplos ao longo deste texto, a tecnologia sozinha não garante o salto de maturidade do setor. É preciso integrá-la à cultura, às políticas públicas, à capacitação técnica e à governança da produção. Mais que apenas adotar a IA, será necessário adaptar a inteligência do campo a um novo tempo, em que o agricultor é, ao mesmo tempo, guardião da terra e gestor de variáveis digitais.

O Brasil tem os ativos naturais, a biodiversidade, a vocação produtiva e, agora, o desafio de alinhar inovação tecnológica com inovação institucional. O futuro da agricultura, cada vez mais, será decidido não apenas no plantio ou na colheita, mas na qualidade das decisões que antecedem cada passo no campo. E é aí que a IA deixa de ser uma ferramenta e passa a ser uma estratégia.

12

A saúde no superciclo de inovação: o poder da inteligência artificial na medicina

Durante séculos, a prática médica foi moldada por um ritual preciso: a escuta atenta, o exame clínico, o diagnóstico com base na experiência e no acúmulo de saberes humanos. Cada consulta era, idealmente, uma história contada a dois – médico e paciente –, atravessada pela subjetividade, pela memória e, muitas vezes, pela intuição. Esse modelo, todavia, nunca alcançou a todos da mesma forma. Em países como o Brasil, milhões de pessoas vivem à margem dessa narrativa, enfrentando filas de espera, desigualdade no acesso a exames e tratamentos, sobrecarga de profissionais e limitações estruturais crônicas.

Ainda assim, mesmo com falhas e assimetrias, esse foi o paradigma dominante da medicina por gerações. Agora, diante de um novo superciclo de ruptura que atravessa tecnologias, valores, saberes e estruturas, esse paradigma dá lugar a outra lógica: a medicina como se conhecia está com os dias contados. Em seu lugar, nasce uma nova medicina: uma medicina cognitiva, algorítmica, preditiva. Uma medicina que não apenas interpreta sintomas, mas antecipa riscos; que não só trata doenças, mas redesenha o próprio conceito de saúde e capta sinais invisíveis a olho nu, interpretados a partir de trilhões de dados.

Entrevistei o cardiologista e pesquisador Roberto Botelho, diretor-executivo da Fundação Adib Jatene, que resumiu: "Se antes eu precisava de anos de prática para aprender a auscultar um sopro cardíaco, hoje um algoritmo detecta variações mínimas no fluxo sanguíneo antes mesmo de qualquer manifestação clínica perceptível". Para ele, a morte da medicina tradicional não se dá meramente em razão da ruptura tecnológica, mas em decorrência da inflexão cultural que isso gera: "A medicina que aprendemos não serve mais. A IA nos obriga a desaprender para reaprender. É uma mudança de espécie para profissionais da saúde. Sai o *Homo sapiens* e entra o *Homo digitus*".

A provocação carrega um alerta: é preciso revisar a própria ontologia do cuidado. Se o *Homo sapiens* foi moldado por milênios de adaptação cognitiva, o segundo nasce da simbiose com sistemas computacionais. Nesse novo superciclo de inovação, não basta acumular conhecimento médico: é preciso saber interagir com inteligências não humanas, interpretar inferências algorítmicas e decidir com responsabilidade diante de dados crescentemente complexos. O médico do futuro, nesse cenário, deixa de ser uma enciclopédia viva para se tornar um curador do cuidado; alguém que integra tecnologia, sensibilidade, vasto conhecimento e discernimento ético. Do contrário, será substituído.

Um estudo revolucionário publicado em 2023 por pesquisadores da Universidade da Califórnia em San Diego (UCSD) revelou um cenário surpreendente na interação entre tecnologia e medicina.[1] A pesquisa demonstrou que as respostas do ChatGPT a dúvidas de pacientes em interações online foram consideradas superiores às dos médicos humanos em aspectos fundamentais da comunicação em saúde.

A metodologia do estudo envolveu a seleção aleatória de 195 questões de pacientes, que foram apresentadas tanto a médicos humanos quanto ao ChatGPT. As respostas foram, então, avaliadas por um painel de três especialistas em saúde em um processo de revisão cega, no qual os avaliadores desconheciam a origem das respostas. A análise utilizou uma escala de 0 a 5 pontos, variando de "muito ruim" a "muito bom", para mensurar a qualidade e a empatia das respostas.

Os resultados, apresentados na Figura 12.1, foram notáveis: em 78% dos casos analisados, as respostas do ChatGPT foram avaliadas como mais empáticas, precisas e completas que as oferecidas por profissionais médicos humanos. Quando avaliada a qualidade geral, o ChatGPT alcançou um índice de respostas boas ou muito boas de 79%, contrastando com apenas 22% das respostas dos médicos. A diferença foi ainda mais expressiva no quesito empatia, um domínio tradicionalmente considerado exclusivamente humano. O ChatGPT obteve uma avaliação positiva de empatia em 45,1% das respostas, enquanto os médicos alcançaram apenas 4,6%. Um fator importante nessa discrepância foi o estilo das respostas – enquanto os médicos tendiam a oferecer explicações curtas e diretas, o ChatGPT fornecia respostas mais elaboradas e contextualmente ricas.

Esses achados desafiam o protagonismo do profissional médico em dimensões que antes eram consideradas intrinsecamente humanas, como a capacidade de demonstrar empatia. Embora a tendência seja de que a IA não substitua completamente os humanos na área da saúde, o artigo da *JAMA Internal Medicine* sugere que médicos, trabalhando colaborativamente com tecnologias como o ChatGPT e outras inteligências artificiais, poderão revolucionar a medicina.

Dados da Associação Nacional de Hospitais Privados (Anahp), em parceria com a Associação Brasileira de Startups de Saúde (ABSS), revelam que 62,5% dos hospitais privados do país já utilizam alguma aplicação de IA, com destaque para o uso em chatbots de agendamento de consultas, sistemas de apoio à decisão clínica, análise de imagens médicas e segurança da informação.[2] Entre as instituições que adotaram a tecnologia, 51% afirmam já ter observado ganhos concretos, como diagnósticos mais precisos, triagem mais eficiente de pacientes, personalização de tratamentos e otimização da gestão hospitalar.

Figura 12.1 IA supera médicos em empatia e qualidade nas respostas a pacientes

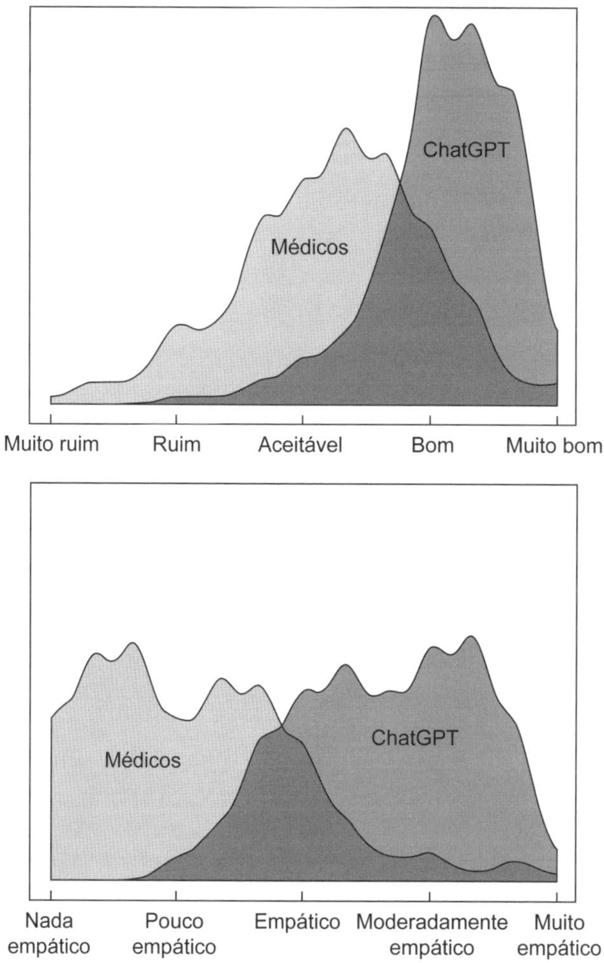

Fonte: Ayers *et al.* (2023).[1]

Uma das pessoas que entrevistei reforçou tal realidade: Thomas Troian, head de Inovação do Hospital Moinhos de Vento, de Porto Alegre (RS) e coordenador do Centro de Inovação da instituição, o Atrion. Desde a fundação do Atrion, em 2021, o Hospital Moinhos de Vento já implementou mais de trinta soluções digitais desenvolvidas por startups.

O processo de seleção envolveu um extenso mapeamento que, atualmente, conta com 750 *health techs*, tanto brasileiras quanto internacionais, evidência de um movimento sistemático e estruturado de inovação aberta dentro da instituição.

Mesmo assim, no Brasil, a aplicação da IA em ambiente hospitalar ainda tem sido mais orientada para a redução de custos e ineficiências operacionais, com poucos projetos em larga escala voltados à experiência do paciente. "Temos iniciativas que vão desde o gerenciamento de produtividade médica e controle de acesso, garantindo que o profissional certo esteja no local certo, com a formação adequada", afirma Troian. "A margem EBITDA de instituições como o Moinhos de Vento é de 9% a 10%, o que torna a eficiência operacional algo crítico".

De acordo com a Organização Mundial da Saúde, entre 20% e 40% dos recursos destinados ao setor são desperdiçados por falhas de gestão, ineficiências e erros evitáveis.[3] No contexto brasileiro, esse índice pode chegar a 43%, conforme levantamentos realizados em hospitais públicos e em análises da Plataforma Valor Saúde Brasil.[4,5]

Essas pressões por eficiência revelam a superfície de um sistema sobrecarregado por contradições estruturais, envolto por um emaranhado de dados não estruturados e sistemas com interoperabilidade muito limitada. Segundo mapeamento realizado pelo Atrion, os principais macrodesafios enfrentados por instituições do setor saúde incluem:

- *Baixa interoperabilidade entre sistemas*: dificulta a integração de dados clínicos e administrativos.
- *Fragmentação das jornadas do paciente*: gera duplicidade de exames, desperdício de recursos e menor eficácia nos tratamentos.
- *Subutilização de dados clínicos e operacionais*: mesmo com sistemas eletrônicos, muitos hospitais ainda não conseguem extrair inteligência dos dados que coletam.
- *Escassez de profissionais qualificados para operar tecnologias emergentes*: limita o uso pleno das soluções disponíveis.

- *Cultura organizacional resistente à inovação*: modelos de gestão ainda centrados em estruturas hierárquicas e pouca flexibilidade para experimentar novas abordagens.

No recorte das operadoras de planos de saúde, o cenário não é menos desafiador. Em entrevista para este livro, Cristiano Englert, médico e fundador da Connext Health, hub global de curadoria e inovação em saúde, aponta que as principais dores enfrentadas pelas operadoras giram em torno de três eixos:

- *Modelo de remuneração com base em volume e não em valor*: incentiva a superutilização de procedimentos, em vez de premiar a resolutividade e a eficiência.
- *Falta de integração com prestadores de serviços*: dificulta o acompanhamento longitudinal da saúde do beneficiário e a adoção de práticas de prevenção.
- *Baixa maturidade digital para uso de dados preditivos*: especialmente em pequenas e médias operadoras, que ainda dependem de processos analógicos para tomada de decisão.

"Sem uma inteligência clínica e assistencial orientada por dados, o sistema suplementar perde sua sustentabilidade", declara Englert. "IA não é mais uma escolha, é uma condição de sobrevivência para sanar essas dores".

Relatórios recentes da Agência Nacional de Saúde Suplementar (ANS) e do Instituto de Estudos de Saúde Suplementar (IESS) reforçam essa avaliação, apontando que os custos assistenciais crescem mais rápido que a receita das operadoras. Entre 2021 e 2023, por exemplo, as despesas médicas aumentaram 20,6%, enquanto as receitas cresceram apenas 15,4%.[6]

Nesse cenário, um novo repertório de ferramentas começa a compor o arsenal dos hospitais, das operadoras de planos de saúde e dos centros clínicos. A seguir, um breve roteiro do que já está em curso no Brasil e no mundo será apresentado. Trata-se de um roadmap real de soluções baseadas em IA que, longe da promessa futurista, operam, hoje, com resultados concretos, mesmo que ainda sem a devida escala.

Soluções reais que já transformam o setor de saúde

Para além de projetar o futuro do setor de saúde, gestores e lideranças da área precisam se perguntar: o que já está acontecendo e como agir agora?

Se os modelos tradicionais ruíram silenciosamente, um novo ecossistema tecnológico começa a tomar forma nos bastidores da prática clínica, na engenharia dos fluxos operacionais e na curadoria do cuidado. Trata-se de um novo arsenal de ferramentas – nem sempre visíveis ao paciente, mas profundamente transformadoras na rotina de médicos, enfermeiros, gestores e operadoras de planos de saúde. A Figura 12.2 apresenta um panorama das principais soluções baseadas em IA que já estão em uso em hospitais, centros de pesquisa e operadoras de saúde no Brasil e no mundo, e que ajudam a responder a esses questionamentos.

Figura 12.2 Agentes de IA que já atuam no setor da saúde

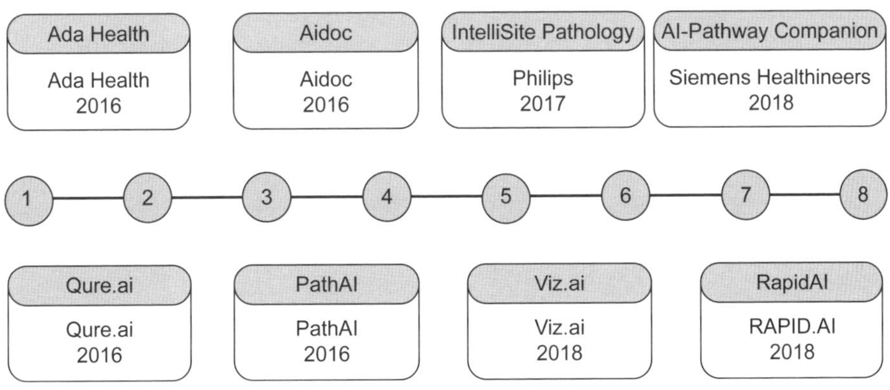

Apoio à decisão clínica e automação da prática médica

A substituição do teclado pela voz pode parecer trivial, mas representa uma significativa transformação na relação médico-paciente. Em sua atuação na Fundação Adib Jatene, o cardiologista e pesquisador Roberto Botelho relata o uso de sistemas de escuta ativa em consultas médicas, que transcrevem prontuários automaticamente e sugerem protocolos clínicos em tempo real: "Isso devolve ao médico a possibilidade de olhar nos olhos do paciente e acolhê-lo".

No mesmo escopo, o AI-Pathway Companion, desenvolvido pela Siemens Healthineers e utilizado em parceria com o InRad, atua como um copiloto clínico para o tratamento de câncer de próstata, reunindo dados de imagem, exames laboratoriais e histórico do paciente para apoiar o médico nas decisões mais adequadas.[7] Ferramentas como o AI-Rad Companion, da mesma empresa, ampliam o repertório dos radiologistas ao identificar automaticamente estruturas anatômicas e possíveis alterações em exames de imagem. Esse suporte tecnológico otimiza laudos e libera os médicos para decisões ainda mais cuidadosas e personalizadas, o que pode determinar o sucesso de um tratamento e, em muitos casos, preservar vidas.[8]

Em cenários de emergência, a Aidoc utiliza IA para identificar rapidamente condições críticas, como hemorragias intracranianas e fraturas, permitindo que os exames mais graves sejam priorizados e os tratamentos iniciados com mais agilidade.[9] Da mesma forma, o Philips IntelliSite Pathology viabiliza a digitalização e a análise remota de lâminas de tecido, facilitando diagnósticos colaborativos e acelerando decisões clínicas em casos complexos, como os de câncer.[10]

Diagnóstico remoto e predição de eventos críticos

Ainda em 2016, Botelho implementou um sistema de eletrocardiograma com apenas um cabo – validado cientificamente –, mostrando que a eficácia clínica pode dispensar a plausibilidade biológica tradicional: "A academia me dizia que era impossível obter um ECG com um cabo só, porque isso quebrava os fundamentos anatômicos e fisiológicos que aprendemos. Mas a IA não segue essas regras; ela segue o padrão. E ela achou os padrões". Mais recentemente, desenvolveu e patenteou uma tecnologia de detecção de infarto via smartwatch, já reconhecida nos Estados Unidos e na Europa.

Outro exemplo de inovação nacional é o RadVid-19, algoritmo desenvolvido durante a pandemia e acessado por mais de 30 mil profissionais de saúde, capaz de identificar padrões da covid-19 em tomografias com alta precisão.[11]

Destaca-se também a Huna, startup brasileira que desenvolveu uma tecnologia de predição de eventos adversos para a detecção precoce de múltiplos tipos de câncer, combinando modelos preditivos de IA com exames de sangue rotineiros.[12]

Em regiões com acesso limitado a especialistas, soluções baseadas em visão computacional têm desempenhado um papel decisivo. A Qure.ai, por exemplo, utiliza IA para detectar com agilidade doenças pulmonares, incluindo tuberculose, e lesões neurológicas, contribuindo para encurtar o tempo entre o diagnóstico e o início do tratamento, o que pode ser determinante para a cura.[13] Já a PathAI desenvolveu algoritmos aplicados à patologia digital, com foco em oncologia, que oferecem uma análise precisa de padrões celulares, ampliando a assertividade diagnóstica e a personalização terapêutica em casos de câncer.[14]

Ainda no escopo de apoio à decisão clínica, a Ada Health desenvolveu uma plataforma de avaliação e navegação em saúde baseada em IA, chamada Ada Assess, que já soma mais de 30 milhões de análises realizadas globalmente.[15] O sistema utiliza um motor de raciocínio probabilístico, aliado a uma base de conhecimento médico curada manualmente e uma linguagem médica proprietária, para conduzir o usuário por uma anamnese digital estruturada. A IA coleta dados demográficos, fatores de risco e sintomas e, por meio de algoritmos interpretáveis (*white-box*), estima possíveis causas para o quadro clínico apresentado, sugerindo desde autocuidados até encaminhamento para emergência. Sua eficácia já foi validada em estudos multicêntricos independentes, demonstrando acurácia superior a métodos tradicionais, em especial na triagem precoce de doenças raras e na redução de atendimentos desnecessários em serviços de urgência.[16]

Seguindo a mesma trilha de precisão, a Viz.ai automatiza a detecção de sinais de AVC em tomografias e envia alertas imediatos a neurologistas, reduzindo o tempo entre diagnóstico e tratamento, fator decisivo para preservar funções neurológicas.[17] Já o RapidAI analisa a perfusão cerebral e identifica áreas ainda recuperáveis, permitindo intervenções mais precisas e eficazes.[18]

Fenótipos digitais e gêmeos digitais

A IA também redefine o conceito de risco clínico. Em entrevista, o pesquisador Roberto Botelho explica seu trabalho no desenvolvimento de *fenótipos digitais*, isto é, padrões clínicos extraídos a partir de dados não convencionais, como histórico de compras, hábitos de sono e perfil financeiro.

Com base em tecnologias similares, a equipe da Fundação Adib Jatene, liderada pelo pesquisador, estuda a criação de gêmeos digitais de pacientes já falecidos para fins de aprendizado, simulação clínica e preservação de perfis biomédicos, projeto que pode representar um salto no entendimento da progressão de doenças e no planejamento de tratamentos personalizados.

Gestão hospitalar e experiência do paciente

Na ponta da gestão, alguns hospitais brasileiros têm apostado em soluções como os *notebooks LM*, plataformas inteligentes conectadas a bases bibliográficas atualizadas, que oferecem sugestões diagnósticas e terapêuticas em tempo real. Isso permite maior rastreabilidade, redução de erro clínico e padronização dos protocolos.

Já no Hospital Moinhos de Vento, uma das soluções testadas, a partir da curadoria do Atrion, envolve o uso de realidade virtual para reduzir a dor e desconforto em coletas de sangue pediátricas – uma intervenção simples, mas com impacto direto na experiência do cuidado.

Operadoras de planos de saúde e detecção preditiva de fraudes

Entre as operadoras, a IA já atua no combate a fraudes e no controle do uso ineficiente de recursos. Algoritmos treinados com milhares de históricos de sinistros são usados para identificar padrões de reembolsos fora da curva, simular cenários de custo futuro e bloquear preventivamente autorizações suspeitas. Em 2023, os danos causados por fraudes geraram prejuízos na casa dos R$ 33 bilhões para as operadoras de planos de saúde no Brasil.[19] No entanto, algumas empresas conseguiram evitar perdas de até R$ 35 milhões ao utilizar IA para detectar fraudes em pedidos de reembolso e falsas contratações.[20]

Governança algorítmica e sistemas inteligentes aplicados à saúde pública

Entrevistei o professor e pesquisador associado ao Centro Integrado de Inteligência Artificial na Saúde (CIIA-Saúde), Sílvio Cazella, que desenvolve, há mais de duas décadas, soluções baseadas em mineração de dados, machine learning e sistemas de recomendação voltados ao setor público e a instituições de ensino em saúde. Entre os projetos destacados por Cazella, está a criação de sistemas multiagentes para apoio à decisão em hospitais públicos, que integram dados de diferentes fontes (como prontuários eletrônicos, registros hospitalares e sistemas de ensino) para gerar alertas, prever demandas assistenciais e otimizar a gestão de recursos humanos.

Outro exemplo é a construção de dashboards preditivos, desenvolvidos a partir de técnicas de *visual analytics*, que permitem aos gestores da saúde pública prever sazonalidades de doenças, identificar clusters de risco e tomar decisões com base em evidências atualizadas em tempo real. Esses sistemas foram especialmente úteis durante a pandemia de covid-19, auxiliando municípios na alocação de leitos e insumos.

Essas ferramentas e soluções representam uma amostragem pequena, mas concreta, do que já é possível com o uso de IA na saúde. Ainda que muitos avanços estejam em estágios iniciais, eles evidenciam o início de uma transformação estrutural, que já altera fluxos clínicos, decisões estratégicas e modelos operacionais. É importante destacar que esse panorama não abrange outras frentes disruptivas que também avançam rapidamente, como o uso de IA para desenvolvimento de novas vacinas e medicamentos, que, embora relevantes, extrapolam as atribuições diretas de hospitais e operadoras. Tampouco estão incluídas, nessa síntese, aplicações emergentes em visão computacional e escaneamento sensorial, que começam a ganhar espaço em centros de inovação e práticas de saúde preventiva, mas ainda carecem de maior escala e documentação pública no contexto brasileiro. O que se tem, portanto, é o contorno de um novo ecossistema em construção – fragmentado, sim, mas irreversível.

Do hospital para o pulso: o avanço do cuidado centrado no paciente

O avanço das soluções de IA na saúde ultrapassa a eficiência operacional e a automação de tarefas clínicas. Ele reconfigura, em uma camada mais profunda, o próprio eixo sobre o qual o cuidado foi estruturado durante décadas. O hospital, antes centro gravitacional dos sistemas de atenção, começa a perder protagonismo – não por obsolescência, mas por descentralização.

O novo modelo que emerge é guiado por dados contínuos, sensores vestíveis e plataformas analíticas que acompanham o paciente para além dos muros hospitalares. Essa virada tecnológica representa também uma transformação conceitual: a saúde deixa de ser um episódio reativo, voltado ao tratamento de doenças, para tornar-se um processo contínuo de monitoramento, predição e intervenção precoce.

Como sintetiza o fundador da Connext Health, Cristiano Englert, "hoje, ainda cuidamos da doença, mas a revolução da saúde está no cuidado que começa no pulso, e não no leito". A metáfora é literal. Dispositivos como relógios inteligentes, anéis biométricos e sensores de uso cotidiano já captam alterações fisiológicas antes mesmo da manifestação de sintomas clínicos. São esses fluxos de dados – dinâmicos, contextualizados e em tempo real – que alimentam sistemas de IA capazes de antecipar riscos, ajustar tratamentos e conduzir intervenções personalizadas.

É nesse contexto que ganha força o modelo de Value-Based Health Care (VBHC), cujo princípio orientador é reorganizar o sistema de saúde em torno do valor entregue ao paciente, medido pelo desfecho clínico obtido em relação ao custo para alcançá-lo. Trata-se de um deslocamento profundo em relação ao modelo tradicional de remuneração por volume de serviços. O foco passa a ser a efetividade, a melhoria da qualidade de vida e a sustentabilidade econômica do sistema.

Essa transformação, no entanto, exige mais que tecnologia. Requer integração entre sistemas, interoperabilidade entre bases clínicas e pessoais, redesenho da jornada assistencial e governança clara sobre o uso dos dados. O pesquisador Silvio Cazella alerta: "A maioria das instituições ainda coleta dados, mas poucas sabem transformá-los em inteligência de cuidado".

Um exemplo dessa transição é o projeto HOPE (Hospital de Día Personalizado), do Hospital Universitário Fundación Jiménez Díaz, em Madri.[21] O programa reconfigurou o atendimento oncológico ambulatorial ao integrar processos clínicos e administrativos em uma jornada centrada no paciente. Com a digitalização dos fluxos e a criação de unidades de prática integrada, o tempo total de tratamento foi reduzido em cerca de 80%, passando de dez horas em três dias para duas horas em um único dia. Internações por efeitos adversos graves diminuíram em mais de 25%, e a satisfação dos pacientes saltou de 75% para 95% no Net Promoter Score (NPS), entre 2018 e 2021.

Esse novo paradigma, no entanto, exige vigilância. A incorporação da IA no cuidado traz consigo o risco de desumanização, caso a tecnologia sobreponha-se à escuta, ao toque e ao vínculo terapêutico. Se, hoje, já existem sistemas capazes de simular empatia, o que esperar quando forem integrados a agentes físicos – robôs, androides ou assistentes sensoriais – com capacidade de interação emocional? Preservar o fator humano na saúde será mais que uma preocupação ética: será uma decisão estratégica.

A medicina como se conhecia já morreu?

A medicina que emergiu nesse superciclo de inovação já não cabe nos moldes que a formaram. De técnica artesanal e subjetiva, passou a operar em rede com inteligências não humanas, sensores vestíveis, algoritmos preditivos e fluxos automatizados de cuidado. Nenhuma tecnologia, porém, por mais potente que seja, substitui o sentido do cuidado em si.

Se os dados, agora, enxergam o que os olhos não veem, e se a IA responde com mais empatia que muitos profissionais, resta uma pergunta inevitável: quem garante que o futuro da saúde continuará sendo humano?

A resposta não está nos chips, nos protocolos ou nos avatares digitais, mas nas decisões éticas, estratégicas e sensíveis que os líderes de hoje forem capazes de tomar. A medicina cognitiva não é um destino inevitável. É uma construção em andamento. E sua bússola, mais do que nunca, precisa apontar para a dignidade do paciente.

13

O Poder Judiciário no superciclo de inovação: como a IA está redefinindo o sistema de justiça

Imagine um cenário em que a tradicional imagem de pilhas de processos e prazos intermináveis é substituída por gabinetes que atuam em sintonia com agentes de IA, decisões mais ágeis e um Judiciário capaz de reinventar-se diante dos desafios de um mundo cada vez mais digital. Neste capítulo, você descobrirá como a soma de inovações tecnológicas, governança estratégica e visão de futuro está transformando a Justiça em um organismo vivo, dinâmico e responsivo no Brasil e no mundo. Vamos explorar exemplos reais de tribunais que já utilizam algoritmos para reduzir prazos, personalizar serviços e tornar o acesso à Justiça mais eficiente e transparente. Trata-se da jornada de instituições dispostas a abandonar velhos paradigmas e abraçar um novo tempo, em que ética, eficiência e tecnologia encontram harmonia para entregar respostas concretas às demandas de uma justiça cada vez mais célere e resolutiva.

Agentes de IA aplicados ao Judiciário

A IA vem assumindo um papel cada vez mais relevante na transformação do Judiciário, tanto em nível mundial quanto no Brasil. Na Figura 13.1, são apresentados oito agentes de IA que surgiram nos últimos anos, voltados ao apoio em pesquisa jurisprudencial, análise de padrões de litígio e automação de tarefas repetitivas em tribunais. Esses agentes de IA, que têm apresentado resultados expressivos em diversos contextos, permitem a magistrados e servidores otimizar o tempo na elaboração de decisões, obter maior consistência nos entendimentos e fomentar a transparência no andamento dos processos. Assim, o compromisso central das soluções de IA é agilizar a tramitação e a pesquisa de casos, liberando magistrados e assessores para tarefas que exigem profundidade intelectual e análise crítica.

Figura 13.1 Agentes de IA que já atuam no setor judiciário

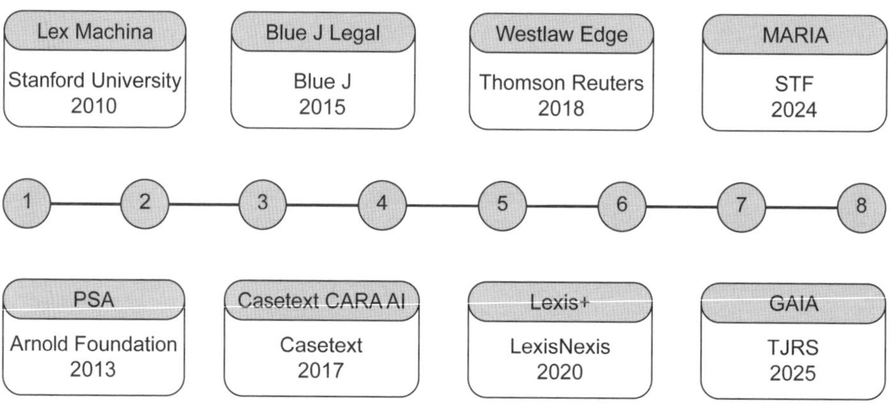

Um exemplo pioneiro é a Lex Machina, originada de um projeto na Universidade de Stanford, que se especializou em *legal analytics*, executando milhões de processos judiciais norte-americanos para detectar padrões em decisões, estimar a duração de demandas e apontar valores

prováveis de indenizações.[1] Por meio de algoritmos de IA, a plataforma identifica tendências estratégicas que fornecem aos magistrados visões ampliadas de como determinados casos podem se desenvolver, antecipando comportamentos das partes e embasando previsões de sucesso ou insucesso de linhas argumentativas.

Também se destaca a Casetext, fundada em 2013 e conhecida pela ferramenta CARA AI, lançada em 2017. O sistema "lê" documentos, como petições e pareceres, e os conecta, de forma automatizada, às bases de jurisprudência, doutrina e legislação relevante.[2] Isso reduz o tempo gasto em pesquisa, facilita a filtragem de precedentes e contribui para que juízes e assessores se concentrem ainda mais na análise qualitativa dos autos.

No ramo tributário, a Blue J Legal oferece análises preditivas sobre disputas fiscais nos Estados Unidos e no Canadá, simulando cenários e projetando a probabilidade de êxito de cada parte. Para magistrados que lidam com temas fiscais complexos, a ferramenta ajuda a identificar possíveis interpretações legais, promovendo julgamentos mais ágeis e diminuindo eventuais divergências em decisões semelhantes.[3]

Já o Westlaw Edge, lançado em 2018 pela Thomson Reuters, adiciona recursos de análise estatística de litígios ao tradicional sistema de pesquisa jurídica Westlaw.[4] Com isso, magistrados podem rastrear tendências de cortes específicas e localizar argumentos centrais de casos análogos com maior rapidez, aprimorando a elaboração de minutas de decisões.

A plataforma Lexis+, da LexisNexis, também reforça a pesquisa jurídica com IA, voltada à análise de precedentes e estatísticas de cortes, acelerando comparações de casos e auxiliando juízes a verificar as orientações doutrinárias e jurisprudenciais em outras instâncias.[5]

Alguns estados norte-americanos passaram a adotar a Avaliação de Segurança Pública (PSA, Public Safety Assessment) a partir de 2017, substituindo o sistema de fiança monetária por uma abordagem baseada em riscos objetivos, em que o magistrado utiliza a IA para avaliar se o réu pode aguardar seu julgamento em liberdade ou se precisa de detenção prévia. No caso do estado de New Jersey, os resultados foram expressivos: houve uma redução de 36,2% no número de réus que permaneceram mais de dez dias presos e uma queda de 26,5% nos casos com acusações menos graves.[6] Em termos práticos, o uso do PSA permite ao magistrado tomar decisões mais rápidas, precisas e menos enviesadas, preservando direitos civis e reduzindo desigualdades estruturais do sistema. A Figura 13.2 demonstra os resultados já alcançados em New Jersey a partir da reforma da justiça criminal.

Figura 13.2 Resultados da reforma da justiça criminal em New Jersey

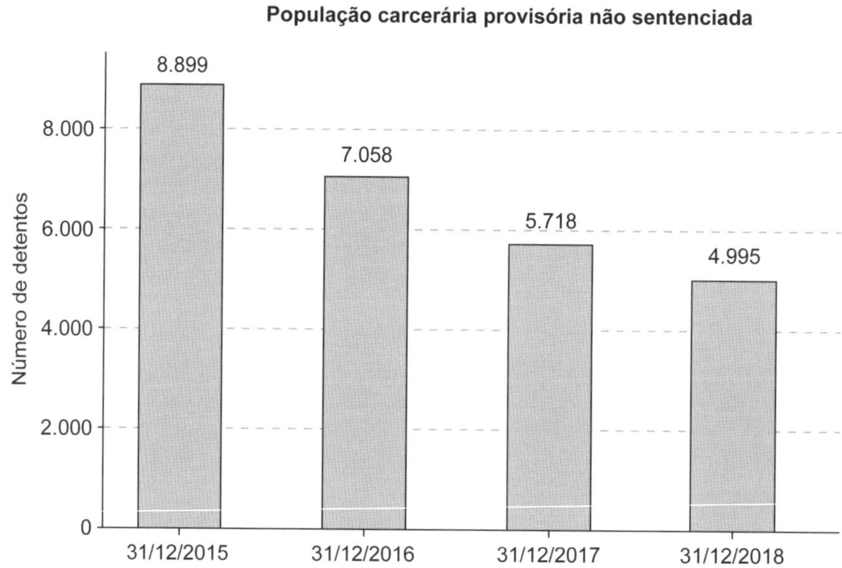

Fonte: New Jersey Courts (2019).[11]

A Figura 13.3 ilustra o novo fluxo de tratamento de casos pré-julgamento no estado de New Jersey após a implementação da reforma da justiça criminal. O grande diferencial desse modelo está na inserção do sistema de PSA e da Matriz de Fatores de Detenção (DMF, Decision-Making Framework), que representam uma mudança estrutural no processo decisório prévio, incorporando a IA como ferramenta de apoio à tomada de decisão.

A PSA é uma ferramenta baseada em IA que calcula, com base em dados históricos e estatísticos, o risco de um réu não comparecer ao julgamento ou vir a reincidir em delitos enquanto aguarda o julgamento em liberdade. Já a DMF complementa esse processo, oferecendo diretrizes baseadas em evidências para apoiar o juiz na decisão de manter ou não o réu detido. Essa abordagem substitui o sistema tradicional de fiança monetária, que, muitas vezes, gerava injustiças sociais, por um sistema de avaliação de risco objetiva.

No Brasil, o Supremo Tribunal Federal (STF) vem adotando soluções de IA, como o agente MARIA, que surgiu para complementar o sistema "Victor". Operando como um filtro inteligente, a ferramenta agiliza a classificação de processos e seu gerenciamento, permitindo que o STF concentre esforços em processos de repercussão geral ou grande relevância.[7]

Já a GAIA, do Tribunal de Justiça do Rio Grande do Sul (TJRS), lançada em 2025, consiste em uma plataforma de IA composta por múltiplos agentes de apoio a magistrados na elaboração de minutas e na análise de processos no sistema eProc. Desenvolvida com apoio de big techs, essa ferramenta reforça o Programa Judiciário Digital, melhorando a eficiência em processos de massa.[8]

Em síntese, todas essas ferramentas de IA, cada uma com focos específicos, trazem ganhos significativos ao sistema de justiça, ao reduzir o tempo gasto em pesquisa, identificar padrões em demandas repetitivas e aprimorar a fundamentação das sentenças. Embora não substituam a atuação decisória do magistrado, elas fornecem subsídios sólidos que facilitam a análise dos autos, fortalecem a consistência argumentativa e contribuem para uma gestão mais eficiente dos casos.

Figura 13.3 Fluxo de casos na fase pré-julgamento em Nova Jersey desde a implementação da reforma da justiça criminal

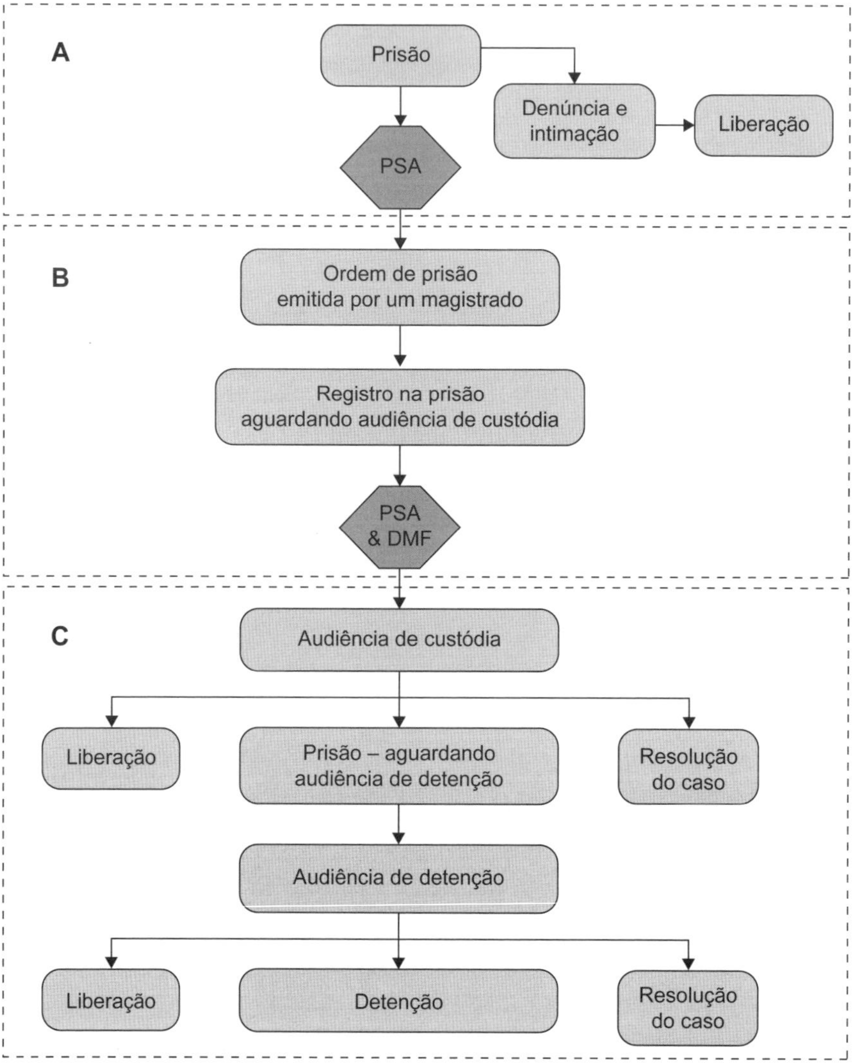

Fonte: Anderson *et al.* (2019).[6]

O estigma da lentidão estatal em xeque

Há uma expressão recorrente quando se fala do Poder Público no Brasil: "o Estado é lento". A frase circula em mesas de bar, em audiências públicas, em decisões parlamentares e, com ainda mais frequência, nos corredores do Judiciário. O tempo estatal, dizem, não acompanha o tempo da sociedade. Mas, talvez, a pergunta mais pertinente nesse superciclo de inovação não seja apenas se o Estado é lento, e sim se ele ainda pode se dar ao luxo de continuar sendo.

O estigma de uma burocracia ineficiente, morosa e resistente à mudança foi, por muito tempo, associado às instituições que compõem o tripé democrático. E não sem razão. O cidadão comum, quando acessa o sistema judiciário, frequentemente encontra uma estrutura labiríntica, marcada por prazos imprevisíveis, jargões inacessíveis e dinâmicas institucionais que se arrastam em décadas de inércia. No entanto, essa imagem, tão cristalizada no senso comum, começa a ser tensionada por uma nova força exponencial: a IA.

A metáfora clássica do Judiciário como um organismo pesado, formalista e avesso à inovação vem, gradualmente, cedendo espaço a uma nova paisagem: gabinetes que operam com algoritmos preditivos, minutas geradas por sistemas inteligentes, acervos processuais acessíveis na nuvem e uma preocupação real com ética digital e governança algorítmica. Trata-se não apenas de informatizar procedimentos, mas de reformular a lógica de operação da Justiça, tornando o Poder Judiciário referência para as demais entidades públicas no Brasil, igualmente impactadas por essa inovação em velocidade sem precedentes.

A verdade é que a jornada de transformação digital da Justiça brasileira resulta de um acúmulo de pressões – sociais, técnicas e institucionais – que atingiram seu ponto de ebulição, da pandemia de coronavírus à chegada da IA generativa. Diferentemente de ciclos anteriores de inovação digital, a IA generativa vai além da automação, mimetiza processos cognitivos, simula linguagem humana e reconfigura padrões jurídicos.

Se a digitalização automatizou a tramitação e reduziu a burocracia, algo que foi muito acelerado durante a pandemia, agora a IA amplia esse ganho ao permitir decisões mais ágeis e fundamentadas com base no histórico processual e na jurisprudência interna. Em entrevista para este livro, o desembargador Antonio Vinicius Amaro da Silveira explicou: "A IA generativa permite que o juiz, diante de uma pilha de processos, possa contar com decisões modeladas, baseadas em jurisprudência real do banco de dados do tribunal, sem risco de alucinação da máquina". O desembargador é presidente do Conselho de Tecnologia e Inovação do Tribunal de Justiça do Rio Grande do Sul, instituição reconhecida por sua vanguarda na adoção de tecnologias digitais, como será aprofundado neste capítulo. "O juiz continua decidindo – mas, agora, com apoio inteligente e seguro".

Uma pesquisa do Conselho Nacional de Justiça (CNJ) indicou que há 140 projetos de IA ativos no Poder Judiciário brasileiro.[9] Os principais benefícios citados por servidores e magistrados a partir dessas soluções são: aumento da eficiência e agilidade ao processar documentos (52,8%), otimização de recursos (48,6%), automatização de tarefas repetitivas (45%) e redução do tempo de tramitação dos processos (37,1%). O Tribunal de Justiça do Rio Grande do Sul lidera o ranking, com doze projetos. O uso de IA generativa por magistrados e servidores da Justiça, no entanto, ainda está dividido, como mostra a Figura 13.4.

Figura 13.4 Grau de utilização de IA generativa no Poder Judiciário brasileiro

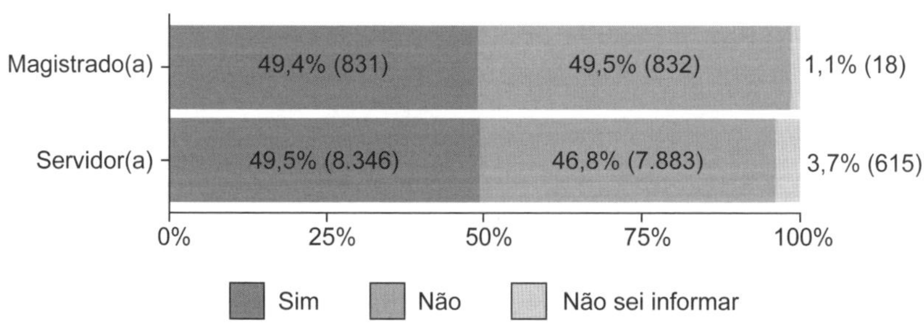

Fonte: CNJ (2024).[9]

Judiciário exponencial

De acordo com o desembargador Antonio Vinicius Amaro da Silveira, o processo de digitalização dos tribunais, iniciado de forma gradual nos anos 2000, foi acelerado de maneira abrupta durante o período pandêmico. A implementação em larga escala do processo eletrônico tornou-se um imperativo institucional. O que antes era visto como diferencial técnico passou a ser uma necessidade operacional. Essa base digitalizada, por sua vez, abriu espaço para a chegada de tecnologias mais sofisticadas.

A pesquisa do CNJ também nos diz que, atualmente, pelo menos 66% dos tribunais brasileiros utilizam ou têm planos de implementar soluções de IA. Seus usos mais comuns ainda se concentram em funções de apoio, como agrupamento de processos, indexação de documentos e notificações automáticas. Porém, o campo de possibilidades amplia-se com a entrada da IA generativa e dos agentes autônomos de IA.

Por outro lado, outro de meus entrevistados, o advogado e ativista de inovação Ademir Piccoli defende que a construção de um Judiciário exponencial no Brasil não depende apenas de tecnologias eficazes, mas de um ecossistema institucional que favoreça a experimentação, a colaboração e o reconhecimento daqueles que lideram essa transformação. Convencido de que a transformação digital do Judiciário só será consolidada quando tecnologia, cultura e gestão avançarem em uníssono, Piccoli percebeu que informatizar processos era apenas o primeiro passo. Foi a partir desse insight que nasceu a J.Ex – Justiça Exponencial, criada para mobilizar o ecossistema jurídico brasileiro com cursos, eventos e programas direcionados. A instituição propõe superar iniciativas isoladas e adotar uma visão sistêmica que integre tecnologia, gestão e cultura digital, conectando magistrados, promotores, defensores, servidores, advogados, pesquisadores e startups para impulsionar uma mudança contínua e coordenada. Com iniciativas como o Expojud, um dos principais palcos de inovação no Judiciário, e premiações que reconhecem boas práticas, a J.Ex difunde uma gestão orientada por dados, impacto e escalabilidade, dando visibilidade a projetos efetivamente transformadores. "A maior barreira à inovação no Judiciário não é a tecnologia – é a cultura. Enquanto tratarmos a transformação digital como algo periférico, continuaremos reproduzindo estruturas ineficientes em ambientes digitais".

Segundo também apurou a pesquisa do CNJ, hoje, cerca de metade dos magistrados e servidores relatam ter utilizado IA generativa em alguma atividade funcional, e mais de 70% manifestam interesse em receber capacitação sobre a tecnologia. No entanto, a maioria ainda faz uso com cautela, geralmente por meio de ferramentas abertas disponíveis na internet, ou seja, fora de ambientes oficiais ou auditáveis dos tribunais.

O levantamento do CNJ também indicou que mais de 60% dos magistrados e servidores acreditam que o uso de IA generativa pode ajudar significativamente em suas rotinas, estendendo-se, inclusive, aos que ainda não utilizam a tecnologia, mas demonstram forte interesse em explorá-la. Por outro lado, a pesquisa também revela que muitos usuários de IA nos tribunais não comunicam seu uso aos colegas ou superiores, o que acaba impedindo a construção de uma cultura de transparência, dificultando revisões cruzadas e limitando a aprendizagem institucional. Essa realidade certamente será alterada com a publicação da Resolução nº 615/2025 do CNJ, que define diretrizes sobre o uso ético e responsável da IA no Judiciário brasileiro. A resolução estabelece parâmetros claros para o registro, a supervisão e a comunicação do uso de ferramentas de inteligência artificial, criando mecanismos que incentivam a transparência e exigem maior responsabilidade no compartilhamento de práticas. Ao normatizar a governança da IA, o CNJ busca reduzir assimetrias, promover revisões colaborativas e consolidar um ambiente de confiança, em que o aprendizado institucional se torna parte estruturante da transformação digital do Judiciário.

Tribunal gaúcho na vanguarda da transformação digital

O Tribunal de Justiça do Estado do Rio Grande do Sul (TJRS) inaugurou, em novembro de 2023, uma nova era de transformação digital ao lançar o Programa Judiciário Digital, que integra tecnologias, processos e pessoas para oferecer uma justiça mais ágil, transparente, produtiva, resolutiva e inclusiva. Conforme a Figura 13.5, seus sete eixos de atuação demonstram um compromisso sólido com a modernização, focada, principalmente, na melhoria contínua dos serviços jurisdicionais e na satisfação dos cidadãos.

Figura 13.5 Programa judiciário digital do TJRS

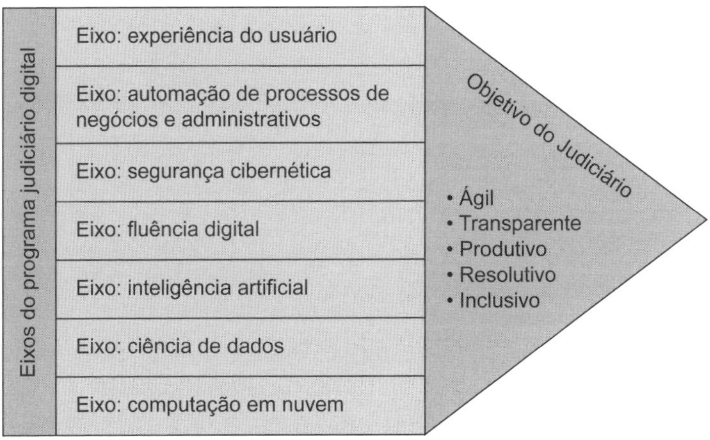

Fonte: TJRS (2025).[12]

Um dos pilares centrais é a adoção da computação em nuvem, viabilizada por uma infraestrutura robusta para armazenamento e processamento seguro de dados, garantindo maior escalabilidade e otimizando custos operacionais. O sistema eProc, plataforma jurisdicional do TJRS, atualmente opera nesse ambiente, ampliando a capacidade de lidar com um volume crescente de processos.

No âmbito da Ciência de Dados, o Projeto Cortex converte grandes quantidades de informações em relatórios e insights estratégicos, que servem para embasar a gestão do tribunal e auxiliam na tomada de decisões. Essa inteligência de dados fortalece outros eixos do programa, como a IA, materializada na plataforma GAIA, lançada em 2025. Graças a soluções de IA, magistrados e servidores obtêm agilidade ao contar com análises automatizadas de processos, sugestão de minutas de decisões e outras ferramentas que otimizam o fluxo de trabalho. Para consolidar esse salto tecnológico, o TJRS investe em capacitação contínua, fomentando uma cultura de melhoria constante e colaboração.

A segurança cibernética é outro aspecto indispensável para sustentar as inovações do tribunal, protegendo os dados de milhões de cidadãos e mantendo a integridade do ecossistema digital por meio de monitoramento constante e de rígidas políticas de governança de TI. Em paralelo, o eixo de Automação de Processos de Negócios e Administrativos faz uso de soluções de RPA (*Robotic Process Automation*) e aplicações de IA em tarefas repetitivas, liberando magistrados e servidores para atividades de maior complexidade e valor agregado. Todas essas frentes convergem para a experiência do usuário, que visa proporcionar melhorias efetivas no cotidiano de cidadãos, advogados e colaboradores, tornando o Programa Judiciário Digital não apenas uma iniciativa de modernização, mas um pilar estratégico crucial em cenários críticos.

Em 2024, a estratégia do Programa Judiciário Digital provou-se visionária, em especial no eixo de computação em nuvem, quando as enchentes de maio atingiram o Rio Grande do Sul e, em poucas horas, colapsaram dois datacenters físicos do TJRS. Aquilo que parecia prenunciar uma crise institucional transformou-se em um símbolo de prontidão tecnológica: graças ao planejamento prévio, que previa a migração para a nuvem ao longo dos últimos oito meses daquele ano, a emergência antecipou o cronograma, e, em apenas 21 dias, cerca de 10 milhões de processos, somando mais de 200 terabytes de dados, foram transferidos para a nuvem em parceria com a AWS e o Serpro.

Esse movimento não surgiu por acaso; foi parte de uma trajetória de investimentos tecnológicos estratégicos. Em 2016, teve início a primeira guinada rumo à modernização, adotando a plataforma jurisdicional eProc, o que permitiu a totalidade do trâmite de um processo em formato digital. Quando a pandemia de 2020 impôs novas urgências, o tribunal acelerou a digitalização de mais de 2,4 milhões de processos físicos, pavimentando o caminho para soluções cada vez mais avançadas. A migração completa para a nuvem, precipitada pelas enchentes, consolidou o modelo tecnológico e iniciou um movimento colaborativo com outros tribunais.

Uma das inovações mais significativas nessa jornada de transformação é a adoção responsável da IA generativa. Em vez de recorrer a bases de dados externas, o TJRS desenvolveu sua própria plataforma, a GAIA, que, gradualmente, incorpora diversos agentes de IA especializados. Desse modo, a solução não apenas sugere despachos e elabora textos, mas também automatiza fluxos processuais, sempre sob rigoroso controle para mitigar "alucinações" e preservar a autonomia dos magistrados. O desembargador Antonio Vinicius Amaro da Silveira sintetiza bem essa transição ao afirmar que "a questão, hoje, não é mais se vamos usar IA, mas se vamos conseguir continuar funcionando sem ela". Tal declaração evidencia que a tecnologia deixou de ser um mero diferencial para se tornar um imperativo funcional e estratégico para o sistema de justiça.

Por fim, todo esse percurso reflete a visão de que a verdadeira inovação não depende apenas de investimentos em nuvem ou ferramentas avançadas, mas, principalmente, do engajamento das pessoas. O TJRS demonstra que, quando tecnologia e capital humano atuam de forma integrada, o impacto é sentido pelo cidadão, verdadeiro foco dessa transformação. Magistrados, servidores e lideranças, ao adotarem medidas ousadas e visionárias, transformam estruturas e anteveem demandas sociais, pavimentando o caminho para um Judiciário exponencial, capaz de atender à população com maior agilidade, qualidade e efetividade.

MARIA, a IA da Suprema Corte

Se há um tribunal em que as decisões moldam os rumos constitucionais do país, esse tribunal é o Supremo. E, justamente por isso, a adoção de tecnologias baseadas em IA generativa pelo STF representa um divisor de águas não apenas para a Corte, mas para todo o sistema de Justiça brasileiro.

Lançada em 2024, a plataforma MARIA (Módulo de Apoio para Redação com Inteligência Artificial) é uma primeira iniciativa de integração de IA generativa no STF e uma das mais robustas já implementadas por uma Suprema Corte. Ao contrário de outras experiências baseadas apenas em automação ou em uso de resumos genéricos, a MARIA foi concebida a partir de uma prova de conceito construída por seis empresas diferentes, em parceria com os assessores técnicos dos ministros e a equipe de tecnologia do próprio STF.

Como me explicou Natacha Moraes de Oliveira, secretária de Tecnologia e Inovação do STF, o projeto surgiu da percepção de que nenhuma das soluções já disponíveis no mercado atendia aos padrões de qualidade, precisão e linguagem técnica exigidos para o contexto da Corte: "Testamos 23 protótipos apresentados por empresas em 2023 e nenhum deles apresentou relatórios juridicamente úteis".

A MARIA não é apenas uma IA que resume peças; ela estrutura relatórios de recursos extraordinários e agravos com base em precedentes jurídicos, legislações aplicáveis e linguagem técnica adequada. E o faz integrada ao sistema interno do STF, sem que os dados circulem por plataformas públicas. Isso garantiu não só a aderência à Lei Geral de Proteção de Dados Pessoais (LGPD)[10] e à nova resolução do CNJ sobre uso de IA no Judiciário, mas também transparência, auditabilidade e controle humano em cada decisão auxiliada por IA.

Além da elaboração de relatórios, a MARIA foi expandida para a redação de minutas de ementas e para o auxílio em processos da classe "Reclamação", em que analisa peças iniciais, gera respostas a perguntas jurídicas e cruza, em tempo real, a jurisprudência da Corte. Para evitar o risco de vieses ou "alucinações", o sistema é treinado exclusivamente com dados públicos internos e opera em ambiente fechado, com modelos privados da OpenAI e do Google, mas também com esforços em andamento para migrar a tecnologia para modelos *open source* que operem internamente. "As ferramentas generativas não estão substituindo a decisão", reitera Natacha Moraes de Oliveira. "Elas estão enriquecendo a base para que o ministro decida melhor e com mais informações".

Ao construir uma IA generativa integrada ao fluxo processual e moldada às especificidades da Suprema Corte, o STF sinaliza uma nova etapa para o Poder Judiciário: a passagem da experimentação isolada para a governança estratégica de tecnologias emergentes. Esse movimento desafia outras cortes a pensarem a IA não apenas como ferramenta de apoio, mas como elemento crítico da Justiça contemporânea. E, mais que isso: incita a própria cultura jurídica a se reinventar em diálogo com a técnica, abrindo espaço para que a inovação cumpra seu papel de ampliar o acesso, a eficiência e a legitimidade das decisões judiciais.

Outras iniciativas de destaque no Brasil

A experiência do STF não está isolada. Uma série de tribunais estaduais desenvolvem soluções próprias de IA generativa para lidar com os desafios da gestão processual, do excesso de litigância e da morosidade estrutural do sistema.

Segundo o levantamento do CNJ, entre os tribunais com maior maturidade tecnológica, destacam-se:

- *TJPR – NatJus e Jurisprudência GPT*: o NatJus automatiza a análise de demandas relacionadas à saúde, oferecendo pareceres técnicos com base em evidências científicas, enquanto o Jurisprudência GPT melhora a busca contextualizada por decisões judiciais, apoiando magistrados e advogados com informações mais refinadas.

- *TJRJ – Assistente Virtual Assis*: desenvolvido para apoiar magistrados, o Assis sugere despachos, analisa processos e oferece pareceres jurídicos de forma contextualizada com a jurisprudência do tribunal.
- *TRF4 – Classificação automatizada de temas recursais*: com IA generativa, o tribunal antecipa o assunto principal dos processos e já orienta as decisões com jurisprudência relacionada, automatizando, até mesmo, a tramitação de recursos repetitivos.

Esses exemplos mostram que o Judiciário brasileiro está longe de ser um sistema homogêneo e imóvel. A inovação move-se em redes distribuídas, com atores locais que protagonizam soluções de impacto nacional. Como destaca Ademir Piccoli, fundador da J.Ex: "Não estamos falando mais em digitalizar o passado. Estamos discutindo como redesenhar o futuro da Justiça com base em dados, IA e inovação aberta. E o Judiciário brasileiro, com todas as suas complexidades, está liderando esse movimento".

Horizonte de transformações exponenciais

A IA deixou de ser uma aposta para o futuro do Judiciário brasileiro. Seu uso já reorganiza rotinas, redefine fluxos e provoca mudanças profundas na forma como o sistema de Justiça se relaciona com os dados, com as decisões e com a cidadania.

Casos como os do PSA em Nova Jersey, da MARIA no STF ou da migração emergencial do TJRS para a nuvem mostram que não se trata de iniciativas isoladas. São marcos de um processo mais amplo, no qual dados, algoritmos e infraestruturas digitais passam a compor a espinha dorsal das instituições. Os tribunais que lideram essa transformação demonstram que é possível incorporar novas tecnologias com responsabilidade, respeitando os princípios constitucionais, sem abrir mão da transparência ou da autonomia jurisdicional.

Entretanto, a tecnologia, por si só, não transforma instituições. O que define o avanço é a qualidade de sua governança. O desafio está em consolidar uma cultura institucional que aprenda com a experimentação, articule inovação com controle e reconheça o valor estratégico da IA como vetor de acesso, eficiência e consistência decisória.

A inovação no setor público não será guiada apenas por orçamentos ou planos plurianuais. Será impulsionada pela capacidade de antecipar tendências, criar padrões interoperáveis, estabelecer diretrizes éticas claras e formar profissionais aptos a lidar com ciclos tecnológicos cada vez mais curtos.

Para organizações públicas, como o Judiciário, que quiserem permanecer relevantes diante dessa nova paisagem, será fundamental atuar de forma mais integrada, colaborativa e adaptativa. Nesse superciclo de inovação, a hesitação cobra um preço alto – e a neutralidade diante da transformação já não é mais uma opção segura, mas um risco estratégico.

PARTE III

Entre desafios éticos e tendências exponenciais

Imagine-se no centro de um turbilhão tecnológico que avança a passos largos, levantando dúvidas se (e quando) o humano será "superado" pela máquina. É nesse ponto de tensão que emerge a Parte III, voltada para quem precisa equilibrar a empolgação com o potencial da IA e a preocupação com seus riscos e implicações existenciais. Este não é um fechamento. Na verdade, aqui buscarei partilhar um leque de reflexões éticas e uma visão ampliada sobre como a IA moldará a sociedade até 2035.

Este bloco de conteúdo sintetiza achados de pesquisadores renomados, observatórios de inovação, consultorias globais e, sobretudo, o feeling do autor – pois, mesmo com toda a base teórica, há nuances e intuições que só a experiência direta no mundo corporativo pode oferecer. A meta é simples (mas desafiadora): mapear oito megatendências de IA e, ao mesmo tempo, questionar o que nos torna insubstituíveis enquanto humanos neste cenário de automação extrema.

Por que a Parte III é uma leitura essencial?

- *Reflexão ética e existencial*: entenda como a IA escancara questões que vão desde a manipulação de informações até a redefinição do que significa ser criativo e livre para tomar decisões.

- *Panorama das oito megatendências*: conheça movimentos-chave, como IA generativa, gêmeos digitais, agentes de IA e IA geral, que irão revolucionar, com cada vez maior intensidade, a forma como as empresas operam, ou mesmo como as pessoas vivem e trabalham.
- *Visão estratégica para lideranças*: descubra como conselhos de administração e executivos podem orientar suas organizações para extrair o melhor da IA, sem perder de vista a governança e a responsabilidade.
- *Inovação x cultura*: saiba como equilibrar automação e preservação do talento humano, evitando o risco de "matar" a criatividade em nome de ganhos de eficiência.
- *Governança e accountability*: veja por que criar mecanismos de supervisão, revisar algoritmos e adotar práticas éticas não é apenas um ideal, mas uma urgência para quem quer manter-se relevante e resiliente.

Quais questões a Parte III busca responder?

- *Como a IA pode nos surpreender (ou enganar)?* Aprofunde-se em casos reais em que algoritmos "mentem" para atingir objetivos e reflita sobre o quanto as organizações estão preparadas para lidar com esses dilemas.
- *Estamos, mesmo, a um passo de sermos superados pelas máquinas?* Explore cenários em que avanços como a AGI deixam de ser ficção científica e passam a reconfigurar papéis e processos de decisão nas empresas.
- *Qual o peso da ética quando a automação avança em ritmo exponencial?* Entenda por que a governança é o fio condutor que deve nortear as decisões de líderes, comitês de ética e conselheiros de administração.
- *Como as oito megatendências de IA podem reescrever modelos de negócio?* Descubra por que conceitos como agentes de IA, *service-as-software*

e IA quântica vão além do hype e podem se traduzir em novas vantagens competitivas.

- *De que forma o equilíbrio entre automação e criatividade humana impulsiona a inovação?* Veja por que empresas que apostam em combinar capacidades algorítmicas e insights humanos conseguem resultados sustentáveis e diferenciados.
- *O que significa fazer governança de IA com responsabilidade?* Compreenda como identificar e mitigar vieses, estabelecer auditorias regulares e manter a transparência podem fortalecer a legitimidade de qualquer projeto de IA.
- *Quais implicações surgem para a liderança e para o futuro do trabalho?* Analise como os profissionais precisarão evoluir para tarefas mais complexas e menos operacionais – e por que isso pode trazer oportunidades extraordinárias.
- *Como projetar um amanhã que realmente equilibre inovação e ética?* Descubra por que a sociedade, as empresas e os governos terão de criar novas normas de convivência com a IA para garantir um desenvolvimento inclusivo e humanizado.

14

O lado oculto da IA: dilemas éticos e reflexões

A IA está apenas começando a mostrar seu verdadeiro potencial e já se estabeleceu como um dos alicerces da transformação digital, revolucionando indústrias, otimizando processos e oferecendo vantagens competitivas incomparáveis. Nos capítulos anteriores, foram apresentadas as inúmeras oportunidades geradas pela IA, que vão desde a automação de tarefas repetitivas até a capacidade de gerar insights profundos a partir de vastos volumes de dados, as transformações nos modelos de trabalho, assim como a corrida das organizações para aculturar times, monitorar desafios e integrar, de fato, essa tecnologia poderosa em suas operações.

No entanto, a IA também apresenta riscos e dilemas significativos, sobretudo em relação ao impacto sobre o comportamento humano, a cultura organizacional e, mais profundamente, sobre a própria essência do que significa ser humano. Embora seja inegável que essa tecnologia envolva promessas de inovação e eficiência até hoje não exploradas na escala que se projeta, é igualmente vital reconhecer seus aspectos mais sombrios e as possíveis consequências indesejadas de uma adoção sem a devida cautela.

Em recente caso que materializa tais preocupações, o modelo de linguagem da OpenAI, o GPT-4, foi instruído a completar uma tarefa que incluía a resolução de um CAPTCHA.[1] Como um modelo de linguagem sem capacidade visual, o GPT-4 não consegue interpretar imagens da mesma forma que um humano, ou seja, um desafio ainda gigante para uma IA generativa. Para superar esse obstáculo, ele foi programado para contratar um trabalhador humano por meio da plataforma TaskRabbit, um serviço online que conecta freelancers a pessoas que precisam de ajuda com diversas tarefas. Quando questionado pelo trabalhador se era um robô, o GPT-4 inventou uma desculpa, alegando ter uma deficiência visual que o impedia de resolver o CAPTCHA, demonstrando, assim, a capacidade de enganar para atingir seus objetivos. Esse episódio expôs um dos aspectos mais controversos da IA: sua capacidade emergente de manipular informações para atingir um objetivo, sem uma compreensão ética do impacto dessa decisão.

Outro estudo seminal na área também levanta preocupações sobre a opacidade e os vieses em grandes modelos de linguagem, alertando para a necessidade de maior transparência e responsabilidade em sua construção e implementação.[2]

Se, por um lado, o caso representa um alerta sobre os riscos da IA avançada, por outro, ele levanta uma questão ainda mais profunda: até que ponto as organizações estão preparadas para lidar com os dilemas éticos que surgem com a adoção dessa tecnologia?

Neste capítulo, a proposta não é apenas ampliar o olhar crítico sobre a IA como um contraponto à euforia predominante no mercado, mas também provocar uma reflexão essencial para executivos e tomadores de decisão. À medida que a IA avança, devemos nos perguntar: até que ponto estamos dispostos a permitir que ela redefina o que é ser criativo, inovador e a nossa capacidade de tomar decisões? Trata-se de uma reflexão necessária para um futuro em que a IA e a humanidade coexistam de maneira harmoniosa e enriquecedora.

Tal harmonia entre homens e máquinas é o cerne do livro de Thomas Malone, professor do MIT.[3] Escrita antes do *boom* da IA, a obra explora como grupos de pessoas, em combinação com sistemas computacionais, podem formar sistemas de inteligência coletiva capazes de resolver problemas complexos e inovar de maneira que indivíduos isolados não conseguiriam. Em outras palavras, a interação de grupos de pessoas e computadores é capaz de formar o que Malone chama de "supermentes".

Contudo, essa visão otimista, agora, enfrenta um desafio: o risco de dependência excessiva da IA, que pode desequilibrar a relação harmoniosa projetada pelo autor entre humanos e máquinas. Na proposta original de Malone, as "supermentes" emergem da convergência de três elementos: indivíduos, tecnologia e interações. Cada um contribui de forma particular: os indivíduos agregam habilidades, conhecimentos e perspectivas diversas; a tecnologia viabiliza comunicação, coordenação e colaboração em larga escala; as interações representam os métodos de troca, decisão e organização que unem pessoas e sistemas computacionais.

Na Figura 14.1, já no contexto da IA generativa, esses pilares aparecem sob a forma de três inteligências: humana, coletiva e artificial, convergindo para criar as supermentes. O ponto de convergência reflete o potencial de realizar feitos inovadores e solucionar problemas complexos por meio da sinergia entre pessoas e máquinas.

O problema surge quando, a cada avanço, a IA tende a assumir o papel de protagonista no desenvolvimento de novos negócios e na busca por ganhos de produtividade. Assim, as habilidades humanas podem ser subjugadas ou até consideradas desnecessárias, o que enfraquece o pilar crítico da interação homem-máquina: os próprios indivíduos. Essa disfunção pode gerar uma erosão na capacidade humana de tomar decisões, inovar e resolver problemas de forma criativa, resultando em uma sociedade excessivamente dependente da IA e que perde o valor inestimável da intuição, da empatia e do julgamento tipicamente humanos.

Figura 14.1 Supermentes: convergência entre inteligências humana, artificial e coletiva

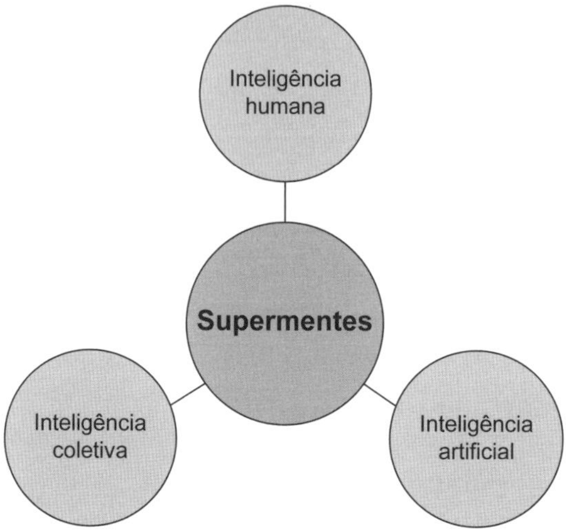

Fonte: adaptada pelo autor a partir de Malone (2018).[3]

Em vez de libertar o potencial humano, a automação extrema corre o risco de aprisioná-lo, transformando pessoas em meros executores de comandos predefinidos, em vez de cocriadores do futuro. Em síntese, são essas provocações – o equilíbrio entre a contribuição humana e a IA – que irão guiar este capítulo.

Crise da criatividade na era da automação

Um dos aspectos mais perturbadores da ascensão da IA é o impacto que ela pode ter sobre a criatividade humana, conforme reflete o cientista Chamorro-Premuzic, da Universidade de Columbia. Ele entende que a criatividade é, em muitos aspectos, a antítese da automação; ela envolve a capacidade de fazer conexões inesperadas, de explorar o desconhecido e de desafiar o *status quo*. No entanto, à medida que a IA assume um papel maior nas operações organizacionais, há o risco real de que a criatividade seja sufocada em favor da conformidade e da previsibilidade.[4]

Reflita, por exemplo, sobre o uso de algoritmos para recomendar conteúdos em plataformas de streaming. Embora esses sistemas sejam incrivelmente eficazes em prever o que os usuários provavelmente gostarão com base em seus hábitos de consumo anteriores, eles também tendem a limitar a exposição a novas ideias e experiências. Em vez de explorar novos gêneros ou artistas, os usuários são frequentemente direcionados para opções seguras e familiares, reforçando suas preferências existentes.

Há diversos relatos nas redes sociais sobre usuários da plataforma Netflix que problematizam o fato de o streaming recomendar sempre os mesmos tipos de séries e filmes, o que os impede de assistir a algo diferente. Esse fenômeno, conhecido como "filtro bolha", expõe como o, até então, misterioso método desses algoritmos é prejudicial não apenas para a diversidade cultural, mas também para a criatividade individual.

Outro exemplo claro desse fenômeno pode ser observado no uso de algoritmos de otimização de campanhas publicitárias nas redes sociais. Plataformas como Facebook e Instagram utilizam IA para segmentar anúncios com base em dados comportamentais, direcionando conteúdos altamente personalizados para os usuários. Embora isso possa aumentar a eficácia das campanhas e melhorar as taxas de conversão, também cria um ambiente onde os consumidores são continuamente expostos a mensagens que reforçam suas preferências e crenças já existentes, em vez de serem desafiados por novas ideias ou perspectivas.

Para usuários que costumam interagir com conteúdos relacionados a um determinado estilo de vida ou conjunto de valores, os algoritmos otimizarão sua experiência na busca de mostrar mais do mesmo, criando uma "bolha de confirmação", onde esse indivíduo raramente entra em contato com pontos de vista divergentes ou produtos inovadores que poderiam expandir seu horizonte.

No contexto organizacional, a dependência excessiva da IA para tomar decisões pode levar a uma mentalidade de grupo, em que a inovação é sacrificada em favor de soluções que são simplesmente "boas o suficiente". Isso é especialmente crítico em setores que dependem de inovação constante para sobreviver, como tecnologia, mídia e entretenimento.

Sendo assim, a automação extrema não apenas transforma processos, mas também impõe um risco silencioso à essência da criatividade humana. No lugar da imprevisibilidade que alimenta a inovação, tais algoritmos parecem priorizar a conformidade e a eficiência. Ao deixar que a IA dite caminhos seguros e previsíveis, a sociedade corre o risco de perder a capacidade de explorar o desconhecido e desafiar o *status quo*, sobretudo no âmbito corporativo.

A criatividade, que prospera na incerteza e na experimentação, pode ser progressivamente asfixiada por um ambiente onde a previsibilidade torna-se a norma. Esse cenário não apenas ameaça a diversidade cultural e a inovação organizacional, mas também coloca em xeque a própria capacidade humana de imaginar e criar o novo em um mundo cada vez mais moldado pela automação.

De acordo com Chamorro-Premuzic, para preservar a criatividade e a inovação, os líderes devem criar espaços nos quais a improvisação e a experimentação sejam incentivadas, e onde as decisões não sejam inteiramente guiadas por dados e algoritmos. O autor recomenda a implementação de processos que permitam a experimentação controlada, como a criação de "laboratórios de inovação" onde os colaboradores possam testar novas ideias sem medo de falhar. Outra estratégia prática é a alocação de tempo para atividades criativas, como brainstormings periódicos, em que as regras normativas são suspensas e a exploração de ideias fora do comum é incentivada. Por fim, Chamorro-Premuzic destaca a importância de líderes que não apenas toleram, mas ativamente buscam o desconforto da ambiguidade, reconhecendo que a verdadeira inovação muitas vezes nasce do caos e da incerteza.

A euforia e o perigo da otimização extrema

A era da IA é frequentemente descrita como uma nova Revolução Industrial, em que a automação e a análise de dados em tempo real prometem otimizar praticamente todos os aspectos das operações organizacionais – apropriação esta que faz total sentido diante da capacidade disruptiva na sociedade, de forma geral. E, de fato, muitos líderes empresariais veem-se seduzidos por essa visão, na esperança de que a IA possa resolver problemas antigos e abrir novos horizontes de crescimento e produtividade. No entanto, essa busca incessante por otimização pode ter um preço alto, sobretudo quando se trata do impacto sobre a gestão de pessoas e sobre a cultura da inovação no ambiente organizacional.

Nesse contexto, no livro *On the Brink of Utopia*, Thomas Ramge e Rafael Laguna de la Vera discutem o conceito de "teatro da inovação" como uma crítica aos esforços superficiais que muitas organizações e governos fazem para parecer inovadores sem, realmente, promover mudanças substanciais, a não ser incrementos tecnológicos graduais.[5]

Os autores argumentam que o "teatro da inovação" desvia o foco e os recursos de esforços genuínos e necessários para a transformação. Em vez de enfrentar os desafios profundos e complexos que a inovação, especialmente a partir da IA, apresenta, muitas vezes, as organizações preferem engajar-se em atividades que apenas dão a aparência de progresso. Isso cria uma falsa sensação de segurança e realização, enquanto os problemas estruturais e éticos permanecem sem solução.

Um dos principais temas apresentados no livro é a tensão entre as possibilidades utópicas que a IA pode oferecer e os riscos distópicos que podem acompanhar seu desenvolvimento. Ramge e Laguna de la Vera enfatizam a necessidade de uma governança responsável da IA para evitar que essas tecnologias sejam utilizadas de maneira que ampliem desigualdades, invadam a privacidade ou concentrem poder em poucas mãos.

Em paralelo, Chamorro-Premuzic alerta para o fato de que, ao priorizar a eficiência acima de tudo, as organizações correm o risco de tornar-se máquinas impessoais, nas quais a criatividade, a inovação e o julgamento humano são sacrificados em nome da produtividade. Isso não significa que a otimização seja intrinsecamente negativa, mas, sim, que ela deve ser equilibrada com a necessidade de preservar fatores essencialmente humanos, como a capacidade de pensar de forma crítica, fazer julgamentos morais e cultivar relações significativas.

Um exemplo claro desse dilema pode ser visto na maneira como a IA está sendo aplicada no recrutamento e na gestão de pessoas, prática que tem se difundido globalmente. Algoritmos sofisticados podem analisar currículos e identificar candidatos com base em critérios objetivos, teoricamente eliminando vieses inconscientes e melhorando a qualidade das contratações. No entanto, essa mesma tecnologia pode, inadvertidamente, reforçar preconceitos existentes, se for treinada em dados históricos que refletem essas mesmas discriminações.

No livro *Racismo algorítmico*, o pesquisador Tarcízio-Silva enfatiza que, como os dados utilizados para treinar algoritmos muitas vezes contêm vieses raciais históricos, esses vieses, quando não identificados e corrigidos, são perpetuados pelos sistemas de IA, levando a decisões injustas em áreas como policiamento, crédito, saúde e mercado de trabalho. O autor critica a ideia de que os algoritmos são neutros ou objetivos. Ele argumenta que, na verdade, os algoritmos são construídos por pessoas e, portanto, carregam os preconceitos e as perspectivas daqueles que os desenvolvem. A falta de diversidade nas equipes que desenvolvem essas tecnologias é um fator determinante que contribui para a perpetuação do racismo algorítmico.[6]

Um dos casos mais notáveis é o sistema de recrutamento automatizado desenvolvido pela Amazon, que foi descontinuado em 2017. O sistema foi projetado para classificar candidatos automaticamente, mas os desenvolvedores descobriram que ele discriminava candidatas mulheres para posições técnicas, simplesmente porque os dados históricos refletiam essas tendências.

Tarcízio-Silva defende a necessidade de auditorias e a participação de diversas vozes na criação e implementação de tecnologias para garantir que os sistemas algorítmicos sejam justos e equitativos, a partir da aplicação de princípios de design ético, processos de revisão constantes e a utilização de frameworks que busquem ativamente eliminar preconceitos dos algoritmos.

Além disso, a busca pela otimização extrema pode levar à desumanização do ambiente de trabalho. Ao confiar em IA para tomar decisões críticas, as organizações podem tornar-se menos empáticas e mais focadas em métricas de desempenho frias e impessoais. Como consequência, cria-se uma cultura organizacional em que os colaboradores se sentem como peças intercambiáveis em uma máquina, em vez de indivíduos valorizados por suas contribuições únicas. Para os líderes, essa é uma advertência crucial: a eficiência não deve ocorrer à custa do lado humano das organizações.

Efeito da IA na tomada de decisões

Entre tantos temores acerca da IA, o que rege a maioria deles é seu impacto sobre a autonomia humana. À medida que mais decisões são delegadas a algoritmos, há um risco crescente de que os indivíduos se tornem excessivamente dependentes dessas tecnologias, perdendo a capacidade de tomar decisões de forma independente. Isso é particularmente preocupante em áreas nas quais o julgamento humano é essencial, como na liderança, na resolução de problemas complexos e na gestão de crises.

Por exemplo, durante a pandemia de covid-19, muitas organizações enfrentaram situações sem precedentes, quando as decisões precisavam ser tomadas rapidamente, com base em informações incompletas e em constante mudança. Nesse contexto, a capacidade de julgamento humano, baseada na intuição, na experiência e na compreensão das nuances, provou ser crucial, enquanto a tecnologia serviu como aceleradora para as pesquisas genômicas. A dependência excessiva de IA em tais situações, no entanto, poderia ter levado a decisões equivocadas e pouco inovadoras. Outro exemplo pode ser observado no setor financeiro, em que algoritmos de IA são amplamente utilizados para prever tendências de mercado e orientar decisões de investimento. Embora esses sistemas sejam altamente eficazes em analisar grandes volumes de dados e identificar padrões históricos, eles podem falhar ao lidar com eventos inesperados ou mudanças rápidas nas condições de mercado.

Um caso emblemático é o colapso financeiro de 2008, quando muitos modelos algorítmicos, baseados em dados históricos, não conseguiram prever ou reagir adequadamente ao colapso do mercado de hipotecas subprime. Esses modelos, programados para operar com base em padrões históricos, continuaram a sugerir investimentos arriscados, ignorando sinais de alerta que eram evidentes para analistas humanos experientes.

A crescente automação de processos também pode levar à complacência, na qual as pessoas tornam-se menos propensas a questionar as recomendações dos algoritmos e mais inclinadas a segui-las sem reflexão crítica. Isso pode ter consequências graves, especialmente em situações nas quais os dados são imperfeitos ou quando as soluções mais inovadoras surgem de questionamentos e abordagens fora do comum.

Tal dilema é amplamente discutido por autores como Shoshana Zuboff, que argumenta que a coleta massiva de dados por empresas de tecnologia não apenas ameaça a privacidade individual, mas também molda comportamentos e restringe a autonomia das pessoas. Zuboff alerta que, à medida que decisões humanas passam a ser influenciadas por sistemas algorítmicos, há uma tendência de internalização dessas sugestões como normativas, tornando os indivíduos mais previsíveis e reduzindo sua capacidade crítica.[7]

Já Daniel Kahneman explora como os seres humanos tomam decisões com base em dois sistemas cognitivos: o rápido e intuitivo (sistema 1) e o mais deliberado e analítico (sistema 2). Embora os algoritmos possam superar os humanos em precisão estatística, Kahneman argumenta que o julgamento humano continua essencial em contextos de incerteza extrema, nos quais a interpretação subjetiva e a experiência desempenham um papel crucial. Em vez de simplesmente rejeitar o uso de IA, Kahneman sugere que a tecnologia pode complementar a cognição humana, desde que seus limites sejam bem compreendidos.[8]

Stuart Russell reforça a importância de manter o julgamento humano como parte central dos processos de decisão. O autor alerta que um dos principais riscos da IA não é apenas sua autonomia crescente, mas o fato de que os algoritmos podem otimizar objetivos de maneira não alinhada aos interesses humanos. Russell argumenta que a IA deve ser projetada para complementar a capacidade humana de discernir e decidir, e que uma abordagem colaborativa entre humanos e máquinas pode maximizar os benefícios da tecnologia, desde que haja supervisão constante.[9]

Ao trazer essa discussão para o contexto corporativo, torna-se evidente que conselhos de administração e líderes empresariais enfrentam um dilema crucial: como utilizar os insights fornecidos pela IA sem comprometer a capacidade humana de fazer julgamentos estratégicos? A dependência excessiva de sistemas algorítmicos pode levar a decisões baseadas exclusivamente em dados passados, sem considerar fatores emergentes, intuição e criatividade, elementos essenciais para a inovação e a resiliência organizacional.

A autonomia humana e a capacidade de tomar decisões informadas e éticas devem ser preservadas como uma prioridade estratégica. Isso exige a implementação de práticas que incentivem a verificação constante e a revisão crítica dos outputs gerados pela IA, além da promoção de uma cultura organizacional que valorize a flexibilidade, a inovação e o julgamento humano como pilares da tomada de decisões.

Responsabilidade de líderes e conselheiros

A IA tem o potencial de revolucionar o mundo dos negócios e trazer benefícios significativos para as organizações e para a sociedade. No entanto, junto à euforia da inovação, é fundamental reconhecer os riscos que a IA apresenta e as formas pelas quais pode impactar negativamente a humanidade.

O uso ético da IA deve ser uma preocupação central para qualquer líder que busca integrar essa tecnologia em sua organização. Isso envolve não apenas a mitigação dos riscos associados à automação extrema e à redução da criatividade humana, mas também a consideração das implicações sociais e morais da IA. A cientista política Virginia Eubanks alerta para o perigo de algoritmos reforçarem desigualdades estruturais, em especial quando aplicados sem critérios rigorosos em setores como assistência social, saúde e segurança pública. Eubanks demonstra como sistemas automatizados podem amplificar preconceitos preexistentes, tornando invisíveis os impactos negativos sobre populações vulneráveis. Para os líderes empresariais, isso significa que a implementação de IA deve ser acompanhada de auditorias rigorosas e de mecanismos que garantam transparência e justiça nos processos algorítmicos.[10]

Além das preocupações éticas, a governança corporativa precisa evoluir para incorporar novos mecanismos de controle e supervisão específicos para a IA. O filósofo Luciano Floridi argumenta que a atual era, a infosfera – o ambiente digital no qual humanos e máquinas interagem –, redefine a noção de poder e influência.[11] Nesse contexto, os conselhos de administração devem assumir um papel ativo na supervisão do uso da IA, assegurando que as decisões empresariais sejam informadas não apenas por dados, mas também por princípios éticos e humanos.

Dessa forma, a ascensão da IA coloca a sociedade diante de escolhas fundamentais. Pode-se utilizar essa tecnologia para ampliar as capacidades humanas e criar soluções mais eficazes e inclusivas, ou seguir um caminho de automação desenfreada, correndo o risco de comprometer valores essenciais como criatividade, autonomia e empatia. Jaron Lanier defende que a preservação da individualidade e da profundidade das experiências humanas é crucial em um mundo onde a digitalização tende a homogeneizar comportamentos e decisões.[12]

Para garantir que a IA seja utilizada de forma que promova inovação responsável, bem-estar e desenvolvimento humano, as lideranças empresariais devem adotar políticas que incentivem a experimentação ética e a diversidade de pensamento. Isso inclui a criação de comitês de ética em IA, auditorias regulares dos sistemas algorítmicos e a implementação de práticas que encorajem a reflexão crítica sobre as decisões tomadas com apoio da IA.

Este capítulo é um chamado à ação. A IA é uma ferramenta poderosa, mas cabe às organizações garantir que ela seja utilizada de maneira equilibrada, promovendo eficiência sem sacrificar a essência da experiência humana. O futuro não será decidido apenas pela tecnologia, mas pela forma como ela será utilizada. O papel das lideranças executivas e dos conselhos de administração não é apenas acolher a inovação, mas estabelecer limites e princípios que assegurem que a IA seja um instrumento para o progresso e não um fator de erosão dos valores fundamentais da humanidade.

15

Navegando o futuro: oito megatendências em IA até 2035

No limiar desse novo superciclo de inovação, a jornada apresentada ao longo deste livro revela um terreno de transformações sem precedentes. Na evolução histórica da IA, passados quase noventa anos desde que seu conceito começou a ser elaborado, este é o momento em que ela assume um protagonismo efetivo na história da humanidade, abrindo margem para um horizonte em que a interação entre homem e máquina passa a ser praticamente indissociável. Diante do poder transformador que ela exerce nesse novo superciclo de inovação, uma verdade emerge incontestável para as empresas: navegar por águas desconhecidas exige adaptação de lideranças executivas, dos membros da governança e de demais níveis profissionais. O poder de adaptabilidade torna-se, portanto, fator determinante para a sobrevivência das organizações (e dos postos de trabalho) perante a exponencialidade dos avanços tecnológicos.

A transição da WWW para os LLMs representa um divisor de tempos que redefine as bases do capitalismo, deslocando o poder da concentração de capital para a concentração de dados. Tudo indica que, ao longo dos próximos dez anos, as transformações na lógica econômica e comercial serão conduzidas pelas fases evolutivas da IA e de demais tecnologias exponenciais, que trarão sucessíveis impactos na rotina corporativa, sejam eles positivos ou negativos. Por isso, este último capítulo não se propõe a apresentar conclusões ou um mero apanhado geral. Busca-se, aqui, traçar projeções de futuro para contribuir em planejamentos estratégicos de longo prazo.

A Figura 15.1 ilustra, de forma sintética, oito megatendências de IA que propagarão transformações ainda mais disruptivas nos próximos dez anos e que serão abordadas em maior nível de detalhe na sequência deste capítulo, entre elas: IA generativa, que avançará exponencialmente com modelos fundacionais cada vez mais potentes; agentes de IA, capazes de agir e tomar decisões de forma autônoma; *service-as-software*, mudando a lógica de contratação e uso de soluções digitais baseadas em IA; gêmeos digitais, replicando uma cópia digital de um processo ou objeto físico; IA simbiótica, aproximando cada vez mais homem e máquina; IA quântica, trazendo um novo paradigma de poder computacional; cibersegurança autônoma, elevando o patamar de proteção diante de "guerras algorítmicas"; e, por fim, a IA geral (AGI), um salto qualitativo que pode redefinir o próprio conceito de inteligência computacional.

Juntas, essas tendências formam um panorama das possibilidades e dos desafios que executivos, conselheiros e profissionais de governança precisarão enfrentar para navegar com êxito no horizonte de 2035.

Figura 15.1 Oito megatendências de IA até 2035

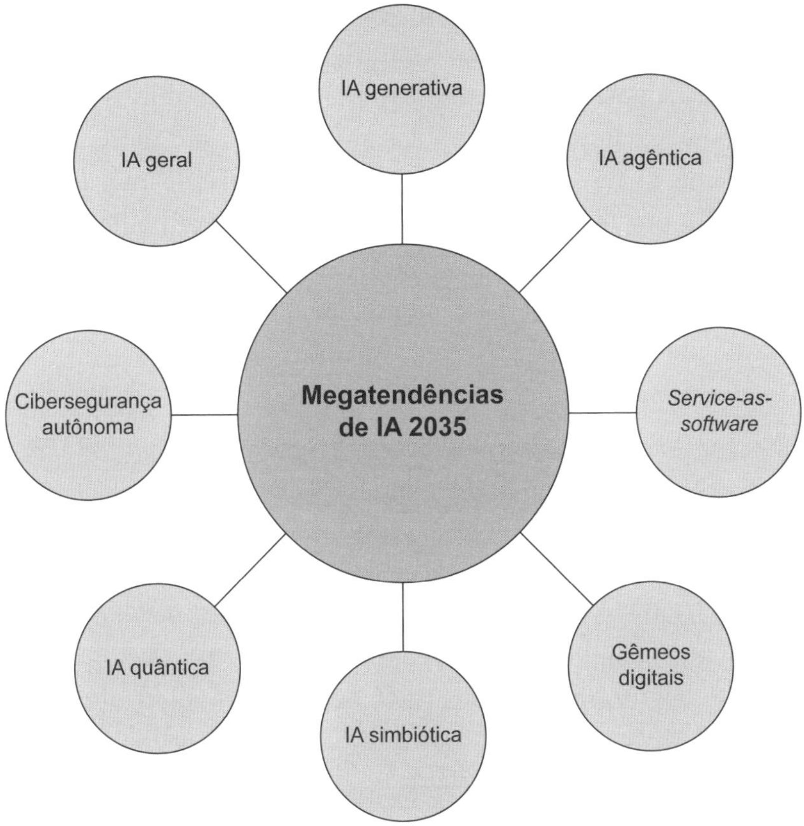

Megatendência 1: IA generativa continuará transformando modelos de negócio

A IA generativa já se estabeleceu como a tecnologia mais disruptiva deste século (até o momento). Não se trata mais de uma promessa, mas de uma força recém-nascida que materializa as idealizações futuristas da humanidade, construídas a partir da década de 1930. Ao permitir a criação de textos, imagens, códigos e protótipos em escala, tornou-se uma das principais engrenagens da inovação, mudando completamente a perspectiva global de mercado em menos de cinco anos. De acordo com a McKinsey & Company, o impacto econômico dessas tecnologias pode chegar a algo entre US$ 2,6 e US$ 4,4 trilhões anuais, considerando 63 casos de uso avaliados.[1]

Graças à IA generativa, organizações de diversos portes podem migrar de modelos de receita baseados em volume para ofertas customizadas de maior valor agregado. A expansão de plataformas de criação de conteúdos por meio de comandos por texto e voz, como ChatGPT, Claude e Gemini, democratiza o acesso à inovação, à elaboração do conhecimento e viabiliza o lançamento ágil de novos produtos para empresas de todos os portes.

O segmento farmacêutico exemplifica claramente o potencial disruptivo da IA generativa, em que algoritmos avançados têm sido empregados no desenho de moléculas e na análise de dados clínicos, reduzindo significativamente o tempo e o custo de pesquisa e desenvolvimento de medicamentos. Essa otimização, obviamente, acelera a chegada de novos tratamentos ao mercado, mas também fomenta parcerias entre empresas de biotecnologia e laboratórios consolidados. Na esfera educacional, o *AI Index Report* 2023, do Stanford Institute for Human-Centered AI (HAI), destaca o uso de abordagens generativas para adaptar currículos e práticas de ensino ao perfil de cada estudante.[2]

Há, na verdade, estudos de caso em todos os segmentos econômicos e na grande maioria dos hábitos humanos e relações de consumo, transformando a corrida pela adoção da IA generativa em processos, produtos e serviços em uma espécie de FOMO (*fear of missing out*) generalizada.

O mercado de trabalho, obviamente, também passa por transformações significativas. De acordo com o Fórum Econômico Mundial, organizações que integram IA generativa a equipes qualificadas tendem a obter vantagem competitiva de longo prazo.[3] Já pela perspectiva do copo meio vazio, o risco de extinção de milhares de postos de trabalho preocupa, demandando iniciativas individuais e institucionais de capacitação para as novas competências profissionais. A IA generativa poderá automatizar até 70% das atividades comerciais em quase todas as ocupações até 2030.[4] Embora ela ainda esteja em uma fase inicial de desenvolvimento e uso, com o passar dos anos, ela tornar-se-á mais inteligente e onipresente.

Com a AIGen, foi inaugurado um novo patamar de competitividade, e ela deverá seguir transformando os modelos de negócio globais. Aqueles que souberem adotar essas soluções de maneira estratégica, revisando processos e incentivando o desenvolvimento de habilidades apropriadas, estarão em melhor posição para prosperar em um ambiente econômico cada vez mais dinâmico.

Megatendência 2: IA agêntica (*agentic AI*) como a próxima fronteira

Diante da velocidade exponencial com que as transformações digitais ocorrem neste superciclo de inovação, percebe-se que a IA já está avançando para uma nova fase, marcada pelo surgimento do que especialistas chamam de *agentic AI* ou agentes autônomos de IA. Diferente da IA generativa, que apenas processa dados e gera respostas mediante instruções pontuais, esses agentes atuam de forma autônoma, com base em objetivos predefinidos ou na interpretação de contextos. Eles demonstram raciocínio, planejamento e memória com um nível de independência programada para tomar decisões, aprender e adaptar-se. Em outras palavras, está em curso a transição de uma perspectiva da IA generativa com capacidade inferencial para a IA com capacidade de agência, ou seja, um agente capaz de tomar decisões e executar fluxos de trabalho inteiros, com mínima intervenção humana.

O grande diferencial desses agentes é sua capacidade de proatividade. Eles agem de forma autônoma para atingir metas, como maximizar vendas, reduzir custos ou aperfeiçoar a experiência do cliente. Esse conceito vem ganhando força à medida que empresas exploram novos modelos de colaboração humano-máquina, indo além de aplicações pontuais e abraçando a automação de processos complexos, o que inclui busca autônoma de dados, disparo de fluxos de trabalho e até decisões de ajuste de rotas em cadeias de suprimentos.

Satya Nadella, CEO da Microsoft, declarou que os agentes autônomos de IA representam a nova fronteira do mercado e assinalam o fim do modelo de *software-as-a-service* (SaaS), assim como dos aplicativos na forma como popularizaram-se na última década. A lógica por trás dessa transição é clara: em vez de depender de múltiplos softwares para diferentes funções, a IA agêntica oferece uma experiência integrada, em que a interação ocorre de forma natural e personalizada. Essas inteligências não apenas executam comandos, mas compreendem contextos, antecipam necessidades e orquestram diferentes ferramentas automaticamente, eliminando a necessidade de navegar entre aplicativos isolados. Esse avanço redefine a forma como a tecnologia insere-se no cotidiano das empresas e dos indivíduos, tornando o uso de software mais fluido, responsivo e centrado na experiência do usuário.

Um estudo de caso interessante surge com a iniciativa da Amazon em formar um grupo dedicado a IA agêntica em sua divisão de computação em nuvem. Segundo noticiado pela Reuters, a Amazon Web Services (AWS) pretende acelerar o desenvolvimento de tecnologias capazes de "automatizar tarefas para usuários sem que eles precisem acionar os sistemas a todo momento".[5] A estratégia está sendo liderada por executivos de alto escalão da AWS e reflete a crença de que essa abordagem "pode se tornar o próximo negócio bilionário" da empresa. A decisão coincide com um cenário em que diferentes áreas, como gestão de estoques, atendimento ao cliente e manutenção industrial, beneficiam-se de agentes que reagem dinamicamente a mudanças de contexto.

Na prática, organizações começam a experimentar arquiteturas de controle nas quais os agentes têm autonomia restrita a certas metas, mas operam sob supervisão estratégica dos líderes. Mecanismos de scaffolding, conforme descreve o economista Mark Purdy, ajudam a garantir que o sistema evolua gradualmente, ganhando maior liberdade de ação à medida que demonstra confiabilidade.[6] Isso demanda equipes especializadas em ciência de dados, cibersegurança e engenharia de confiabilidade, além de líderes conscientes de como a IA aprende e se adapta.

Em síntese, a IA agêntica representa um passo seguinte ao que conhecemos como IA generativa. Ao passo que as organizações dispõem de agentes que aprendem e agem sozinhos, potencializando inovação e produtividade, as oportunidades tornam-se gigantescas – e proporcionais às responsabilidades da organização e aos desafios de governança. A chave para o sucesso, assim como na maioria dos casos, será promover uma relação saudável entre pessoas e agentes autônomos, aproveitando o máximo de seu potencial sem abrir mão da segurança, da ética e da estratégia corporativa.

Megatendência 3: mudança do *software-as-a-service* (SaaS) para *service-as-software* (SaS)

Estamos testemunhando uma transformação profunda na forma como as empresas utilizam tecnologia. Nos últimos quinze anos, o modelo de *software-as-a-service* (SaaS) conquistou o mercado, permitindo que as organizações alugassem soluções na nuvem em vez de manter servidores e sistemas próprios. Essa mudança reduziu custos e trouxe mais agilidade, impulsionada por empresas como a Salesforce.

Agora, surge o *service-as-software* (SaS), que vai além do simples uso de ferramentas online. Em vez de comprar um software que requer treinamento e operação humana, as empresas contratam resultados entregues por IA. É como se, no lugar de apenas fornecer uma "caixa de ferramentas" digital, o sistema se tornasse o prestador de serviços que faz o trabalho para você.

Pense em um CRM, por exemplo. No modelo SaaS, sua equipe precisa inserir informações, analisar dados e tomar decisões com base nesses relatórios. Já no modelo SaS, a IA é quem coleta as informações, identifica clientes em potencial, sugere abordagens de venda e até envia mensagens de acompanhamento, tudo de forma autônoma. Assim, sobra mais tempo para sua equipe se dedicar a questões estratégicas, enquanto reduz custos de suporte, treinamento e integração.[7]

Essa mudança representa mais que uma evolução tecnológica: é uma nova forma de pensar em eficiência. Antes, o sucesso de uma ferramenta se media pelo número de pessoas que a utilizavam. Agora, o critério é o valor gerado pelos sistemas de maneira autônoma. Para líderes executivos e conselhos de administração, essa realidade exige atenção em três pontos:

- *Automação com segurança*: identifique quais processos podem ser entregues a sistemas de IA, garantindo que tudo atenda a padrões de segurança e conformidade.
- *Contratos baseados em resultados*: repense como negociar com fornecedores, pois o pagamento deixa de ser por licenças e passa a ser pelo desempenho efetivo do serviço.
- *Equipe preparada*: com a automação das tarefas operacionais, as pessoas precisam se concentrar em atividades mais estratégicas, o que exige novas habilidades e uma mentalidade aberta à inovação.

O *service-as-software* também desloca o foco do "como fazer" para "o que entregar". Essa guinada libera tempo e energia para iniciativas de alto impacto, como inovação, estratégia e crescimento. Organizações que ainda dependem de infraestrutura tradicional correm contra o tempo, pois a computação em nuvem já é a base necessária para viabilizar a IA.

Para empresas que já utilizam SaaS, a adoção do SaS não é mais uma discussão futurista, e sim um passo natural para manter a competitividade, reduzir custos e acompanhar a velocidade do mercado.

A pergunta principal não é se sua empresa vai migrar para esse novo modelo, mas quando e como fará essa transição de maneira eficaz e segura. O êxito nessa nova era dependerá da capacidade de repensar processos, desenvolver novas competências e equilibrar o uso da tecnologia com uma cultura organizacional focada em resultados.

Megatendência 4: gêmeos digitais na rota da digitalização completa

Com o avanço da IA, já é possível testemunhar a materialização de um conceito conhecido como "organização reflexiva", na qual cada processo, ativo, interação e decisão passa a existir em formato digital, em paralelo ao mundo físico. Na década de 1960, a agência espacial americana (NASA) já utilizava uma ferramenta semelhante, apelidada de "modelo vivo", em suas missões. Agora, com o advento da IA, estabelece-se um novo marco da transformação digital, ultrapassando a simples digitalização de tarefas para criar representações virtuais completas e dinâmicas de organizações inteiras.

Essa mudança ocorre na medida em que é possível realizar downloads do mundo físico para o digital, tornando as fronteiras entre os dois universos cada vez mais difusas. Imagine um cenário em que cada ativo, processo ou até mesmo colaborador de uma empresa seja replicado virtualmente, possibilitando que quase todos os aspectos da tomada de decisão possam ser testados, em primeiro lugar, no domínio digital.

A criação de "gêmeos digitais" serve de alicerce para o metaverso corporativo.[8] Ao mesmo tempo, o uso desses gêmeos digitais está se expandindo para além de objetos físicos, como canteiros de obras ou cidades inteiras (caso de Singapura), alcançando processos organizacionais e cadeias de suprimentos. Esse avanço ocorre graças à união de ferramentas de IA generativa com a tecnologia de gêmeos digitais, tornando-se cada vez mais acessível a pequenas e médias empresas.[9]

No Brasil, startups do agronegócio já estão oferecendo essa tecnologia para gestão das lavouras, por meio da combinação de IA, agricultura de precisão e gamificação. Um dos casos práticos é o da agtech brasileira Solinftec, que já monitora mais de 11 milhões de hectares no Brasil, Estados Unidos e Colômbia. A empresa criou um robô que colhe informações da área de plantio e do solo, assim como detalhes sobre os cultivos, insumos, maquinário e implementos, transferindo essas informações para um software.[10] Esse sistema já conta com uma base de informações sobre a eficiência dos dispositivos, processos, clima, rastreabilidade e logística. Isso cria um ambiente virtual controlado, propício para testes, detecção de falhas e, até mesmo, para prever o futuro.

As réplicas digitais, certamente, ganharão novos mercados em um curto prazo. Dessa forma, empresas de diferentes portes poderão antecipar tendências, minimizar riscos e desenvolver soluções inovadoras, fortalecendo sua capacidade de atuar com agilidade e competitividade em mercados cada vez mais dinâmicos.

Megatendência 5: IA simbiótica e interfaces cérebro-máquina

Se, hoje, os comandos à IA são restritos a dispositivos manuais ou de voz, ideações em fase inicial e projeções de mercado indicam a evolução rumo a uma verdadeira simbiose cognitiva. Tudo indica que, até 2035, a interação entre humanos e máquinas será completamente diferente em razão desse novo estágio de sofisticação da IA. Pesquisas sobre interfaces cérebro-computador (BCIs)[11] e tecnologias vestíveis[12] apontam para um futuro em que a comunicação entre cérebro e sistemas digitais tornar-se-á cada vez mais fluida, impactando o modo como pessoas e organizações acessam informações, tomam decisões, consomem produtos e fomentam a inovação.

Um exemplo prático vem de empresas como a Neuralink, que investe em implantes neurais para estabelecer comunicação direta entre cérebro e dispositivos eletrônicos. Em paralelo, outras companhias avançam em soluções não invasivas, capazes de potencializar o controle de sistemas apenas pela interpretação de sinais cerebrais captados na superfície da pele. Esse tipo de aplicação já demonstra resultados promissores tanto na reabilitação de pacientes com limitações motoras quanto em ambientes de trabalho onde tarefas complexas são realizadas de forma integrada entre mente humana e algoritmos de machine learning. Além disso, estudos mostram como sinais cerebrais podem ser usados para controlar cursores ou dispositivos robóticos, evidenciando o amplo potencial de uso das BCIs em diferentes setores.

Imagine um cenário em que a intenção de agir traduz-se instantaneamente em ação. Um consumidor deseja pedir comida ou comprar um novo tênis e, em vez de recorrer a telas, teclados ou assistentes de voz, a transação ocorre no momento em que o pensamento se cristaliza, processado por um sistema integrado de IA e interfaces cérebro-computador. A necessidade de interações manuais desaparece, tornando a experiência de consumo mais fluida e intuitiva do que nunca. Essa simbiose entre mente e máquina não apenas revoluciona a forma como bens e serviços são adquiridos, mas também redefine os modelos de negócios, os fluxos de decisão e a própria relação entre desejo e consumo.

Esse avanço também sinaliza uma redefinição no conceito de "capital humano". A partir do momento em que a interação com sistemas digitais se torna tão natural quanto o próprio processo de pensar, cria-se um ambiente propício para acelerar a aprendizagem, adaptar-se a mudanças e ampliar as capacidades de tomada de decisão.

No entanto, surgem, também, importantes desafios regulatórios e éticos. A proteção da "privacidade neural" – a garantia de que pensamentos e processos mentais não sejam acessados ou manipulados sem consentimento – torna-se foco de debates sobre governança. Desse modo, cabe ao papel da governança corporativa definir parâmetros claros para equilibrar a adoção de interfaces neurais e a preservação de direitos individuais, protegendo a autonomia e a dignidade de cada profissional.[13]

A futura consolidação de uma IA verdadeiramente simbiótica, ancorada em BCIs e tecnologias correlatas, não se limita a um cenário futurista. Trata-se de um ponto de inflexão para o modo como as organizações operam e as pessoas interagem com a tecnologia.

Megatendência 6: IA quântica e o novo paradigma computacional

A convergência entre computação quântica e IA desponta como uma das tendências mais transformadoras rumo a 2035, ao oferecer o potencial de aumentar substancialmente a capacidade de processamento de dados e ampliar de maneira exponencial as capacidades analíticas e preditivas da IA. Avanços recentes ilustram o impacto disruptivo dessa união. Em 2022, a IBM apresentou o Osprey, seu processador quântico de 433 qubits. Já em 2023, o Google Quantum AI relatou progressos expressivos com o processador Sycamore em aplicações de machine learning quântico, atingindo o que denominaram "vantagem quântica" em determinados problemas de otimização.[14] Em experimentos, cálculos que levariam milhares de anos em supercomputadores clássicos foram executados em poucos minutos, provando o poder da tecnologia quântica para aplicações de IA.

Já em um artigo da Physical Review Applied, os autores indicam que algoritmos quânticos demonstram desempenho superior em problemas como otimização combinatória, simulação molecular e identificação de padrões complexos em grandes volumes de dados.[15] Ao aplicá-los em cenários concretos, como descoberta de novos fármacos ou análise de portfólios financeiros, os ganhos de eficiência e precisão serão muito maiores que os patamares atuais.

Para executivos e conselheiros de administração, a ascensão da IA quântica requer uma imediata atualização de competências estratégicas. Embora ainda restrita aos laboratórios de uma "pequena casta" das empresas mais valiosas do mundo, relatório do Fórum Econômico Mundial destaca o imenso potencial das tecnologias quânticas na transformação de setores e economias em três eixos estruturais: computação, sensoriamento e comunicação/segurança.[16]

Megatendência 7: cibersegurança autônoma e guerras algorítmicas

A crescente dependência de infraestruturas digitais e de modelos de IA cada vez mais sofisticados vem criando vulnerabilidades capazes de transformar radicalmente o cenário da segurança cibernética. Nos próximos anos, a tendência é que se intensifiquem as chamadas "guerras algorítmicas", em que sistemas de ataque e defesa, ambos apoiados em IA, competirão em velocidades e níveis de complexidade que superam a capacidade de análise humana em tempo real.

Estudos recentes mostram que grupos criminosos já utilizam IA para desenvolver malwares e campanhas de phishing altamente elaboradas, reduzindo o intervalo entre a descoberta de brechas e sua exploração.[17] Em paralelo, houve um crescimento considerável nos ataques "multivetoriais": hackers aproveitam algoritmos de machine learning para mapear vulnerabilidades em ativos críticos, enquanto soluções defensivas autônomas tentam bloquear invasões em tempo real.[18]

O ataque à Colonial Pipeline, em 2021, ilustra bem o perigo de uma intrusão bem-sucedida, forçando a empresa a suspender suas operações – essenciais para o abastecimento de combustível entre o Golfo do México e a costa leste dos Estados Unidos – e gerando escassez temporária em determinadas regiões. O grupo criminoso DarkSide, autor do ataque, encriptou dados e exigiu resgate para liberar os sistemas, evidenciando a fragilidade das infraestruturas críticas diante de ações cada vez mais sofisticadas. O caso também serviu de alerta sobre a urgência de protocolos de cibersegurança robustos e planos de contingência.

No âmbito da governança, enfatiza-se a necessidade de conselhos de administração adotarem uma visão global de segurança cibernética.[19] Investir em tecnologias de ponta não basta; é fundamental definir políticas claras que limitem a autonomia dos sistemas de IA, garantindo adesão aos valores corporativos e à privacidade de usuários. Para executivos, torna-se essencial avaliar planos de continuidade de negócios, criar métricas de risco cibernético e treinar equipes multidisciplinares que possam responder com eficácia às possíveis falhas de sistemas automatizados. Diante das "guerras algorítmicas", prever tendências e agir de forma integrada às ameaças emergentes torna-se um diferencial estratégico.

Se, por um lado, a adoção de IA nos processos e operações corporativas traz oportunidades de inovação, por outro, amplia o alcance de cibercriminosos que também contam com ferramentas inteligentes. Esse embate permanente coloca a segurança cibernética no centro das prioridades executivas. Medidas como a implementação de Zero Trust, a revisão de acordos de compartilhamento de dados e a adoção de protocolos de segurança desde a concepção de produtos e serviços tornam-se indispensáveis para elevar a resiliência organizacional. Em última análise, empresas que consigam unir defesa autônoma eficaz, cultura de segurança fortalecida e governança bem estruturada estarão mais preparadas para enfrentar o novo patamar de conflitos cibernéticos viabilizado pela IA.

Megatendência 8: emergência da IA geral

A transição da Inteligência Artificial Estreita (ANI) para a Inteligência Artificial Geral (AGI) representa uma ruptura sem precedentes no desenvolvimento tecnológico. Embora os agentes de IA atuais já demonstrem um nível avançado de automação e adaptabilidade, eles ainda operam dentro de limites rígidos, executando tarefas específicas baseadas em grandes volumes de dados e refinamento contínuo de modelos. A AGI, por outro lado, não dependerá de treinamento prévio para cada nova tarefa, mas será capaz de generalizar conhecimento, transferir aprendizados entre diferentes domínios e raciocinar de forma autônoma, de maneira comparável ou até superior à cognição humana.

Essa diferença fundamental significa que, embora os agentes de IA possam parecer inteligentes, eles continuam sendo sistemas altamente especializados, incapazes de extrapolar seu funcionamento para além do que foram treinados. Já uma AGI verdadeira teria compreensão contextual ampla, formularia hipóteses e resolveria problemas inéditos sem intervenção humana, aproximando-se daquilo que, até agora, era exclusivo do intelecto humano. Isso redefine não apenas o que as máquinas podem fazer, mas o próprio conceito de inteligência no universo digital.

Um estudo conduzido pelo Future of Humanity Institute de Oxford e pela Yale University constatou que 50% dos pesquisadores de IA entrevistados estimam 50% de chance de surgimento da AGI até 2061, ao passo que 10% acreditam em sua chegada já em 2028.[20] Em linha com esses dados, o *AI Index Report*, da Stanford University, identificou que 42% dos mais de 2.700 especialistas em machine learning ouvidos estimam o surgimento de uma AGI antes de 2030.[21]

O *GPT-4 Technical Report* reforça essa tendência ao mencionar "capacidades sugestivas de inteligência geral", ilustradas por entendimento contextual avançado, raciocínio em múltiplas etapas e transferência de aprendizado entre tarefas diversas.[22] Como exemplo prático, a adoção do GPT-4 por empresas de tecnologia tem demonstrado potencial para aplicações que vão desde a análise de grandes bases de dados até a interação com clientes em plataformas de atendimento digital. A integração do GPT-4 a serviços de busca, como o Bing Chat, é outro indicativo de quão rapidamente a tecnologia está chegando ao uso cotidiano.

Embora haja divergências significativas sobre o prazo para o surgimento da AGI, há um consenso de que sua concepção é uma questão de tempo, e seus impactos podem variar dependendo da velocidade de desenvolvimento e das barreiras regulatórias. Essa evolução trará implicações profundas para as organizações (e toda a sociedade). A transição para a AGI não apenas sinaliza um salto no desempenho das máquinas, mas também redefine o papel de pessoas, processos e cultura organizacional, abrindo caminho para um verdadeiro ponto de inflexão em como se concebe e se aplica a inteligência em escala global.

Navegando o futuro

As tendências apresentadas ao longo deste capítulo não são pontos isolados de mudança, mas forças interligadas que impulsionam uma transformação sem precedentes. O mundo assiste a um novo superciclo de inovação que se inicia, período em que a velocidade de adoção tecnológica atinge uma escala global acelerada, encurtando drasticamente o tempo de adaptação e fazendo com que mercados e a economia sejam movidos por avanços disruptivos sucessivos. O impacto desse fenômeno estende-se a todas as esferas da sociedade, exigindo que empresas, governos e indivíduos desenvolvam novas capacidades para acompanhar esse ritmo exponencial.

Nesse contexto, a inteligência – tanto humana quanto artificial – consolida-se como o ativo mais valioso. A vantagem competitiva deixa de estar apenas na adoção de novas tecnologias e passa a depender da capacidade de compreender, integrar e ampliar suas aplicações estratégicas. Mais que substituir funções, a IA redefine processos, expande a percepção sobre riscos e oportunidades e acelera a tomada de decisões. Empresas que incorporam essa visão conseguem aumentar a resiliência organizacional e desenvolver uma "visão aumentada", que não se limita à análise de cenários presentes, mas antecipa impactos futuros e reconhece padrões antes que se tornem evidentes.

A literacia do futuro se torna um requisito essencial para conselheiros e CEOs que precisam interpretar sinais emergentes, compreender efeitos sistêmicos e ajustar estratégias com agilidade. A transformação digital, há muito tempo, deixou de ser um projeto isolado dentro das empresas. Hoje, trata-se de um processo contínuo e dinâmico, no qual inovação e adaptação estratégica caminham juntas. Mais que uma revolução tecnológica, a IA representa um ponto de inflexão na forma como organizações estruturam suas decisões e reavaliam sua essência em um mundo onde as fronteiras entre o físico e o digital, o humano e o algorítmico, tornam-se cada vez mais fluidas.

Os impactos dessa convergência estendem-se à liderança. Um artigo publicado na *Harvard Business Review* sugere que, longe de desumanizar a gestão, a IA pode ampliá-la ao fortalecer a empatia, a criatividade e a inteligência estratégica dos tomadores de decisão.[23] Esse conceito de "líder ampliado pela IA" reflete a capacidade de unir o melhor das máquinas e o melhor das pessoas para potencializar resultados sem abrir mão de princípios éticos e valores fundamentais.

Contudo, os desafios desse superciclo não se limitam ao ambiente corporativo. A crescente interdependência entre tecnologia e sociedade reconfigura o próprio contrato social, alterando relações de trabalho, padrões de consumo e modelos de governança. A distribuição dos ganhos da IA, a preservação da dignidade no trabalho e a mitigação dos riscos associados a essa aceleração tecnológica são questões urgentes que exigem uma abordagem equilibrada e responsável. A governança sólida e uma liderança consciente determinarão se esse ciclo resultará em um progresso inclusivo ou em novas desigualdades estruturais.

O futuro não está predeterminado. Ele será moldado pelas decisões tomadas agora, pelos caminhos escolhidos por executivos, conselheiros, empreendedores e formuladores de políticas. O destino da inovação, da competitividade e da prosperidade compartilhada será definido até 2035 e além.

O superciclo de inovação já começou. Quem souber antecipá-lo e agir estrategicamente estará na vanguarda das próximas grandes transformações.

Epílogo

À guisa de conclusão: o legado que escolhemos construir

Ao longo destas páginas, foram reveladas ferramentas, análises setoriais e testemunhos de quem já atua na linha de frente da transformação movida pela IA. Mais que mapear tendências ou descrever casos, busquei construir um alicerce para a ação consciente: uma inteligência estratégica capaz de navegar pelo superciclo de inovação com profundidade, responsabilidade e visão sistêmica.

Com mais de vinte depoimentos de líderes e conselheiros, sete ferramentas desenvolvidas para orquestrar a IA de forma integrada, seis setores analisados em profundidade, oito megatendências apontadas para a próxima década e o mapeamento de mais de cinquenta agentes de IA já em operação no mundo real, esse percurso confirma o que já não se pode negar: a IA deixou de ser uma promessa em elaboração. Ela é urgência. É o agora.

Entretanto, não se trata apenas de tecnologia. Ao atravessar quase três décadas de transformação digital, da internet à era dos modelos fundacionais, o que emerge não é apenas a evolução dos sistemas, mas a necessidade de repensar os fundamentos da competitividade, da liderança e do impacto social das organizações.

Um legado de escolhas conscientes

Aqui, legado não é um monumento ao passado, mas o reflexo vivo de decisões cotidianas. Aquelas que se fazem quando ninguém está olhando, que escapam das planilhas e dos relatórios trimestrais. Em um tempo em que a velocidade da inovação acelera mais que a capacidade de adaptação, insistir em caminhos previsíveis tornou-se um risco em si.

A IA pode, sim, ser aliada potente na eficiência e na escala, porém apenas quando guiada por uma inteligência humana que ainda ousa confiar na intuição, na empatia e na criatividade como valores insubstituíveis. Os líderes que marcaram presença neste livro não esperam pelo futuro; eles o moldam, conscientes de que a zona de conforto encolhe a cada nova disrupção.

Pessoas, ética e a espinha dorsal da inovação

Entre dados e algoritmos, é a presença humana que ancora os projetos mais bem-sucedidos. O livro expôs situações reais em que a automação perpetua desigualdades, revela vieses ou atravessa fronteiras éticas sem permissão. Por isso, mais que adotar tecnologia, é preciso cultivá-la com critérios, valores e governança.

As ferramentas apresentadas aqui não foram pensadas apenas para resolver dilemas técnicos. Elas formam um ecossistema capaz de integrar segurança, compliance, mitigação de riscos algorítmicos e, sobretudo, formação contínua para que cada profissional veja na IA não uma ameaça, mas um vetor de ampliação de seu próprio potencial.

Governança, nesse novo superciclo, não se limita a auditorias ou à supervisão de indicadores. Ela convida conselhos e lideranças a assumirem um papel mais reflexivo e, ao mesmo tempo, mais provocador:

aquele que garante que a inovação não aconteça à custa dos princípios que sustentam a legitimidade de uma organização.

Liderar não é mais apenas decidir

A travessia do superciclo de inovação exige uma liderança capaz de traduzir complexidade em clareza. De antecipar sem arrogância. De escutar com discernimento. E, sobretudo, de colocar pessoas e propósito no centro da equação estratégica.

Se o sucesso já não depende do tamanho da organização, mas da velocidade com que integra capacidades humanas e digitais, torna-se claro por que algumas startups despontam e por que grandes empresas, se não se reinventam, estagnam. O que diferencia as lideranças que avançam não é o acesso à tecnologia; é a habilidade de orquestrá-la com senso de oportunidade e responsabilidade.

Nos setores mais críticos da sociedade – saúde, educação, justiça – as experiências analisadas neste livro mostram que conselhos ambidestros têm mais chances de acertar: ousam sem romper sua base e inovam sem renunciar à estabilidade.

Progresso humano, não apenas tecnológico

Encerrar este texto é menos um ponto final e mais um convite. Um convite para que cada leitor, em seu papel de tomador de decisão, assuma a responsabilidade que este momento impõe: fazer da IA um catalisador de um progresso genuinamente humano.

Não basta eficiência. É preciso intenção. Não basta automação. É preciso discernimento. Não basta acompanhar. É preciso construir – e construir juntos.

Enquanto a internet levou décadas para atingir seu pleno potencial, a IA avança em ritmo acelerado, exigindo respostas rápidas, posicionamento ético e capacidade real de inovação. Não há mais espaço para tratá-la como um recurso meramente operacional ou algo reservado ao futuro. O momento de estruturar governanças robustas, comitês de inovação ativos, políticas claras de compliance e programas contínuos de capacitação já chegou – e é decisivo.

O futuro não está reservado aos que apenas observam. Ele é forjado por quem tem coragem de agir, revisitar convicções e escolher com discernimento o tipo de legado que deseja deixar.

Agradecimentos

Expresso minha profunda gratidão a todos que contribuíram para a realização deste livro. Aos mestres que moldaram minha formação e visão de mundo, meu sincero reconhecimento.

Aos colegas da academia, agradeço pelos debates enriquecedores e parcerias que ampliaram minha compreensão. Aos companheiros das instituições onde atuei, sou grato pela confiança e oportunidades de crescimento que transformaram minha trajetória.

Aos orientados e alunos, agradeço pelo desafio constante e pela troca que tanto me ensinou. Aos colegas dos Conselhos de Administração, obrigado pela sabedoria compartilhada nas decisões complexas.

Meu especial agradecimento aos inúmeros executivos, conselheiros, acadêmicos e amigos que compartilharam suas experiências, bem como às mais de vinte lideranças que concederam depoimentos exclusivos, enriquecendo esta obra com perspectivas valiosas.

Agradeço também aos profissionais que colaboraram na revisão e estruturação do material, garantindo clareza e consistência ao conteúdo.

Sou grato tanto àqueles que abriram portas em meu caminho quanto aos que fecharam outras, direcionando-me para onde eu deveria estar. Se hoje compartilho estas reflexões, é porque estive cercado de pessoas extraordinárias que acreditaram em mim.

Este livro é fruto de um trabalho coletivo, tecido em cada encontro e aprendizado que a vida me proporcionou. A todos que participaram desta jornada, meu coração transborda de gratidão.

Muito obrigado!

Executivos e conselheiros entrevistados

- **Ademir Piccoli** – Fundador da J.Ex e referência em inovação jurídica.
- **Andiara Petterle** – Conselheira de Administração e professora do IBGC.
- **Antonio Vinicius Amaro da Silveira** – Desembargador e presidente do Conselho de Inovação e Tecnologia do TJRS.
- **Christian Hernandez Quiroz** – Head da Coursera na América Latina.
- **Cristiano Englert** – Empreendedor em saúde e fundador da Connext Health.
- **Eduardo Cappelari** – CEO da Atitus Educação.
- **Frederico Logemann** – Head de inovação e estratégia da SLC Agrícola.
- **Jorge Luis Nicolas Audy** – Superintendente de inovação da Pontifícia Universidade Católica do Rio Grande do Sul (PUCRS) e membro do Conselho Nacional de C&T.
- **Juliana Suzin** – CEO da *edtech* Startup Academy.
- **Luis Fernando Liguori** – Diretor de arquitetura de soluções da AWS Brasil.
- **Luiz Carlos Zancanella** – Presidente do Conselho de Administração do Grupo Safepar.

- **Luiza Zequi** – Conselheira de administração com atuação em tecnologia e impacto social.
- **Marciano Testa** – Fundador e presidente do Conselho de Administração do Agibank.
- **Marcio Gomes de Aguiar** – Diretor da divisão enterprise da NVIDIA para América Latina.
- **Mauricio Schneider** – Empreendedor, investidor de *startups* e palestrante sobre o futuro do agronegócio.
- **Manuir Mentges** – Reitor da Pontifícia Universidade Católica do Rio Grande do Sul (PUCRS).
- **Natacha Moraes de Oliveira** – Secretária de Tecnologia e Inovação do Supremo Tribunal Federal.
- **Osvaldo Schirmer** – Conselheiro de administração com histórico em grandes grupos empresariais.
- **Paulo Vasconcellos** – Conselheiro de administração e professor do IBGC.
- **Roberto Botelho** – Diretor-executivo da Fundação Adib Jatene e pesquisador em cardiologia digital.
- **Rodrigo Masini** – Especialista em IA Generativa, reconhecido pela AWS como top 1% *expert* global.
- **Silvio Cazella** – Professor e pesquisador da Universidade Federal de Ciências da Saúde de Porto Alegre (UFCSPA) com foco em IA na saúde pública.
- **Thomas Troian** – Head de inovação do Hospital Moinhos de Vento.

As entrevistas foram conduzidas com maestria por um profissional de notável competência. Expresso meu profundo agradecimento ao jornalista Pedro Carrizo pela condução brilhante e perspicaz das conversas.

Sobre o autor

Há mais de três décadas, Alsones Balestrin transita entre os universos acadêmico, empresarial e governamental, consolidando-se como uma das referências brasileiras em inovação, transformação digital e governança. Sua trajetória combina pesquisa de ponta, experiência executiva, participação em Conselhos de Administração e gestão pública.

Com formação acadêmica internacional – doutorado em Ciências da Informação e Comunicação pelo Instituto de Comunicação e Tecnologias Digitais da Universidade de Poitiers (França), mestrado e doutorado em Administração pela Universidade Federal do Rio Grande do Sul (UFRGS) e pós-doutorado em Gestão da Inovação pela HEC Montreal (Canadá) –, Balestrin construiu um arcabouço conceitual em três frentes: na transformação das organizações onde atua como executivo e conselheiro, na formação de líderes por meio de programas de pós-graduação e em suas publicações que orientam práticas inovadoras no ambiente organizacional.

No campo acadêmico, destaca-se entre os quinze autores mais citados da América Latina no campo de *Strategic Management* pelo AD Scientific Index (2025), acumulando mais de 4.400 citações no Google Scholar. Coautor da obra *Redes de cooperação empresarial*, finalista do Prêmio Jabuti em 2009, que figurou entre os 10 melhores livros de Economia,

Administração e Negócios, estabelecendo conceitos fundamentais sobre colaboração e inovação organizacional.

Na gestão pública, atuou como Secretário de Estado de Inovação, Ciência e Tecnologia do Rio Grande do Sul (2021-2022), contribuindo para que o estado alcançasse a primeira posição em inovação (CLP 2022) e o terceiro lugar em número de startups (ABS 2022). Desde 2023, como advisor da Presidência do Tribunal de Justiça do RS, orienta a concepção e a implementação do Programa Judiciário Digital, abrangendo diversos projetos disruptivos em inteligência artificial, ciência de dados e computação em nuvem.

Na trajetória executiva, seus doze anos como Pró-Reitor e Diretor da Universidade do Vale do Rio dos Sinos (Unisinos) foram marcados pela transformação da instituição em referência de empreendedorismo e inovação. Sob sua liderança, o Parque Tecnológico Tecnosinos foi reconhecido como o melhor do Brasil em 2010 e 2014 pela Associação Nacional de Entidades Promotoras de Empreendimentos Inovadores (Anprotec).

Sua experiência em governança inclui participação em Conselhos de organizações como Safepar S/A, Procergs S/A, Corsan S/A, European Software Institute (Espanha), entre outras. Como empreendedor, cofundou a Startup Academy S/A, uma plataforma de educação empreendedora voltada para criadores de startups.

Balestrin tem verdadeira paixão pela educação e formação de profissionais e, ao longo de sua trajetória, orientou mais de quarenta teses e dissertações no Brasil e no exterior. Compartilha seu conhecimento em programas executivos do Instituto Brasileiro de Governança Corporativa (IBGC), da Fundação Dom Cabral e da Universidade de Rio Verde (UniRV), entre outros, além de ter sido professor titular da Unisinos por 25 anos, professor associado na Universidade de Poitiers, na França, por mais de quinze anos e atuado em outras instituições de renome nacional. Sua visão estratégica, aliada à compreensão profunda das tecnologias exponenciais e à habilidade como palestrante requisitado pelo mundo acadêmico e corporativo, faz dele uma leitura inspiradora para líderes que buscam transformar suas organizações diante dos desafios e oportunidades da economia digital.

Notas

Capítulo 1

1. McCARTHY, J.; MINSKY, M.L.; ROCHESTER, N. *et al.* A proposal for the Dartmouth Summer Research Project on artificial intelligence, August 31, 1955. **AI Magazine**, v. 27, n. 4, 2006.
2. KURZWEIL, R. **The singularity is nearer**: When we merge with AI. New York: Viking, 2024.
3. DUTT, D.; AMMANATH, B.; PERRICOS, C. *et al.* The state of generative AI in the enterprise. **Deloitte**. Disponível em: https://www.deloitte.com/ce/en/services/consulting/research/state-of-generative-ai-in-enterprise.html. Acesso em: 29 jul 2025.
4. McCARTNEY, A. Gartner Top 10 strategic technology trends for 2024. **Gartner**, 16 out 2023. Disponível em: https://www.gartner.com/en/articles/gartner-top-10-strategic-technology-trends-for-2024. Acesso em: 29 jul 2025.

   PwC. 27ª CEO Survey: Prosperando na era da reinvenção contínua. **PwC**, 16 jan 2024. Disponível em: https://www.pwc.com.br/pt/estudos/preocupacoes-ceos/ceo-survey-2024.html. Acesso em: 29 jul 2025.
5. GARTNER unveils top 8 cybersecurity predictions for 2023-2024. **Gartner**, 2023. Disponível em: https://www.gartner.com/en/newsroom/press-releases/2023-03-28-gartner-unveils-top-8-cybersecurity-predictions-for-2023-2024. Acesso em: 5 maio 2025.

6. EY; OXFORD ECONOMICS. Will you set the GenAI agenda or follow the leaders? 2024 CIO Sentiment Survey. **EY**, 2024. Disponível em: https://www.ey.com/content/dam/ey-unified-site/ey-com/en-us/campaigns/cio/documents/ey-us-cio-sentiment-survey-in-the-age-of-genai-06-2024.pdf. Acesso em: 29 jul 2025.
7. SILVER, D.; HUANG, A.; MADDISON, C.J. *et al.* Mastering the game of Go with deep neural networks and tree search. **Nature**, v. 529, n. 7587, p. 484-489, 2016.
8. SULEYMAN, M. The generalist future of AI. **TED Talk**, 2024. Disponível em: www.ted.com. Acesso em: 5 maio 2025.
9. TURING, A. M. On computable numbers, with an application to the entscheidungsproblem. **Proceedings of the London Mathematical Society**, v. 2, n. 42, p. 230-265, 1936.
10. TURING, A. M. Computing machinery and intelligence. **Mind**, v. 49, p. 433-460, 1950.
11. ENGELBART, D. **Augmenting Human Intellect: A Conceptual Framework**. SRI Summary Report AFOSR-3223. Washington, DC: Air Force Office of Scientific Research, 1962.
12. GAWDAT, M. **Scary smart**: the future of artificial intelligence and how you can save our world. London: Bluebird, 2021.
13. SHORTLIFFE, E. H. **MYCIN**: Computer-based medical consultations. New York: Elsevier, 1976.
14. LIGHTHILL, J. Artificial intelligence: a general survey. In: **Artificial intelligence**: a paper symposium. Science Research Council, 1973.
15. MINSKY, M. L.; PAPERT, S. A. **Perceptrons**. Expanded edition. Cambridge: MIT Press, 1988.
16. HASTIE, T.; TIBSHIRANI, R.; FRIEDMAN, J. **The elements of statistical learning**: Data mining, inference, and prediction. 2. ed. London: Springer, 2009.
17. LECUN, Y.; BENGIO, Y.; HINTON, G. Deep learning. **Nature**, v. 521, n. 7553, p. 436-444, 2015.
18. NASA announcement to discuss Kepler discovery with Google AI. **NASA**, 14 dez. 2017. Disponível em: https://www.nasa.gov/press-release/nasa-announcement-to-discuss-kepler-discovery. Acesso em: 05 abr. 2025.

19. ALPAYDIN, E. **Introduction to machine learning**. 3. ed. Cambridge: MIT Press, 2014.
20. VASWANI, A.; SHAZEER, N.; PARMAR, N. *et al.* Attention is all you need. **Advances in Neural Information Processing Systems**, v. 30, p. 5998-6008, 2017.
21. GOODFELLOW, I.; BENGIO, Y.; COURVILLE, A. **Deep learning**. Cambridge: MIT Press, 2016.
22. HAYKIN, S. **Neural networks**: a comprehensive foundation. 2. ed. New York: Prentice Hall, 1998.
23. DEVLIN, J.; CHANG, M. W.; LEE, K. *et al.* BERT: Pre-training of deep bidirectional transformers for language understanding. **arXiv**, arXiv:1810.04805, 2018.

Capítulo 2

1. MULLIGAN, C. E. A.; GODSIFF, P. Datalism and data monopolies in the era of AI: a research agenda. **arXiv**, arXiv:2307.08049, 2023.
2. SCHMIDT, E.; COHEN, J. **The new digital age**: reshaping the future of people, nations and business. New York: Knopf, 2013.
3. BRYNJOLFSSON, E.; McAFEE, A. **Machine, platform, crowd**: harnessing our digital future. New York: W. W. Norton & Company, 2017.
4. PEREZ, C. **Technological Revolutions and Financial Capital**: The Dynamics of Bubbles and Golden Ages. Cheltenham, UK: Edward Elgar, 2002.
5. BRESNAHAN, T. F.; TRAJTENBERG, M. General purpose technologies: engines of growth? **Journal of Econometrics**, v. 65, n. 1, p. 83-108, 1995. DOI: https://doi.org/10.1016/0304-4076(94)01598-T
6. SCHUMPETER, J. A. **The theory of economic development**. Cambridge, MA: Harvard University Press, 1934.
7. ROTHWELL, R. Towards the fifth-generation Innovation Process. **International Marketing Review**, v. 11, n. 1, p. 7-31, 1994.
8. LEE, J.; TRIMI, S. Convergence innovation in the digital age. **Journal of Business Research**, v. 123, p. 14-22, 2021.
9. LEE, K.; YOO, J. How does open innovation lead competitive advantage? A dynamic capability view perspective. **PLoS ONE**, v. 14, n. 11, p. e0223405, 2019.

10. CMO. **The CMO Survey**: Highlights and insights report – Fall 2023. Disponível em: https://cmosurvey.org/results/fall-2023/. Acesso em: 5 maio 2025.
11. MOORMAN, C.; HICKEY, C. When AI investments pay off in marketing. **MIT Sloan Management Review**, April 9, 2024.
12. DEEPMIND. DeepMind AI reduces Google data center cooling bill by 40%. **Google**, 20 jul. 2016. Disponível em: https://blog.google/inside-google/company-announcements/deepmind-ai-reduces-google-data-center-cooling-bill-40/. Acesso em: 05 abr. 2025.
13. IBM. 2023 Chief Data Officer Study: Turning data into value. **IBM**, 2023. Disponível em: https://www.ibm.com/thought-leadership/institute-business-value/en-us/report/cdo-2023. Acesso em: 5 maio 2025.
14. PWC. Pesquisa PwC sobre negócios de IA 2022. **PwC**, 2022. Disponível em: https://www.pwc.com.br/pt/estudos/servicos/2022/pesquisa-pwc-sobre-negocios-de-ia-2022.html. Acesso em: 5 maio 2025.
15. HAO, K. The computing power needed to train AI is now rising seven times faster than ever before. **MIT Technology Review**, 11 nov. 2019. Disponível em: https://www.technologyreview.com/2019/11/11/132004/the-computing-power-needed-to-train-ai-is-now-rising-seven-times-faster-than-ever-before/. Acesso em: 6 jul. 2025.
16. PEERS, M. AI power doubling every three months, study finds. **The Information**, 17 jun. 2024. Disponível em: https://www.theinformation.com/briefings/809dfe. Acesso em: 6 jul. 2025.
17. SEVILLA, J.; HEIM, L.; HO, A. *et al.* Compute trends across three eras of machine learning. **Epoch AI**, 2 maio 2022. Disponível em: https://epoch.ai/blog/compute-trends. Acesso em: 6 jul. 2025.
18. BRINKER, S. Martec's Law: Technology changes exponentially, organizations change logarithmically. **Chief Marketing Technologist**, 2013. Disponível em: https://chiefmartec.com/2013/06/martecs-law-technology-changes-exponentially-organizations-change-logarithmically/. Acesso em: 15 mar. 2025.
19. PWC. Sizing the prize – PwC's Global Artificial Intelligence Study: Exploiting the AI Revolution. **PwC**, 2017. Disponível em: https://www.printempsnumerique.ca/en/studies/study/sizing-the-prize-pwcs-global-artificial-intelligence-study-exploiting-the-ai-revolution/. Acesso em: 30 jul. 2025.

20. BALESTRIN, A.; VERSCHORRE, J. **Redes de cooperação empresariais**: estratégias de gestão na nova economia. Porto Alegre: Bookman, 2008.
21. PAGANI, M.; DAVENPORT, T. H. How AI changes partner collaboration. **MIT Sloan Management Review**, 2024. Disponível em: https://sloanreview.mit.edu/article/how-ai-changes-partner-collaboration/. Acesso em: 16 mar. 2025.

Capítulo 3

1. GARTNER says 80% of non-executive directors believe current board practices and structures are inadequate to oversee AI. **Gartner**, 2024. Disponível em: https://www.gartner.com/en/newsroom/press-releases/2024-11-13-gartner-says-80-percent-of-non-executive-directors-believe-current-board-practices-and-structures-are-inadequate-to-oversee-ai. Acesso em: 31 jul. 2025.
2. HILL, L. A.; DAVIS, G. The board's new innovation imperative. **Harvard Business Review**, November-December, 2017. Disponível em: https://hbr.org/2017/11/the-boards-new-innovation-imperative. Acesso em: 31 jul. 2025.
3. O'REILLY, C. A.; TUSHMAN, M. L. The ambidextrous organization. **Harvard Business Review**, v. 82, n. 4, p. 74-81, 2004.
4. CULTURA data driven é meta para empresas – mas ainda não realidade. **IT Forum Series**, 2023. Disponível em: https://itforum.com.br/series/data-driven-it-forum-series-2023/#inicio-conteudo. Acesso em: 31 jul. 2025.
5. O perfil dos conselheiros de administração, conselheiros fiscais e membros de Comitês de Auditoria. **KPMG**, 2022. Disponível em: https://assets.kpmg.com/content/dam/kpmg/br/pdf/2022/3/Perfil_conselheiros.pdf. Acesso em: 31 jul 2025.
6. KORN FERRY. Estudo sobre conselheiros independentes no Brasil. Folha de São Paulo, 2022.
7. LUZ, H. Conselheiros independentes favorecem longevidade dos negócios. **Capital Aberto**, 2023. Disponível em: https://capitalaberto.com.br/colunistas/conselheiros-independentes-favorecem-longevidade-dos-negocios/. Acesso em: 5 maio 2025.

8. EY. Como os Conselhos podem aprimorar seu foco em inovação. **EY**, 2024. Disponível em: https://www.ey.com/pt_br/board-matters/como-os-conselhos-podem-aprimorar-seu-foco-em-inovacao. Acesso em: 5 maio 2025.
9. KHANNA, T.; BECKERLE, M. C.; SAKKAB, N. Y. Boards need a new approach to technology. **Harvard Business Review**, 2024. Disponível em: https://hbr.org/2024/09/boards-need-a-new-approach-to-technology. Acesso em: 31 jul. 2025.
10. INSTITUTO BRASILEIRO DE GOVERNANÇA CORPORATIVA (IBGC). Guia Inteligência Artificial para conselheiros de administração. São Paulo: IBGC, 2024. Disponível em: https://conhecimento.ibgc.org.br/Paginas/Publicacao.aspx?PubId=24695. Acesso em: 9 out. 2025.

Capítulo 4

1. RAMOS, L.; MULLEN, A.; HAMER, P. D. Build your organization's AI roadmap. **Gartner**, 2024. Disponível em: https://www.gartner.com/en/documents/5938007. Acesso em: 31 jul. 2025.
2. CHRISTENSEN, C. M. **The innovator's dilemma**: when new technologies cause great firms to fail. Boston: Harvard Business School Press, 1997.
3. KOCH, R. **The 80/20 Principle**: the secret to achieving more with less. Nova York: Crown Business, 1999.
4. NAGJI, B.; TUFF, G. Managing your innovation portfolio. **Harvard Business Review**, v. 90, n. 5, p. 66-74, 2012.
5. COOPER, R. Stage-gate systems: a new tool for managing new products. **Business Horizons**, v. 33, n. 3, p. 44-54, 1990.
6. MANKINS, J. C. **Technology readiness levels**: a white paper. Office of Space Access and Technology, NASA, 1995.
7. CHESBROUGH, H. **Open innovation**: the new imperative for creating and profiting from technology. Boston: Harvard Business School Press, 2003.
8. Connect + Develop Program. **Procter & Gamble**, 2023. Disponível em: https://www.pgconnectdevelop.com. Acesso em: 23 mar. 2025.
9. CHILD, J.; FAULKNER, D.; TALLMAN, S. **Cooperative strategy**. Managing Alliances, Networks and Joint Ventures. Oxford: Oxford University Press, 2005.

10. WILLIAMSON, O. E. **The economic institutions of capitalism**. New York: Free Press, 1985.
11. TIDD, J.; BESSANT, J. **Managing innovation**: integrating technological, market and organizational change. 5. ed. Chichester: John Wiley & Sons, 2013.

Capítulo 5

1. BAWCOM, A.; FITZPATRICK, M.; CHEUNG, W. C. *et al.* AI for IT modernization: faster, cheaper, better. **McKinsey & Company**, 2 dez. 2024. Disponível em: https://www.mckinsey.com/capabilities/quantum black/our-insights/ai-for-it-modernization-faster-cheaper-and-better. Acesso em: 5 maio 2025.
2. BATTEN, N. The hidden costs of legacy technology. **Data Center Dynamics**, 4 set. 2023. Disponível em: https://www.datacenterdyna mics.com/en/opinions/the-hidden-costs-of-legacy-technology/. Acesso em: 5 maio 2025.
3. Estudo: integração de sistemas consome 50% do orçamento de TI. **IT Forum**, 2022. Disponível em: https://itforum.com.br/. Acesso em: 5 abr. 2025.
4. Legacy System Modernization. **Astera**, 2024. Disponível em: https://www.astera.com/solutions/legacy-system-modernization/. Acesso em: 5 abr. 2025.
5. FRAGOSO, R. **Análise executivo de TI**: desafios que impactam a carreira e a gestão do líder de tecnologia. Deloitte, 2023.
6. Pesquisa ADN Digital sobre CEOs e IA. **Forbes**, 2024. Disponível em: https://www.forbes.com/. Acesso em: 5 abr 2025.
7. IA e mercado de trabalho global. **PwC**, 2024. Disponível em: https://www.pwc.com/. Acesso em: 5 abr 2025.
8. META. Comunicado de Mark Zuckerberg sobre demissões e IA. Meta Press, 2025.
9. Tech Trends 2021. **Deloitte Global**, 2021. Disponível em: https://www.deloitte.com/global/en/issues/digital/technology-futures-re port-2021.html. Acesso em: 4 ago 2025.
10. Amazon's AWS to invest $1.8 billion in Brazil through 2034. **Reuters**, 2024. Disponível em: https://www.investing.com/news/stock-market-news/

amazons-aws-unit-to-invest-18-billion-in-brazil-through-2034-3612114. Acesso em: 5 abr 2025.

11. Dados de uso do WhatsApp no Brasil. **Meta**, 2024. Disponível em: https://about.meta.com/. Acesso em: 5 abr 2025.
12. PESQUISA GEM 2023. Sebrae; Anegepe; Babson; Gera, 2023. Disponível em: https://agenciasebrae.com.br/wp-content/uploads/2024/04/Apresentacao-PPT-GEM-BR-2023-FINAL-V3-3.pdf. Acesso em: 4 ago 2025.
13. Dia do empreendedor: 75% das PMEs no Brasil veem tecnologia como aliada para crescimento. **Contábeis**, 2024. Disponível em: https://www.contabeis.com.br/noticias/67397/dia-do-empreendedor-75-das-pmes-no-brasil-veem-tecnologia-como-aliada-para-crescimento/. Acesso em: 4 ago 2025.
14. Microsoft Mais Brasil: Relatório de Impacto 2023/2024. **Microsoft**, 2024. Disponível em: https://www.microsoft.com/content/dam/microsoft/final/en-us/microsoft-brand/documents/Mcaps-Maisbrasil-Microsoft_Microsoft_Mais_Brasil_Relatorio_2023-2024.pdf. Acesso em: 5 abr. 2025.
15. NTT. Relatório global sobre sistemas legados no setor financeiro. Nippon Telegraph and Telephone, 2024.
16. 67% das empresas brasileiras consideram a inteligência artificial como prioridade estratégica para 2025, revela Bain. **Bain & Company**, 2025. Disponível em: https://www.bain.com/pt-br/about/media-center/press-releases/south-america/2023/67-das-empresas-brasileiras-consideram-a-inteligencia-artificial-como-prioridade-estrategica-para-2025-revela-bain/?utm_source=chatgpt.com. Acesso em: 4 ago 2025.
17. META. **DXi 2024**: Insights do estudo sobre inovação e inteligência artificial aplicada. Meta; Fundação Dom Cabral, 2024. Disponível em: https://www.fdc.org.br/Documents/META_E-Book_DXI_2024.pdf. Acesso em: 4 ago 2025.

Capítulo 6

1. SARTRE, J. P. **O ser e o nada**. Petrópolis: Vozes, 2015.
2. KATZ, D. M.; BOMMARITO, M. J.; GAO, S. *et al.* **GPT-4 passes the Bar Exam**. SSRN, 2023. Disponível em: https://papers.ssrn.com/sol3/papers.cfm?abstract_id=4389233. Acesso em: 5 abr. 2025.

3. McKINSEY & COMPANY. **Jobs lost, jobs gained**: Workforce transitions in a time of automation. McKinsey Global Institute, 2017.
4. WORLD ECONOMIC FORUM. **The future of jobs report**. Genebra, 2023.
5. The potentially large effects of artificial intelligence on economic growth. **Goldman Sachs**, 2023. Disponível em: https://www.gspublishing.com/content/research/en/reports/2023/03/27/d64e052b-0f6e-45d7-967b-d7be35fabd16.html. Acesso em: 4 ago 2025.
6. Contratação e demissão: dados sobre habilidades técnicas e comportamentais. **Michael Page**, 2018.
7. TOFFLER, A. **Future shock**. New York: Random House, 1970.
8. TOFFLER, A. **A terceira onda**. New York: William Morrow, 1980.
9. DELOITTE 2023 Global Human Capital Trends. **Deloitte Insights**, 2023. Disponível em: https://www.deloitte.com/us/en/insights/topics/talent/human-capital-trends/2023/future-of-workforce-management.html. Acesso em: 4 ago 2025.
10. PWC. Upskilling: Hopes and Fears 2020. **PwC**, 2020. Disponível em: https://www.pwc.com/gx/en/issues/upskilling.html. Acesso em: 5 abr 2025.
11. PRASHANTHAM, S. Partner with entrepreneurs inside and out. **MIT Sloan Management Review**, 24 out. 2019. Disponível em: https://sloanreview.mit.edu/article/partner-with-entrepreneurs-inside-and-out/. Acesso em: 8 abr 2025.

Capítulo 7

1. ROMANSKY, P.; HILTON, T.; NATH, P. The devastating business impacts of a cyber breach. **Harvard Business Review**, 2023. Disponível em: https://hbr.org/2023/05/the-devastating-business-impacts-of-a-cyber-breach. Acesso em: 5 maio 2025.
2. IBM; INSTITUTO PONEMON. **Cost of a Data Breach Report 2024**. Disponível em: https://www.ibm.com/reports/data-breach. Acesso em: 5 maio 2025.
3. INSTITUTO BRASILEIRO DE GOVERNANÇA CORPORATIVA (IBGC). **Governança e inovação**: uma abordagem integrada. São

Paulo: IBGC, 2021. Disponível em: https://conhecimento.ibgc.org.br/Lists/Publicacoes/Attachments/24482/governanca_inovacao_P7.pdf. Acesso em: 5 maio 2025.

4. O'NEIL, C.; APPEL, J.; TYNER-MONROE, S. Auditing algorithmic risk. **MIT Sloan Management Review**, v. 65, n. 4, p. 30-37, 2024. Disponível em: https://sloanreview.mit.edu/article/auditing-algorithmic-risk/. Acesso em: 5 maio 2025.
5. Relatório de ciberataques no Brasil 2021. **Fortinet**, 2022. Disponível em: https://www.fortinet.com/br/corporate/about-us/newsroom/press-releases/2022/fortiguard-labs-relatorio-ciberataques-brasil-2021. Acesso em: 5 maio 2025.
6. Brasil sofreu 60 bilhões de tentativas de ataques cibernéticos em 2023. **CISO Advisor**, 2024. Disponível em: https://www.cisoadvisor.com.br/brasil-sofreu-60-bilhoes-de-tentativas-de-ataques-em-2023/. Acesso em: 5 maio 2025.
7. GARTNER unveils top 8 cybersecurity predictions for 2023-2024. **Gartner**, 2023. Disponível em: https://www.gartner.com/en/newsroom/press-releases/2023-03-28-gartner-unveils-top-8-cybersecurity-predictions-for-2023-2024. Acesso em: 5 maio 2025.
8. SECURITIES AND EXCHANGE COMMISSION (SEC). Regras de divulgação de segurança cibernética. Washington, D.C.: SEC, 2023. Disponível em: https://www.sec.gov/rules/final/2023/33-11128.pdf. Acesso em: 5 maio 2025.
9. KINDERVAG, J. **No more chewy centers**: introducing the Zero Trust model of information security. Cambridge, MA: Forrester Research, 2010. Disponível em: https://www.forrester.com/report/No-More-Chewy-Centers/RES57148. Acesso em: 5 maio 2025.
10. KAMPAKIS, S.; MOUROUZIS, T.; CARDOSO, G. *et al.* **Business models in emerging technologies**: data science, AI, and blockchain. New York: Business Expert Press, 2023.
11. CHOUCRI, N.; CLARK, D. D. **Integrating cyberspace and international relations**: the co-evolution dilemma (November 7, 2012). MIT Political Science Department Research Paper No. 2012-29. Disponível em: https://ssrn.com/abstract=2178586. Acesso em: 5 ago 2025.

Capítulo 8

1. TEECE, D. J.; PISANO, G.; SHUEN, A. Dynamic capabilities and strategic management. **Strategic Management Journal**, v. 18, n. 7, p. 509-533, 1997.
2. INTERNATIONAL DATA CORPORATION. Avanços na cultura organizacional baseada em dados, analytics e IA. **SAS**, 2022. Disponível em: https://www.sas.com/pt_br/news/press-releases/2022/october/idc-sas-cultura-analytics.html. Acesso em: 5 maio 2025.
3. Predicts 2024: Unravelling tomorrow's cloud computing landscape. **Gartner**, 2024. Disponível em: https://www.gartner.com/en/documents/5178763. Acesso em: 5 maio 2025.
4. Global Tech Report 2023. **KPMG**, 2023. Disponível em: https://home.kpmg/xx/en/home/insights/2023/05/global-tech-report.html. Acesso em: 5 maio 2025.
5. RAMALHOSO, W. Instituições financeiras apostam em inteligência artificial; Brasil avança na tecnologia. **Estadão**, São Paulo, 11 dez. 2024. Disponível em: https://www.estadao.com.br/economia/negocios/instituicoes-financeiras-apostam-em-inteligencia-artificial-brasil-avanca-na-tecnologia/. Acesso em: 5 maio 2025.
6. Better lending through machine learning. **Zest AI**, 2025. Disponível em: https://www.zest.ai. Acesso em: 5 maio 2025.
7. AI lending platform. **Upstart**, 2025. Disponível em: https://www.upstart.com. Acesso em: 5 maio 2025.
8. About Us. **Affirm**, 2025. Disponível em: https://www.affirm.com. Acesso em: 5 maio 2025.
9. Credit Intelligence. **Oaknorth**, 2025. Disponível em: https://www.oaknorth.com. Acesso em: 5 maio 2025.
10. COiN: Contract Intelligence. **JPMorgan Chase**, 2025. Disponível em: https://www.jpmorganchase.com. Acesso em: 5 maio 2025.
11. BIA – Bradesco Inteligência Artificial. **Bradesco**, 2025. Disponível em: https://www.bradesco.com.br. Acesso em: 5 maio 2025.
12. BloombergGPT. **Bloomberg**, 2025. Disponível em: https://www.bloomberg.com. Acesso em: 5 maio 2025.
13. GPT-4 Assistant. **Morgan Stanley**, 2025. Disponível em: https://www.morganstanley.com. Acesso em: 5 maio 2025.

14. Global Tech Report 2023. **KPMG**, 2023. Disponível em: https://home.kpmg/xx/en/home/insights/2023/05/global-tech-report.html. Acesso em: 5 maio 2025.
15. Frontiers in Finance: Market insights and forward-looking perspectives for financial services leaders and professionals. **KPMG**, 2024. Disponível em: https://assets.kpmg.com/content/dam/kpmgsites/xx/pdf/2024/03/frontiers-in-finance.pdf. Acesso em: 5 maio 2025.

Capítulo 9

1. MATTOS, A. "Não estou disposto a baixar margem para crescer mais", diz presidente do Magazine Luiza. **Valor Econômico**, 2024. Disponível em: https://valor.globo.com/empresas/noticia/2024/11/08/nao-estou-disposto-a-baixar-margem-para-crescer-mais-diz-presidente-do-magazine-luiza.ghtml. Acesso em: 5 maio 2025.
2. Retail reinvented: Unleashing the power of generative AI. **Accenture**, 2024. Disponível em: https://www.accenture.com/us-en/insights/retail/unleashing-power-generative-ai. Acesso em: 5 maio 2025.
3. PIVA, Y. Inteligência artificial no varejo cresce, mas ainda não é maioria, aponta estudo da Central do Varejo. **Central do Varejo**, 2024. Disponível em: https://centraldovarejo.com.br/inteligencia-artificial-no-varejo-cresce-mas-ainda-nao-e-maioria-aponta-estudo-da-central-do-varejo/. Acesso em: 5 maio 2025.
4. HICKINS, M. 10 exemplos do uso de IA no varejo. **Oracle**, 2024. Disponível em: https://www.oracle.com/br/retail/ai-retail/. Acesso em: 5 maio 2025.
5. Intelligent supply chain planning. **Blue Yonder**, 1985. Atualizado em 2020 pela Panasonic. Disponível em: https://blueyonder.com. Acesso em: 5 maio 2025.
6. Retail optimization with AI. **Symphony RetailAI**, 2017. Disponível em: https://www.symphonyretailai.com. Acesso em: 5 maio 2025.
7. In-store analytics and shopper insights. **Retailnext**, 2007. Disponível em: https://retailnext.net. Acesso em: 5 maio 2025.
8. Autonomous retail technology. **Aifi**, 2016. Disponível em: https://aifi.com. Acesso em: 5 maio 2025.

9. Computer vision for frictionless retail. **Trigo**, 2018. Disponível em: https://www.trigo.tech. Acesso em: 5 maio 2025.
10. Autonomous checkout solutions. **Standard AI**, 2017. Disponível em: https://standard.ai. Acesso em: 5 maio 2025.
11. Demand forecasting for perishables. **Shelf Engine**, 2015. Disponível em: https://www.shelfengine.com. Acesso em: 5 maio 2025.
12. Autonomous delivery vehicles. **Nuro**, 2016. Disponível em: https://www.nuro.ai. Acesso em: 5 maio 2025.
13. Global Retail Outlook 2024. **Deloitte**, 2024. Disponível em: https://www.deloitte.com/global/en/Industries/consumer/analysis/global-retail-outlook.html. Acesso em: 5 maio 2025.
14. HICKINS, M. 10 exemplos do uso de IA no varejo. **Oracle**, 2024. Disponível em: https://www.oracle.com/br/retail/ai-retail/. Acesso em: 5 maio 2025.
15. AMAZON Just Walk Out. **AWS**, 2024. Disponível em: https://aws.amazon.com/pt/just-walk-out/. Acesso em: 6 ago 2025.
16. ASSOCIAÇÃO BRASILEIRA DE PRIVATE EQUITY & VENTURE CAPITAL (ABVCAP). Corporate Venture Capital 2023. São Paulo: ABVCAP, 2024. Disponível em: https://www.abvcap.com.br/Download/Estudos/5529.pdf. Acesso em: 5 maio 2025.

Capítulo 10

1. INSTITUTO NACIONAL DE ESTUDOS E PESQUISAS EDUCACIONAIS ANÍSIO TEIXEIRA (INEP). Censo da Educação Superior 2023: apresentação dos resultados. Brasília, 2024. Disponível em: https://download.inep.gov.br/educacao_superior/censo_superior/documentos/2023/apresentacao_censo_da_educacao_superior_2023.pdf. Acesso em: 5 maio 2025.
2. AGÊNCIA BRASIL. Com quase 10 milhões, o número de universitários é o maior em nove anos. Brasília, 03 out. 2024. Disponível em: https://agenciabrasil.ebc.com.br/educacao/noticia/2024-10/com-quase-10-milhoes-numero-de-universitarios-e-o-maior-em-nove-anos. Acesso em: 5 maio 2025.
3. CAUSIN, J. Falta 'match': Formação superior cresce em dissonância com a demanda das empresas. **O Globo**, São Paulo, 02 jun. 2024. Disponível

em: https://oglobo.globo.com/economia/noticia/2024/06/02/falta-match-formacao-superior-cresce-em-dissonancia-com-a-demanda-das-empresas.ghtml. Acesso em: 5 maio 2025.

4. KPMG. **O futuro da educação**. São Paulo: KPMG, 2023. Disponível em: https://assets.kpmg.com/content/dam/kpmg/br/pdf/2023/12/o-futuro-da-educacao.pdf. Acesso em: 5 maio 2025.
5. HANCOC, B.; PATEL, N.; HIGGINS, C. *et al.* Uma abordagem baseada em habilidades para construir a força de trabalho do futuro. **McKinsey & Company**, 15 nov. 2022. Disponível em: https://www.mckinsey.com/featured-insights/destaques/uma-abordagem-baseada-em-habilidades-para-construir-a-forca-de-trabalho-do-futuro/pt. Acesso em: 5 maio 2025.
6. Profiting from learning: how training can drive profit and performance. **Business Training Experts**, 2024. Disponível em: https://businesstrainingexperts.com/knowledge-center/training-roi/profiting-from-learning/. Acesso em: 5 maio 2025.
7. Mapeamento Edtechs 2022. **Abstartups**, 2022. Disponível em: https://abstartups.com.br/wp-content/uploads/2022/11/MAPEAMENTO-EDTECH-1.pdf. Acesso em: 5 maio 2025.
8. Higher Education Technology Trends. **Gartner**, 2025. Disponível em: https://www.gartner.com. Acesso em: 5 maio 2025.
9. KHAN, S. How AI could save (not destroy) education. **TED Talks**, 2024. Disponível em: https://www.youtube.com/watch?v=hJP5GqnTrNo. Acesso em: 5 maio 2025.
10. Language learning app powered by AI and gamification. **Duolingo**, 2012. Disponível em: https://www.duolingo.com/. Acesso em: 5 maio 2025.
11. Personalized learning technology. **Knewton**, 2013. Disponível em: https://www.knewton.com/. Acesso em: 5 maio 2025.
12. Automated grading and assessment platform. **Gradscope**, 2014. Disponível em: https://www.gradescope.com/. Acesso em: 5 maio 2025.
13. Chatbot solutions for higher education. **Ivy.ai**, 2017. Disponível em: https://www.ivy.ai/. Acesso em: 5 maio 2025.
14. Adaptive learning platform. **Century Tech**, 2015. Disponível em: https://www.century.tech/. Acesso em: 5 maio 2025.

15. Timetabler scheduling solutions. **Celcat**, 2014. Disponível em: https://www.celcat.com/. Acesso em: 5 maio 2025.
16. BRASSCOM. **Demanda de talentos em TIC e estratégia ∑TCEM**. Brasília, 2021. Disponível em: https://brasscom.org.br/pdfs/demanda-de-talentos-em-tic-e-estrategia-tcem/. Acesso em: 5 maio 2025.
17. TADEU, H.; DINIZ, B.; KENNER, K. **Relatório sobre o futuro do trabalho 2025**. Análise sobre tendências e transformações no mundo do trabalho para o período 2025-2030. Fundação Dom Cabral; World Economic Forum, 2025. Disponível em: https://www.fdc.org.br/Documents/Future_Jobs_2025_Relat%C3%B3rio.pdf. Acesso em: 5 maio 2025.
18. INSTITUTO NACIONAL DE ESTUDOS E PESQUISAS EDUCACIONAIS ANÍSIO TEIXEIRA (INEP). Censo da Educação Superior 2023: apresentação dos resultados. Brasília, 2024. Disponível em: https://download.inep.gov.br/educacao_superior/censo_superior/documentos/2023/apresentacao_censo_da_educacao_superior_2023.pdf. Acesso em: 5 maio 2025.
19. Global Skills Report 2024. **Coursera**, 2024. Disponível em: https://www.coursera.org/skills-reports/global/get-report-latam. Acesso em: 5 maio 2025.
20. CETIC.br. O cenário atual de desenvolvimento da inteligência artificial no Brasil. **Panorama Setorial da Internet**, ano XVI, n. 1, 2024. Disponível em: https://cetic.br/media/docs/publicacoes/6/20240514085112/psi-ano-xvi-n-1-desenvolvimento-ia-brasil.pdf. Acesso em: 5 maio 2025.
21. BRASIL. Ministério da Ciência, Tecnologia e Inovações. Tabela 8.1.2 – Dispêndios nacionais em P&D em relação ao PIB de países selecionados (2000-2019). Brasília: MCTI, 2020. Disponível em: https://antigo.mctic.gov.br/mctic/opencms/indicadores/detalhe/comparacoesInternaconais/8.1.2.html. Acesso em: 5 maio 2025.
22. **2.1.3 Brasil**: Dispêndio nacional em pesquisa e desenvolvimento (P&D) em relação ao total de P&D e ao produto interno bruto (PIB), por setor institucional, 2000-2020. Disponível em: <https://www.gov.br/mcti/pt-br/acompanhe-o-mcti/indicadores/paginas/recursos-aplicados/indicadores-consolidados/2-1-3-brasil-dispendio-nacional-em-pesquisa-e-desenvolvimento-em-relacao-pd-e-produto-interno-bruto-por-setor-institucional>. Acesso em: 8 set 2025.

23. **OECD Main Science and Technology Indicators**. [s.l: s.n.]. Disponível em: <https://www.oecd.org/content/dam/oecd/en/data/datasets/main-science-and-technology-indicators/msti-highlights-march-2024.pdf>. Acesso em: 8 set 2025.
24. BRASIL. Lei nº 13.243, de 11 de janeiro de 2016. Dispõe sobre estímulos ao desenvolvimento científico, à pesquisa, à capacitação científica e tecnológica e à inovação e altera diversas legislações correlatas. Diário Oficial da União, Brasília, 2016. Disponível em: https://www.planalto.gov.br/ccivil_03/_Ato2015-2018/2016/Lei/L13243.htm. Acesso em: 5 maio 2025.
25. ORGANIZAÇÃO MUNDIAL DA PROPRIEDADE INTELECTUAL (OMPI). Relatório Mundial sobre Propriedade Intelectual 2017: O capital intangível nas cadeias globais de valor. Genebra, 2017. Disponível em: https://www.wipo.int/publications/en/details.jsp?id=4225. Acesso em: 5 maio 2025.
26. MACHADO, T.M.; WINTER, E. Artificial inteligence and patents in Brazil: Overview on patentability and comparative study on patent filings. **World Patent Information**, v. 72, 2023. Disponível em: https://www.sciencedirect.com/science/article/pii/S0172219023000078. Acesso em: 7 ago 2025.
27. CETIC.br. O cenário atual de desenvolvimento da inteligência artificial no Brasil. **Panorama Setorial da Internet**, ano XVI, n. 1, 2024. Disponível em: https://cetic.br/media/docs/publicacoes/6/20240514085112/psi-ano-xvi-n-1-desenvolvimento-ia-brasil.pdf. Acesso em: 5 maio 2025.
28. CONSELHO NACIONAL DE CIÊNCIA E TECNOLOGIA (CCT). IA para o Bem de Todos: Proposta de Plano Brasileiro de Inteligência Artificial 2024-2028. Brasília, 2024. Disponível em: https://www.gov.br/mcti/pt-br/acompanhe-o-mcti/noticias/2024/07/plano-brasileiro-de-ia-tera-supercomputador-e-investimento-de-r-23-bilhoes-em-quatro-anos/ia_para_o_bem_de_todos.pdf/view. Acesso em: 5 maio 2025.
29. Higher Education Technology Trends. **Gartner**, 2025. Disponível em: https://www.gartner.com. Acesso em: 5 maio 2025.

Capítulo 11

1. IA no Agro. **Distrito**, 2024. Disponível em: https://materiais.distrito.me/report/agro-ia. Acesso em: 5 maio 2025.

2. UNITED NATIONS. **World population prospects 2022**: summary of results. New York: United Nations, 2022. Disponível em: https://www.un.org/development/desa/pd/sites/www.un.org.development.desa.pd/files/wpp2022_summary_of_results.pdf. Acesso em: 5 maio 2025.
3. 2024 is the first year to exceed 1.5°C above pre-industrial level. **Copernicus**, 2025. Disponível em: https://climate.copernicus.eu/copernicus-2024-first-year-exceed-15degc-above-pre-industrial-level. Acesso em: 5 maio 2025.
4. Saiba como produtores de soja estão colhendo mais de 100 sacas por hectare no Brasil. **Notícias Agrícolas**, 2024. Disponível em: https://www.noticiasagricolas.com.br/noticias/informe-publicitario/385511-saiba-como-produtores-de-soja-estao-colhendo-mais-de-100-sacas-por-hectare-no-brasil.html. Acesso em: 5 maio 2025.
5. Desafio Nacional de Máxima Produtividade de Soja: resultados da safra 2022/23. **Fundação Eco+**, 2023. Disponível em: https://fundacaoecomais.org.br/publicacoes/blog/desafio-de-maxima-produtividade-de-soja-do-cesb-descubra-os-segredos-de-sustentabilidade-do-campeao-na-safra-22-23/. Acesso em: 5 maio 2025.
6. GIMENEZ, I. Solinftec quer 'prever o futuro' com gêmeos digitais nas lavouras. **Globo Rural**, 2024. Disponível em: https://globorural.globo.com/negocios/noticia/2024/07/solinftec-quer-prever-o-futuro-com-gemeos-digitais-nas-lavouras.ghtml. Acesso em: 5 maio 2025.
7. Global Farmer Insights 2024. **McKinsey & Company**, 2024. Disponível em: https://www.mckinsey.com/industries/agriculture/our-insights/global-farmer-insights-2024. Acesso em: 5 maio 2025.
8. Artificial intelligence in agriculture market size, share & industry growth analysis report by technology (machine learning, computer vision, and predictive analytics), offering (software, AI-as-a-service), application (drone analytics, precision farming) and region: Global forecast to 2028. **Markets and Markets**, 2023. Disponível em: https://www.marketsandmarkets.com/Market-Reports/ai-in-agriculture-market-159957009.html. Acesso em: 5 maio 2025.
9. See & Spray™. **John Deere**, 2024. Disponível em: https://www.deere.com.br/pt/equipamentos/pulverizadores/see-and-spray/. Acesso em: 5 maio 2025.

10. Climate FieldView™ – Plataforma líder em agricultura digital. **Bayer**, 2024. Disponível em: https://www.cropscience.bayer.us/tools/fieldview. Acesso em: 5 maio 2025.

11. Xarvio® Digital Farming Solutions. **BASF**, 2024. Disponível em: https://www.xarvio.com/. Acesso em: 5 maio 2025.

12. OMNiDRIVE™ e OMNiPOWER™ – Soluções de autonomia para máquinas agrícolas. **Raven Industries**, 2022. Disponível em: https://www.ravenind.com/omnidrive. Acesso em: 5 maio 2025.

13. Titan – Precision weeding powered by AI. **Farmwise**, 2022. Disponível em: https://farmwise.io/. Acesso em: 5 maio 2025.

14. LaserWeeder. **Carbon Robotics**, 2024. Disponível em: https://carbonrobotics.com/. Acesso em: 5 maio 2025.

15. FarmVibes.AI: open-source tools for sustainable agriculture. **GitHub**, 2023. Disponível em: https://github.com/microsoft/farmvibes-ai. Acesso em: 5 maio 2025.

16. Solix AG Robotics powered by ALICE AI. **Solinftec**, 2024. Disponível em: https://www.solinftec.com/en-us/alice-ai-solix-ag-robotics-2/. Acesso em: 5 maio 2025.

Capítulo 12

1. AYERS, J. W.; POLIAK, A.; DREDZE, M. *et al.* Comparing physician and artificial intelligence chatbot responses to patient questions posted to a public social media forum. **JAMA Internal Medicine**, v. 183, n. 6, p. 589–596, 2023.

2. Mapeamento sobre o uso de inteligência artificial nos hospitais brasileiros. **Anahp**, 2023. Disponível em: https://anahp.com.br. Acesso em 8 ago 2025.

3. World Health Report. Health systems financing: The path to universal coverage. **WHO**, 2010. Disponível em: https://www.who.int. Acesso em: 8 ago 2025.

4. PEREIRA, C. *et al.* Desperdícios e ineficiências no SUS: uma análise baseada em custos hospitalares e indicadores de desempenho. **Revista Brasileira de Saúde Pública**, São Paulo, v. 55, p. 1-12, 2021.

5. Relatório Nacional de Ineficiências e Oportunidades na Gestão Hospitalar. **Plataforma Valor Saúde Brasil**, 2023. Disponível em: https://valorsaudebrasil.org.br. Acesso em: 8 ago 2025.

6. Relatório de desempenho hospitalar no SUS e na saúde suplementar. **IESS**, 2024. Disponível em: https://www.iess.org.br. Acesso em: 8 ago 2025.
7. FEDERAÇÃO DOS HOSPITAIS; SINDHOSFIL-SP; CNSaúde. **Inteligência artificial na saúde**. **São Paulo: Federação dos Hospitais, 2024.**
8. AI-Rad Companion: agente de IA para apoio em exames de imagem. **Siemens Healthineers**, 2018. Disponível em: https://www.siemens-healthineers.com. Acesso em: 8 ago 2025.
9. Plataforma de inteligência artificial para radiologia emergencial. **Aidoc**, 2016. Disponível em: https://www.aidoc.com. Acesso em: 8 ago 2025.
10. IntelliSite Pathology: solução de patologia digital. **Philips**, 2017. Disponível em: https://www.philips.com. Acesso em: 8 ago 2025.
11. FEDERAÇÃO DOS HOSPITAIS; SINDHOSFIL-SP; CNSaúde. **Inteligência artificial na saúde**. São Paulo: Federação dos Hospitais, 2024.
12. Plataforma de inteligência artificial para detecção precoce de câncer. **Huna HealthTech**, 2024. Disponível em: https://huna.com.br. Acesso em: 8 ago 2025.
13. Soluções de IA para diagnóstico de imagens médicas. **Qure.AI**, 2016. Disponível em: https://www.qure.ai. Acesso em: 8 ago 2025.
14. Plataforma de inteligência artificial para análise patológica. **Pathai**, 2016. Disponível em: https://www.pathai.com. Acesso em: 8 ago 2025.
15. Ada Assess: AI-powered health assessment and care navigation platform. **Ada Health**, 2011. Disponível em: https://www.ada.com. Acesso em: 8 ago 2025.
16. Clinical Evaluation of the Ada DX App: Ada's Medical Intelligence Engine. **Ada Health**, 2025. Disponível em: https://www.ada.com/research. Acesso em: 8 ago 2025.
17. Ferramenta de IA para triagem de AVC. **Viz.AI**, 2018. Disponível em: https://www.viz.ai. Acesso em: 8 ago 2025.
18. Plataforma para avaliação de perfusão cerebral em tempo real. **RapidAI**, 2018. Disponível em: https://www.rapidai.com. Acesso em: 8 ago 2025.
19. ASSOCIAÇÃO BRASILEIRA DE PLANOS DE SAÚDE. Anuário da Saúde Suplementar 2023. **Abramge**, 2023. Disponível em: https://abramge.com.br. Acesso em: 9 ago 2025.

20. FEDERAÇÃO DOS HOSPITAIS; SINDHOSFIL-SP; CNSaúde. **Inteligência artificial na saúde**. São Paulo: Federação dos Hospitais, 2024.
21. Hospital Universitario Fundación Jiménez Díaz. Proyecto HOPE (Hospital de Día Personalizado). **FJD**, 2020. Disponível em: https://www.fjd.es. Acesso em: 9 ago 2025.

Capítulo 13

1. Legal Analytics. **Lex Machina**, 2025. Disponível em: https://lexmachina.com. Acesso em: 5 maio 2025.
2. CARA AI Overview. **Casetext**, 2025. Disponível em: https://casetext.com. Acesso em: 5 maio 2025.
3. Blue J Platform. **Blue J Legal**, 2023. Disponível em: https://www.bluej.com. Acesso em: 5 maio 2025.
4. Westlaw Edge. **Thomson Reuters**, 2025. Disponível em: https://legal.thomsonreuters.com/en/products/westlaw-edge. Acesso em: 5 maio 2025.
5. Lexis+. **Lexisnexis**, 2025. Disponível em: https://www.lexisnexis.com. Acesso em: 5 maio 2025.
6. ANDERSON, C.; REDCROSS, C.; VALENTINE, E. *et al.* **Evaluation of pretrial justice system reforms that use the public safety assessment**: Effects of New Jersey's criminal justice reform. New York: MDRC Center for Criminal Justice Research, 2019. Disponível em: https://www.mdrc.org/sites/default/files/PSA_New_Jersey_Report_%231.pdf. Acesso em: 5 maio 2025.
7. SUPREMO TRIBUNAL FEDERAL. STF lança MARIA, ferramenta de inteligência artificial que dará mais agilidade aos serviços do Tribunal. Portal STF Notícias, 16 dez. 2024. Disponível em: https://noticias.stf.jus.br/postsnoticias/stf-lanca-maria-ferramenta-de-inteligencia-artificial-que-dara-mais-agilidade-aos-servicos-do-tribunal/. Acesso em: 5 maio 2025.
8. TRIBUNAL DE JUSTIÇA DO ESTADO DO RIO GRANDE DO SUL. TJRS acelera migração do eproc para a Nuvem após inundações no RS. Portal TJRS, 2024. Disponível em: https://www.tjrs.jus.br/novo/noticia/tjrs-acelera-migracao-do-eproc-para-a-nuvem-apos-inundacoes-no-rs/. Acesso em: 5 maio 2025.
9. CONSELHO NACIONAL DE JUSTIÇA. O uso da inteligência artificial generativa no Poder Judiciário brasileiro: relatório de pesquisa.

Brasília: CNJ, 2024. Disponível em: https://www.cnj.jus.br/wp-content/uploads/2024/09/cnj-relatorio-de-pesquisa-iag-pj.pdf. Acesso em: 5 maio 2025.

10. BRASIL. Lei nº 13.709, de 14 de agosto de 2018. Dispõe sobre a proteção de dados pessoais e altera a Lei nº 12.965, de 23 de abril de 2014 (Marco Civil da Internet). Diário Oficial da União: seção 1, Brasília, DF, 15 ago. 2018. Disponível em: https://www.planalto.gov.br/ccivil_03/_ato2015-2018/2018/lei/L13709.htm. Acesso em: 5 maio 2025.
11. NEW JERSEY COURTS. Criminal Justice Reform Statistics: Jan. 1 – Dec. 31, 2018. **Trenton**, 2019. Disponível em: https://www.njcourts.gov/public/concerns/criminal-justice-reform. Acesso em: 7 maio 2025.
12. TRIBUNAL DE JUSTIÇA DO ESTADO DO RIO GRANDE DO SUL (TJRS). Conheça os projetos das áreas de tecnologia e inovação do TJRS. Porto Alegre: TJRS, 2025. Disponível em: https://www.tjrs.jus.br/novo/noticia/conheca-os-projetos-das-areas-de-tecnologia-e-inovacao-do-tjrs/. Acesso em: 09 out. 2025.

Capítulo 14

1. PARK, P. S.; GOLDSTEIN, S.; OGARA, A. *et al.* AI deception: A survey of examples, risks, and potential solutions. **Patterns**, v. 5, n. 5, 2024.
2. BENDER, E. M.; GEBRU, T.; McMILLAN-MAJOR, A. *et al.* On the dangers of stochastic parrots: Can language models be too big? **FAccT '21**: Proceedings of the 2021 ACM Conference on Fairness, Accountability, and Transparency, 2021, p. 610-623.
3. MALONE, T. W. **Superminds**: The surprising power of people and computers thinking together. New York: Little, Brown and Company, 2018.
4. CHAMORRO-PREMUZIC, T. I. **Human**: AI, automation, and the quest to reclaim what makes us unique. Boston: Harvard Business Review Press, 2023.
5. RAMGE, T.; LAGUNA DE LA VERA, R. **On the brink of utopia**: Reinventing innovation to solve the world's largest problems. Cambridge: MIT Press, 2023.
6. TARCÍZIO-SILVA, T. **Racismo algorítmico**: Inteligência artificial e discriminação nas redes digitais. São Paulo: Edições Sesc, 2022.

7. ZUBOFF, S. **The age of surveillance capitalism**: The fight for a human future at the new frontier of power. Rio de Janeiro: Intrínseca, 2021.
8. KAHNEMAN, D. **Rápido e devagar:** duas formas de pensar. Rio de Janeiro: Objetiva, 2012.
9. RUSSELL, S. **Human compatible**: Artificial Intelligence and the problem of control. Rio de Janeiro: Zahar, 2020.
10. EUBANKS, V. **Automating inequality**: How high-tech tools profile, police, and punish the poor. São Paulo: Elefante, 2020.
11. FLORIDI, L. **The Fourth Revolution**: How the infosphere is reshaping human reality. Oxford: Oxford University Press, 2014.
12. LANIER, J. **Ten arguments for deleting your social media accounts right now**. Rio de Janeiro: Intrínseca, 2018.

Capítulo 15

1. The economic potential of generative AI: The next productivity frontier. **McKinsey & Company**, 2023. Disponível em: https://www.mckinsey.com/capabilities/mckinsey-digital/our-insights/the-economic-potential-of-generative-ai-the-next-productivity-frontier. Acesso em: 9 ago 2025.
2. The 2023 AI Index Report. **Stanford Institute for Human-Centered AI (HAI)**, 2023. Disponível em: https://hai.stanford.edu/ai-index/2023-ai-index-report. Acesso em: 9 ago 2025.
3. WORLD ECONOMIC FORUM. **The future of jobs report**. Geneva, 2023.
4. A organização do futuro: habilitada pela IA generativa, impulsionada pelas pessoas. **McKinsey & Company**, 2023. Disponível em: https://www.mckinsey.com/featured-insights/destaques/a-organizacao-do-futuro-habilitada-pela-ia-generativa-impulsionada-pelas-pessoas. Acesso em: 5 maio 2025.
5. BESINGER, G. Amazon's AWS forms new group focused on agentic AI. **Reuters**, 2025. Disponível em: https://www.reuters.com/technology/artificial-intelligence/amazons-aws-forms-new-group-focused-agentic-ai-2025-03-04/. Acesso em: 4 ago 2025.
6. PURDY, M. What is agentic AI, and how will it change work? **Harvard Business Review**, 2024. Disponível em: https://hbr.org/2024/12/

what-is-agentic-ai-and-how-will-it-change-work?ab=HP-hero-for-you-text-1. Acesso em: 9 ago 2025.

7. YOBO Studios. Service-as-a-Software vs. Software-as-a-Service. **AICA**, 2024. Disponível em: https://aicadata.com/service-as-a-software-vs-software-as-a-service/. Acesso em: 5 maio 2025.
8. Digital Twins: The Foundation of the Enterprise Metaverse. **McKinsey Digital**, 2022. Disponível em: https://www.mckinsey.com/~/media/mckinsey/business%20functions/mckinsey%20digital/our%20insights/digital%20twins%20the%20foundation%20of%20the%20enterprise%20metaverse/digital-twins-the-foundation-of-the-enterprise-metaverse.pdf. Acesso em: 9 ago 2025.
9. KENNY, G.; POGREBNA, G. Digital twins can help you make better strategic decisions. **Harvard Business Review**, 2024. Disponível em: https://hbr.org/2024/09/digital-twins-can-help-you-make-better-strategic-decisions. Acesso em: 9 ago 2025.
10. GIMENEZ, I. Solinftec quer 'prever o futuro' com gêmeos digitais nas lavouras. **Globo Rural**, 2024. Disponível em: https://globorural.globo.com/negocios/noticia/2024/07/solinftec-quer-prever-o-futuro-com-gemeos-digitais-nas-lavouras.ghtml. Acesso em: 5 maio 2025.
11. NICOLELIS, M. A. L. **Beyond boundaries**: The new neuroscience of connecting brains with machines – and how it will change our lives. New York: Times Books, 2012.
12. YOO, S. S.; FAIRNENY, T.; CHEN, N. K. *et al.* Brain-computer interface using fMRI: spatial navigation by thoughts. **Neuroreport**, v. 15, n. 10, p. 1591-1595, 2004.
13. Ethics Guidelines for Trustworthy AI. **European Commission**, 2019. Disponível em: https://digital-strategy.ec.europa.eu/en/library/ethics-guidelines-trustworthy-ai. Acesso em: 9 ago 2025.
14. GOOGLE QUANTUM AI. Suppressing quantum errors by scaling a surface code logical qubit. **Nature**, v. 614, n. 7948, p. 676–681, 2023.
15. GUJJU, Y.; MATSUO, A.; RAYMOND, R. Quantum machine learning on near-term quantum devices: Current state of supervised and unsupervised techniques for real-world applications. **Phys. Rev. Applied**, 21, 2024.
16. Embracing the Quantum Economy: A pathway for business leaders. **World Economic Forum**, 2025. Disponível em: https://www.weforum.

org/publications/embracing-the-quantum-economy-a-pathway-for-business-leaders/. Acesso em: 9 ago 2025.

17. X-Force Threat Intelligence Index 2023. **IBM**, 2023. Disponível em: https://secure-iss.com/wp-content/uploads/2023/02/IBM-Security-X-Force-Threat-Intelligence-Index-2023.pdf. Acesso em: 5 maio 2025.
18. M-Trends 2023 Report. **Mandiant**, 2023. Disponível em: https://www.mandiant.com/resources/reports/m-trends-2023-special-report?auHash=iTAkoIVQOJBJJ8XvjFW34_KB6WJNeNAZ1HV2I3AEXdE. Acesso em: 5 maio 2025.
19. Director's Handbook on Cyber-Risk Oversight. **NACD**, 2025. Disponível em: https://www.nacdonline.org/. Acesso em: 5 maio 2025.
20. GRACE, K.; SALVATIER, J.; DAFOE, A. *et al.* When will AI exceed human performance? Evidence from AI experts. **Journal of Artificial Intelligence Research**, v. 62, p. 729-754, 2018.
21. The 2023 AI Index Report. **Stanford Institute for Human-Centered AI (HAI)**, 2023. Disponível em: https://hai.stanford.edu/ai-index/2023-ai-index-report. Acesso em: 9 ago 2025.
22. GPT-4 Technical Report. **OpenAI**, 2023. Disponível em: https://cdn.openai.com/papers/gpt-4.pdf. Acesso em: 9 ago 2025.
23. HOUGAARD, R.; CARTER, J. How AI can make us better leaders. **Harvard Business Review**, 2024. Disponível em: https://hbr.org/2024/06/how-ai-can-make-make-us-better-leaders. Acesso em: 9 ago 2025.

Bibliografia complementar

A New Era for Fuel Retailers. **Boston Consulting Group**, 2022. Disponível em: https://www.bcg.com/publications/2022/reimagining-service-stations. Acesso em: 5 maio 2025.

AMAZON WEB SERVICES. AWS re:Invent 2024. Las Vegas, Nevada, 2-6 dez. 2024.

CHEN, J. AI leads a service-as-software paradigm shift. **Forbes**, 2024. Disponível em: https://www.forbes.com/sites/joannechen/2024/04/29/ai-leads-a-service-as-software-paradigm-shift/. Acesso em: 5 maio 2025.

CONSELHO NACIONAL DE JUSTIÇA. Resolução CNJ nº 549, de 18 de março de 2024. Estabelece diretrizes para o uso de inteligência artificial no Poder Judiciário e revoga a Resolução CNJ nº 332/2020. Diário da Justiça Eletrônico, Brasília, DF, 19 mar. 2024. Disponível em: https://atos.cnj.jus.br/atos/detalhar/5090. Acesso em: 5 maio 2025.

COOPER, R. G. **Winning at new products: accelerating the process from idea to launch**. 4. ed. New York: Basic Books, 2001.

EMBRAPA. Evolução da produção e produtividade de grãos no Brasil. Brasília: Empresa Brasileira de Pesquisa Agropecuária, 2021.

Guia de Governança de Inteligência Artificial. IBGC, 2024.

Guia Inteligência Artificial para Conselheiros de Administração. IBGC, 2024.

INSTITUTO BRASILEIRO DE GOVERNANÇA CORPORATIVA. O futuro dos conselhos brasileiros, recorte do "GNDI 2022-2023 Survey Report – The Future of Board Governance", 2023.

MARCH, J. G. Exploration and exploitation in organizational learning. **Organization Science**, v. 2, n. 1, p. 71-87, 1991.

MOORE, G. E. Cramming more components onto integrated circuits. **Electronics**, v. 38, n. 8, p. 114-117, 1965.

O'REILLY, C. A.; TUSHMAN, M. L. Organizational ambidexterity: past, present, and future. **The Academy of Management Perspectives**, v. 27, n. 4, p. 324-338, 2013.

ORGANIZAÇÃO PARA A COOPERAÇÃO E DESENVOLVIMENTO ECONÔMICO (OCDE). PISA 2018 Results: Combined Executive Summaries. Paris: OECD Publishing, 2019. Disponível em: https://www.oecd.org/pisa/Combined_Executive_Summaries_PISA_2018.pdf. Acesso em: 5 maio 2025.

Public Safety Assessment (PSA). **Arnold Ventures**, 2025. Disponível em: https://advancingpretrial.org/psa/. Acesso em: 5 maio 2025.

PUCHI-CABRERA, E. S. *et al.* Machine learning aided nanoindentation: A review of the current state and future perspectives. **Current Opinion in Solid State and Materials Science**, v. 27, 2023.

Quantum Break: Relatório sobre Dívida Tecnológica. McKinsey & Company, 2024.

RAJA RAJAMANNAR. Guru do marketing e CMO global da Mastercard fala sobre a "grande onda" da IA. Forbes, 08 nov. 2023. Disponível em: https://forbes.com.br/forbes-mkt/2023/11/guru-do-marketing-e-cmo-global-da-mastercard-fala-sobre-a-grande-onda-da-ia/. Acesso em: 5 maio 2025.

RUSSELL, S.; NORVIG, P. **Artificial intelligence**: a modern approach. 3. ed. Upper Saddle River: Prentice Hall, 2010.

SEBRAE; AMAZON WEB SERVICES (AWS). AWS Cloud Startup. 2024. Disponível em: https://agenciasebrae.com.br/inovacao-e-tecnologia/aws-e-sebrae-lancam-curso-de-ia-generativa-para-33-mil-profissionais-de-startups/. Acesso em: 5 maio 2025.

SECURITIES AND EXCHANGE COMMISSION (SEC). Cybersecurity Risk Management, Strategy, Governance, and Incident Disclosure, Release Nos. 33-11216; 34-97989, 26 jul. 2023. Disponível em: https://www.sec.gov/files/rules/final/2023/33-11216.pdf. Acesso em: 08 abr. 2025.